DESPACHOS DO FRONT

OBJETIVA

DESPACHOS DO FRONT

MICHAEL HERR

JORNALISMO DE GUERRA

Tradução e Apresentação
Ana Maria Bahiana

OBJETIVA

EDITORA OBJETIVA LTDA. Rua Cosme Velho, 103
Rio de Janeiro — RJ — CEP: 22241-090
Tel.: (21) 2556-7824 — Fax: (21) 2556-3322
www.objetiva.com.br

Título original
Dispatches

Projeto de capa da coleção
Raul Loureiro
Claudia Warrak

Foto da capa
Dique bombardeado; soldados norte-vietnamitas passam por camponeses com cestos de terra para encher as crateras abertas pelos ataques norte-americanos, Marc Riboud, 1969

Coordenação editorial
Isa Pessôa
Fernanda Abreu

Consultores da coleção
Leão Serva
Sérgio Dávila

Revisão
Damião Nascimento
Umberto Figueiredo Pinto
Ana Kronemberger

Editoração Eletrônica
Abreu's System Ltda.

H564d

Herr, Michael

Despachos do Front / Michael Herr, tradução de Ana Maria Bahiana. - Rio de Janeiro : Objetiva, 2005

254p. (Jornalismo de guerra) ISBN 85-7302-737-1
Tradução de : *Dispatches*

1. Vietnã, guerra do, 1961-1975 – Jornalismo militar. 2. Vietnã, guerra do, 1961-1975 – Relatos pessoais. I. Série. II. Título

CDD 959.7043

Para minha mãe e meu pai

SUMÁRIO

APOCALIPSE, ENTÃO

De todas as guerras canalhas que a humanidade deu um jeito de fazer recentemente — e poucas não são, não é mesmo? —, o Vietnã foi a última completamente aberta aos olhos de observadores não combatentes, não interessados e não partidários. Em outras palavras, da mídia.

Foi também a guerra *rock'n roll* por excelência, a face sombria da geração Woodstock, o cano da arma onde a flor foi posta, a *bad trip* das *bad trips*, mas — como Michael Herr lembra repetidas vezes neste magnífico volume — freqüente e simultaneamente um grande barato. Horrendo, mas um grande barato. Lembre-se por favor de que estávamos num momento em que a experiência era tudo, em que novas portas da percepção estavam escancaradas e os piores/melhores delírios de um Artaud ou de um Conrad podiam afinal ser realizados e vividos em tantos planos sensoriais que não era nem possível descrevê-los inteiramente. "A linguagem me falta", Herr diz muitas vezes neste livro. Sua geração, tão apaixonada por linguagem que produziu bardos como Dylan, Lennon e Morrison, ao mesmo tempo abismava-se numa esfera luminosa e gosmenta onde a linguagem era impossível, inútil e, francamente, irrelevante.

Porque o Vietnã foi uma guerra aberta, sem "implantações" coordenadas pelo Pentágono, sem "direitos de transmissão" negociáveis ou negociados, e porque foi contemporânea do maior terremoto sociopolítico-cultural que o Império Americano sofreu no século passado, o *tsu-*

nami que começa na luta pelos Direitos Civis e deságua em Nixon sendo chutado da Casa Branca, seu impacto cultural e estético é de uma profundidade e vastidão imensas. Era uma guerra moralmente dúbia, taticamente inviável, politicamente constrangedora, e seus combatentes e observadores eram garotos entre 18 e 28 anos, inteiramente doidões de maconha, ópio e *thai stick*, com Jimi Hendrix, Frank Zappa e os Doors injetados diretamente em seus córtices cerebrais.

Michael Herr e este livro cristalizam a essência dessa longa, estranha viagem. Uma parte de seu texto é contemporânea de sua experiência — "Salvas de Iluminação" foi publicado na *Rolling Stone* em 1968 —, o que por si só já diz uma enormidade sobre quem estava cobrindo a guerra, de que modo, e quem se interessava em ler a cobertura feita desse jeito. Mas grande parte já é uma reflexão oito anos distante da vivência, e Herr não se furta em deliberadamente construir um artefato estético sobre ela. Não há outra saída, ele diz sem dizer, a matéria-prima é selvagem demais, imponderável demais, indizível demais para ser transmitida com qualquer afetação de imediatismo ou objetividade.

Um dos primeiros fãs deste livro foi Francis Ford Coppola, que imediatamente contactou Herr para colaborar com ele no que viria a ser outra obra-prima, *Apocalypse Now*. Embora Herr tenha sido creditado apenas, no final, como autor das falas em *off* do personagem de Martin Sheen, não é muito exagero dizer que a estética inteira de *Apocalypse Now* vem em linha direta de *Despachos do Front*, é sua mais perfeita tradução em movimento. *Tup-tup-tup* de rotores, extremos de negro e vermelho, a tintura trágica do *napalm*, espetaculares inconstâncias emocionais, distanciamento e imersão extremas, que viagem, bicho! Tudo isso está aqui, cuidadosamente trabalhado numa delicadeza além da memória, em busca de uma verdade mais profunda que o simples relato.

Se considerarmos que *Apocalypse Now* tornou-se a pedra de toque que mudou o gênero filme de guerra, a matriz sobre a qual todos os filmes de guerra posteriores fincaram seus alicerces, já sabemos um pouco o quanto o Vietnã, reconstruído por Herr, infiltrou-se no nosso imaginário *pop*.

Saber que o Clash era obcecado com *Apocalypse Now* e que através dele descobriu Herr e *Despachos do Front* explica o outro lado dessa equação, o momento em que uma guerra ao som de Mothers of Invention e

Rolling Stones se transforma alquimicamente em *London Calling*, *Sandinista!* e, especialmente, *Combat Rock*, que, da capa a várias faixas, cita diretamente o universo de *Despachos do Front*.

Se considerarmos que o Clash... bem, você já sabe onde isto vai dar.

Michael Herr acabaria se tornando amigo e assíduo colaborador de outro gênio, Stanley Kubrick, para quem adaptou o livro *Nascido para Matar*, de Gus Hasford, no roteiro que viria a ser *Full Metal Jacket*. Mais do mesmo.

A outra banda desta história, que Herr aborda especialmente no capítulo "Colegas", é que, por ser completamente aberta e ser *rock'n roll*, a Guerra do Vietnã foi uma guerra eminentemente visual, a província perfeita de fotógrafos e equipes de televisão. Diz muito sobre o que era essa guerra ao largo das relações públicas saber que as baixas da mídia no Vietnã, principalmente de fotógrafos, foram as maiores já registradas, e que quatro dos cinco melhores amigos de Herr, citados freqüentemente no livro — John Cantwell, Sean Flynn (que ganhou uma música do Clash), Dana Stone e Larry Burrows — estão entre elas.

O Vietnã foi a primeira guerra levada diretamente para a sala de estar da família americana média, interrompendo a sacrossanta galinha com purê de batata das sete da noite com tripas e sangue e crianças em chamas. Não exatamente o *videogame* da "invasão" do Iraque de Bush pai ou o momento Top Gun de Bush filho. Ouso pensar que isso, e o trabalho de correspondentes como Herr, alicerçou uma maré contrária que, em última análise, pôs um fim a esse morticínio, e empurrou Nixon da Casa Branca. Enquanto isso, em 2005, no Texas...

O parceiro ideal para este *Despachos do Front* é *The Cat from Hué* (*O Gato de Hué*), de Jack Laurence, o muito jovem repórter da rede de televisão CBS que, com seu câmera semi-suicida Keith Kay, foi o principal responsável por essa hoje impensável intrusão.

Notas da tradutora: ao trazer para o português o elaborado texto de Michael Herr, procurei respeitar ao máximo sua cadência, escolha de palavras e deliberado uso de terminologia militar, gíria e jargão da época. A Guerra do Vietnã gerou um corpo específico de vernáculo, meio gíria, meio onomatopéia, meio jargão militar, que hoje já tem dicionários e estudos próprios. Traduzi essas expressões na medida do possível mas, diante da complexidade de referências interiores de muitas delas, optei por deixá-las no original, com a indicação de suas fontes. A gíria de uso comum tem seus equivalentes próprios na linguagem do desbunde brasileiro e me permiti usá-la livremente, porque sua correspondência de significado é profundamente exata — um outro dado interessante ao olharmos para esse tempo e subcultura. A tradução das muitas falas regionais americanas que Herr coloca nas vozes de seus pracinhas — esta mesmo a equivalência brasileira para *grunt*, palavra surgida na mesma época, a Segunda Guerra Mundial, para definir o soldado raso de infantaria — foi abordada com mais leniência, uma vez que sua cadência é específica da língua inglesa nos Estados Unidos. Procurei deixar vir à tona apenas o necessário para que a leitora ou leitor identificassem a extração sociocultural de quem fala, que é o elemento essencial para Herr.

Finalmente, permiti-me adicionar algumas pequenas observações que complementam e, em um caso, contradizem o texto de Herr, na esperança de enriquecer a experiência da leitora ou do leitor sem violar a integridade da espetacular narrativa do autor.

Ana Maria Bahiana
Retiro, Angra dos Reis, Lua Cheia de Agosto, 2005

INSPIRANDO

Tinha um mapa do Vietnã na parede do meu apartamento em Saigon e algumas noites, voltando tarde para a cidade, eu deitava na minha cama e olhava para ele, cansado demais para fazer qualquer coisa além de tirar minhas botas. Aquele mapa era um prodígio, principalmente agora que não era mais verdadeiro. Para começar, era muito velho. Tinha sido deixado no apartamento por algum inquilino anterior, provavelmente um francês, já que o mapa havia sido confeccionado na França. O papel tinha-se amarfanhado dentro da moldura ao longo de anos no calor úmido de Saigon, criando uma espécie de véu sobre os países que mostrava. O Vietnã estava dividido em suas antigas províncias de Tonkin, Annam e China Cochin, e a oeste, além do Laos e do Camboja, estendia-se um reino, o Sião. Isso é velho, eu dizia às minhas visitas, isso é um mapa muito velho.

Se terra morta pudesse voltar e assombrar você do mesmo modo como o fazem pessoas mortas, ela teria sido capaz de escrever ATUAL *sobre o meu mapa e queimar todos os outros que tenho usado desde 1964, mas você pode estar certo de que isso não vai acontecer. Estávamos no final de 1967 e até mesmo os mapas mais detalhados não mostravam grande coisa; lê-los era a mesma coisa que tentar ler os rostos dos vietnamitas, e isso era como ler o vento. Sabíamos que os usos da maior parte das informações eram flexíveis, e que diferentes pedaços de terra contavam histórias diferentes para povos diferentes. Também sabíamos que, por muitos anos, não tinha havido ali país algum, apenas guerra.*

A Missão vivia nos contando sobre unidades vietcongues, ou VC, sendo combatidas e exterminadas e reaparecendo um mês depois com força total, não havia nada de estranho nisso, mas quando invadíamos seu território em geral era de forma definitiva, e mesmo quando não podíamos mantê-lo por muito tempo, pelo menos dava para ver que tínhamos estado lá. Ao final da minha primeira semana na zona de combate eu encontrei um oficial do departamento de infomação no quartel-general da 25ª Divisão em Cu Chi que me mostrou no mapa dele e depois do alto do helicóptero o que tínhamos feito com a floresta de Ho Bo, a extinta floresta de Ho Bo, destruída por escavadeiras gigantes e produtos químicos e um incêndio longo, de baixa potência, que arrasou tanto a terra cultivada quanto a floresta, "tirando do inimigo recursos valiosos e proteção".

Durante quase um ano, parte do trabalho dele era informar às pessoas sobre essa operação; correspondentes, membros do Congresso em visita, estrelas de cinema, diretores de empresas, oficiais de metade dos exércitos do mundo, e mesmo assim ele ainda se empolgava. Aquilo parecia estar mantendo sua juventude, o entusiasmo dele fazia você supor que até as cartas que ele escrevia para sua esposa, em casa, estavam repletas de histórias da operação, sobre o que éramos capazes de fazer quando tínhamos o conhecimento e o equipamento necessários. E se por acaso, nos meses seguintes a essa operação, aumentassem "significativamente" os incidentes de atividade inimiga na área da Zona de Guerra C, e as baixas americanas tivessem dobrado, e dobrado mais uma vez, nada disso estava acontecendo nas malditas florestas de Ho Bo, pode acreditar...

1

Quando você sai à noite os paramédicos te dão pílulas, hálito de dexedrina como cobras mortas que ficaram tempo demais num vidro. Nunca senti necessidade delas, um pequeno contato ou até mesmo qualquer coisa que parecesse um contato me dava mais pique do que eu era capaz de suportar. Cada vez que eu ouvia alguma coisa além do limite do nosso pequeno círculo cerrado, eu praticamente pulava, esperando em Deus que não fosse o único que estivesse percebendo aquilo. Uns tiros na escuridão a 1 quilômetro de distância e o Elefante se instalava de joelhos no meu peito, me enterrando nas minhas botas sem conseguir respirar. Certa vez eu achei que tinha visto uma luz se movendo no mato e me peguei murmurando baixinho: "Não tô pronto pra isso, não tô pronto pra isso." Foi quando decidi largar tudo e fazer outra coisa com as minhas noites. E eu não estava nem no mesmo ritmo dos emboscadores noturnos, os *lurps*, patrulheiros de reconhecimento de longas distâncias, que faziam saídas noite após noite por semanas e meses a fio, esgueirando-se perto de campos de base VC ou em torno de colunas móveis do Exército norte-vietnamita. Eu já estava vivendo no meu limite, e precisava aceitar esse fato. Guardaria as pílulas para mais tarde, para Saigon e as horríveis depressões que eu sempre tinha quando estava lá.

Eu conhecia um *lurp* da 4ª Divisão que tomava pílulas a mão cheia, tranqüilizantes no bolso esquerdo da sua farda de camuflagem e bolinhas no bolso direito, as primeiras para abrir o caminho, as segundas para empurrá-lo caminho adentro. Ele me disse que as pílulas faziam tudo ficar legal, certinho, e ele era capaz de ver a selva noturna como se estivesse olhando através de uma lente feita da luz das estrelas. "Elas te dão perspectiva", ele dizia.

Aquela era a terceira vez que ele servia em combate. Em 1965, ele tinha sido o único sobrevivente de um pelotão da Cavalaria que fora dizimado no vale de Ia Drang. Em 66, voltou com as Forças Especiais, e certa manhã, depois de uma emboscada, teve que se esconder debaixo dos corpos de seus companheiros enquanto o VC inspecionava as baixas, faca em punho, certificando-se de que todos estavam mortos. Eles tiraram as armas e os capacetes dos corpos e finalmente foram embora, rindo. Depois disso, não houve mais nada para ele na guerra a não ser os *lurps*.

"Não consigo achar um lugar pra mim no mundo", dizia. Ele me contou que, quando voltou para casa da última vez, ficava sentado em seu quarto o dia inteiro, e que às vezes punha um rifle de caça na janela e ficava seguindo, pela mira da arma, as pessoas e os carros que passavam por sua casa, até que toda a sensação que ele tinha estava na ponta daquele dedo no gatilho. "Meus pais ficavam supergrilados", ele dizia. Mas até mesmo aqui ele grilava as pessoas.

"Cara, desculpe, esse aí é doido demais pra mim", um dos homens da sua equipe me disse. "Basta você olhar nos olhos dele e tá tudo lá, a merda da história toda dele."

"É, mas é melhor olhar rapidinho", um outro disse. "Porque você não vai querer que ele te pegue olhando pra ele."

Mas ele sempre parecia estar de tocaia, acho que dormia com os olhos abertos, e eu, de qualquer modo, tinha medo dele. Tudo o que consegui foi uma olhadela, e foi como olhar para o fundo do oceano. Ele usava um brinco de ouro e um lenço na cabeça, rasgado de um pedaço de pára-quedas camuflado, e como ninguém estava ali para mandá-lo cortar o cabelo, ele caía abaixo de seus ombros, cobrindo uma cicatriz grossa e arroxeada. Mesmo fora de combate, ele não ia a parte alguma sem um 45 e uma faca, e achava que eu era um *freak* porque me recusava a andar armado.

"Você nunca encontrou um repórter antes?", eu lhe perguntei.

"Praticamente nunca", ele disse. "Nada pessoal."

Mas que história ele me contou, aguda e ampla como qualquer das histórias de guerra que eu já ouvira, demorei um ano para compreendê-la:

"A patrulha subiu a montanha. Um homem voltou. Ele morreu antes de nos contar o que houve."

Esperei pelo resto, mas parece que não era esse tipo de história: quando perguntei o que tinha acontecido, ele me olhou como quem tem pena, puta que pariu, ele não ia perder tempo contando histórias para um idiota como eu.

O rosto dele vivia pintado de camuflagem noturna, e ele andava para lá e para cá como uma alucinação ruim, nada a ver com os caras-pintadas que eu tinha visto em São Francisco havia algumas poucas semanas, o outro extremo do mesmo teatro. Nas horas seguintes, ele ficaria tão invisível e imóvel na selva quanto uma árvore caída, e que Deus tivesse pena de seus inimigos. A não ser que eles mandassem meio esquadrão para enfrentá-lo, ele era um matador, um de nossos melhores. O resto do seu time estava reunido do lado de fora da barraca, um pouco destacada das demais unidades da divisão, com sua latrina exclusiva dos *lurps* e suas rações especiais para *lurps*, comida de guerra três estrelas, a mesma coisa que eles vendem no Abercrombie & Fitch. As outras tropas da divisão meio que desviavam do caminho quando passavam pela área deles, indo ou vindo da tenda-refeitório. Não importa o quanto eles tivessem sido enrijecidos pela guerra, ainda pareciam inocentes quando comparados com os *lurps*. Quando o time estava todo reunido, eles andavam em fila colina abaixo para a área de embarque do outro lado da pista até o perímetro do campo e para dentro da mata.

Nunca mais falei com ele, mas eu o vi. Quando eles voltaram na manhã seguinte, ele trazia um prisioneiro, vendado e com os cotovelos amarrados rigidamente atrás das costas. A área *lurp* era definitivamente inacessível durante interrogatórios e, de todo modo, eu já estava na pista esperando por um helicóptero para me tirar daquele lugar.

"Ei, qual é a de vocês, caras? cês são da USO?* Uau, pensei que cês fossem da USO porque cês são tão cabeludos!" Page tirou a foto do garoto, eu anotei o que ele tinha dito e Flynn riu e disse que nós éramos os Rolling Stones. Nós três viajamos juntos durante um mês mais ou menos naquele verão. Numa área de embarque, o helicóptero da brigada chegou com um rabo de raposa de verdade pendurado na antena, e quando o comandante passou pela gente, ele quase teve um ataque do coração.

"Os homens não saúdam mais os oficiais?"

"Não somos homens", disse Page. "Somos correspondentes."

Quando o comandante ouviu isso, ele queria organizar uma operação especial só para nós, juntar a brigada toda e matar umas pessoas. Tivemos que sair correndo no helicóptero seguinte para impedir que ele realizasse seu plano, é impressionante o que algumas pessoas são capazes de fazer só para ver seu nome impresso. Page gostava de incrementar sua roupa de serviço com uma parafernália muito doida: lenços e colares de contas; e além do mais, ele era inglês, os caras olhavam para ele como se ele tivesse acabado de descer de um muro em Marte. Sean Flynn podia ser mais bonito até do que seu pai, Erroll, tinha sido trinta anos antes, no papel de Capitão Blood, mas às vezes ele parecia mais Artaud voltando de alguma viagem ao coração das trevas, sobrecarregado de informação, *input* demais! *Input* demais! Ele ficava horas sentado, suando, penteando seu bigode com a lâmina de seu canivete Swiss Army. Nós sempre levávamos bagulho e fitas conosco: *Have You Seen Your Mother Baby Standing in the Shadows*, *Best of the Animals*, *Strange Days*, *Purple Haze*, *Archie Bell and the Drells*,

* United Service Organizations — entidade de apoio às tropas em combate, criada, administrada e custeada pelo Congresso americano. Fornece entretenimento, promove *shows*, envia brindes e guloseimas para as tropas na linha de frente. (N. da T.)

C'mon now Everybody, do the Tighten Up... Às vezes um helicóptero nos levava direto até um dos círculos interiores do inferno da guerra, mas, na maior parte do tempo, essa era uma época calma, só áreas de embarque e acampamentos, pracinhas esperando, rostos, histórias.

"O melhor é se mover", um deles nos disse. "Ficar se movendo, ficar em movimento, tá me entendendo?"

Nós entendíamos. Ele era um sobrevivente da doutrina do alvo móvel, era uma verdadeira cria da guerra, porque, a não ser nas raras instâncias em que você estava imobilizado ou perdido, todo o sistema estava armado para manter você em movimento, era o que ensinavam como ideal, o que você achava que queria. Como técnica de sobrevivência, isso fazia tanto sentido quanto qualquer outra coisa, considerando que, em primeiro lugar, você estava lá e queria ver tudo de perto; no início era um projeto reto e claro, mas logo ele se tornava um cone à medida que progredia, porque, quanto mais você se movia, mais você via, e quanto mais você via, mais você se arriscava, e não apenas risco de morte e mutilação, e quanto mais você se arriscava, mais perto você estava de abrir mão do seu *status* de "sobrevivente". Alguns de nós corríamos em torno da guerra como loucos até não saber mais em que direção o caminho estava nos levando, apenas que estava completamente coberto de guerra, com alguma penetração ocasional, inesperada. Enquanto pudéssemos pegar helicópteros como se pegam táxis, seria preciso exaustão completa, depressão absoluta ou uma dúzia de cachimbos de ópio para nos manter nem que fosse aparentemente quietos. Nós estaríamos ainda correndo em círculos dentro de nossa pele como se alguém estivesse nos perseguindo, ha ha, La Vida Loca.

Nos meses depois da minha volta, as centenas de helicópteros em que eu tinha voado começaram a se juntar até formarem um meta-helicóptero coletivo, e na minha cabeça isso era a coisa mais *sexy* que podia existir; salvador-destruidor, provedor-assassino, mão direita-mão esquerda, ágil, fluente, inteligente, humano; metal quente, graxa, rede de lona saturada de selva, fresco um momento e quente no outro, *rock and roll* do cassete num ouvido e rajadas da metralhadora da porta no outro, combustível, calor, vitalidade e morte, a própria morte, um invasor sutil. Os homens das equipes dizem que quando você transporta uma pessoa morta ela fica para sempre te acompanhando em todas as viagens. Como todo combatente, eles eram incrivelmente supersticiosos e dramáticos em causa própria, mas isso era (eu sabia) insuportavelmente verdade, e o convívio próximo com os mortos abria sua sensibilidade à força da presença deles, com reverberações de longo alcance; longo. Algumas pessoas eram tão delicadas que um olhar era bastante para arrasá-las, mas até mesmo pracinhas enrijecidos até o osso pareciam sentir que algo estranho e extraordinário estava acontecendo com eles.

Helicópteros e gente pulando de helicópteros, gente tão apaixonada que corria para embarcar mesmo quando não havia urgência alguma. Helicópteros decolando em linha reta de pequenos pedaços desmatados da selva, sacolejando para aterrissar nos telhados de prédios urbanos, caixas de ração e munição sendo despejadas, mortos e feridos sendo carregados. Às vezes os helicópteros eram tantos e tão pouco controlados que era possível desembarcar em cinco ou seis lugares diferentes num mesmo dia, dar uma olhada, ouvir os papos, pegar o próximo para sair dali. Algumas bases eram enormes, do tamanho de cidades com 30 mil habitantes. Uma vez nós demos um pulo numa delas para deixar suprimentos para um sujeito. Só Deus sabe que onda de Lord Jim ressuscitado ele andava curtindo, tudo o que ele me disse foi: "Você não viu coisa alguma, né, chefe? Você nem esteve aqui." Alguns acampamentos eram luxuosos, largos, refrigerados como confortáveis cenas classe média onde a violência fosse implícita, "longínquos"; campos batizados com os nomes das mulheres dos comandantes: Área de Pouso Thelma, Área de Pouso Betty Lou; colinas perigosas com nomes em numerais, onde eu não queria ficar; em trilha, canteiro, pântano, mato espesso, arbusto ralo, baixada, vilarejo, cidade até, em qualquer lugar onde o chão não conseguisse beber o que toda aquela ação derramava, era melhor ter cuidado onde se pisava.

Às vezes o helicóptero em que você estava pousava no topo de uma colina e todo o chão à sua frente, até a colina seguinte, estava calcinado, esburacado e ainda fumegante, e alguma coisa entre seu peito e seu estômago virava pelo avesso. Delicada fumaça acinzentada onde os campos de arroz haviam sido incendiados em volta de uma área de artilharia livre, fumaça branca e brilhante de fósforo ("Willy Peter/Faz de você um crente"), profunda fumaça negra de *napalm*. Diziam que se você ficasse na base de uma coluna de fumaça de *napalm*, ela arrancava o ar direto de dentro de seus pulmões. Uma vez nós sobrevoamos uma aldeia que tinha acabado de ser bombardeada e a letra de uma canção de Wingy Manone que eu tinha ouvido quando era garoto estalou na minha cabeça: "Parem a guerra, esses caras tão se matando." Então nós descemos, voamos baixo, aterrissamos no meio da fumaça arroxeada da área de pouso, dúzias de crianças emergiram das palhoças e correram para o lugar da aterrissagem, o piloto rindo e dizendo: "Vietnã, bicho. Bombardeie os caras e alimente os caras. Bombardeie os caras e alimente os caras."

Voar sobre a mata era prazer puro, caminhar nela era quase só sofrimento. Aquilo nunca foi meu lugar. Talvez tudo se resuma ao nome que os locais usavam para ela: Além; no mínimo era um lugar intenso e sério, eu dei a ele coisas que possivelmente nunca terei de volta. ("Ah, sei lá, a mata é *ok*. Se você a conhece, você consegue viver bem nela, se não conhece, ela te pega em uma hora. E te arrasta pra baixo.") Uma vez, num canto espesso da selva, com os pracinhas em volta, um correspondente disse: "Puxa, aqui vocês devem ver cada pôr-do-sol lindo", e eles quase se mijaram de tanto rir. Mas você podia voar para dentro de poentes tropicais que mudariam para sempre o modo como você vê a luz. Você também podia sair voando de lugares tão tristes que ficavam preto-e-branco na sua cabeça cinco minutos depois de você ter partido.

Podia ser a coisa mais gelada do mundo, a sensação de estar na beira de uma clareira vendo o helicóptero que te trouxe levantar vôo de novo, deixando você ali a pensar o que ia te acontecer; se esse lugar ia ser um lugar ruim, o lugar errado, talvez o último lugar, e se, dessa vez, você tinha cometido um erro terrível.

Um homem na área de aterrissagem de um acampamento em Soc Trang disse: "Se você tá procurando uma história, hoje é seu dia de sorte, hoje estamos em Alerta Vermelho", e antes mesmo que o som do helicóptero tivesse sumido, eu me senti sumindo também.

"Afirmativo", o comandante do campo disse. "*Definitivamente*, vai chover hoje. Bom ver você." Ele era um jovem capitão, e ria enquanto colava com fita punhados de munição uns nos outros, 16 pentes de cada vez, para recarregar mais rápido, "graxa". Todo mundo lá estava atarefadíssimo, transportando caixotes, escondendo granadas, verificando canhões, empilhando munição, carregando pentes de balas em armas automáticas que eu nunca tinha visto antes. Eles estavam ligados aos postos de escuta ao redor do campo, ligados uns nos outros, ligados em si mesmos, e quando anoiteceu tudo ficou pior. Subiu uma lua cruel e cheia, um pedaço úmido de fruta podre. Olhando para cima, ela parecia uma suave neblina cor de açafrão, mas sua luz sobre os sacos de areia e sobre a selva era áspera e brilhante. Todo mundo passava camuflagem negra embaixo dos olhos para tirar o reflexo e todas as coisas terríveis que essa dura luz fazia ver. (Perto da meia-noite, só para ter o que fazer, eu atravessei para o outro lado do perímetro e olhei para a estrada perfeitamente reta que ia até a rota 4 como uma longa fita amarela até onde a vista alcançava, e vi a estrada inteira se mover.) Houve uma acalorada discussão sobre quem se beneficiava mais com a claridade, atacantes ou defensores. Os homens ficavam sentados esperando com olhos de cinemascope e mandíbulas trincadas como se pudessem cuspir bala, se remexendo, se coçando e se contorcendo dentro de seus uniformes de combate. "Não faz bem a gente relaxar demais, Charlie* não relaxa, quando você tá todo tranqüilo e à vontade, aí mesmo é que ele vem e te fode." Foi assim até de manhã, eu fumei um maço de cigarro a cada hora durante a noite toda, e nada aconteceu. Dez minutos depois do nascer do sol, eu estava na área de aterrissagem querendo saber onde estavam os helicópteros.

Alguns dias depois, Sean Flynn e eu fomos para uma grande base de artilharia de apoio na área sob a responsabilidade da Americal,** e nossa experiência foi o extremo oposto, como um péssimo fim de semana de serviço militar na Guarda Nacional. O coronel no comando estava tão bêbado que mal conseguia falar, e quando conseguia, dizia coisas do tipo "Nosso objetivo é garantir que *se esses caras se meterem a engraçadinhos*, não vão nos pegar com as calças arriadas". A principal missão deles era manter uma artilharia H&I,*** mas seu índice de sucesso era o pior de toda a corporação, talvez de todo o país. Eles haviam perturbado e interditado um monte de civis adormecidos e fuzileiros coreanos, até mesmo algumas patrulhas americanas, mas quase nunca os vietcongues. (O coronel se referia à operação como "altiraria". A primeira vez que ele disse isso Flynn e eu

---

* Charlie: gíria para vietcongue. (N. da T.)

** Americal — divisão de elite do Exército americano, criada em 1942 especificamente para ação na região do Pacífico sul. (N. da T.)

*** H& I, *harassment and interdiction* — literalmente, "perturbar e interditar". Fogo de cobertura para dar apoio às operações ofensivas e impedir a progressão do inimigo. (N. da T.)

olhamos um para cada lado; da segunda vez, espirramos cerveja de tanto rir, mas o próprio coronel acabou rindo com a gente.) Nada de sacos de areia, munição à vista, armamentos sujos, caras andando para lá e para cá com aquela pinta de "Nós somos *cool*, por que você não é?" Na pista de aterrissagem, Sean estava conversando com um atirador sobre isso e o cara ficou bravo. "*Ah, é?* Vá se foder! Você quer que a gente seja superpreciso, é? Há mais de três meses não tem um vietcongue por aqui!"

"Que bom, não é?", Sean disse. "E aquele helicóptero? Vem ou não vem?"

Mas às vezes tudo parava, nada voava, e você nunca descobria o motivo. Certa vez, fiquei preso esperando um helicóptero no acampamento de uma patrulha no Delta, onde o sargento comia barras de chocolate uma atrás da outra e tocava fitas de *country & western* vinte horas por dia até eu ser capaz de ouvi-las no meu sono, que sono?: *Up on Wolverton Mountain* e *Lonesome as the Bats and the Bears in Miller's Cave* e *I Fell into a Burning Ring of Fire*, cercado de caipiras que também não estavam dormindo muito porque não conseguiam confiar nos seus quatrocentos soldados mercenários ou nos sentinelas que eles mesmos haviam escolhido cuidadosamente, ou em ninguém, a não ser, talvez, Baby Ruth e Johnny Cash, há tanto tempo eles esperavam por alguma coisa que tinham medo de não conseguir reconhecer quando alguma coisa finalmente acontecesse, *e tudo queima, tudo queima*... Finalmente, no quarto dia o helicóptero apareceu para entregar carne e filmes para o acampamento e eu fui embora com ele, tão feliz de voltar a Saigon que demorei dois dias para ficar deprimido.

Aeromobilidade, se liga nessa, não te levava a parte alguma. Fazia você se sentir seguro, fazia você se sentir Omni, mas era só um truque, tecnologia. A mobilidade era só isso, mobilidade, salvava vidas ou roubava vidas o tempo todo (salvou a minha não sei quantas vezes, talvez dúzias de vezes, talvez nenhuma), o que você precisava era de uma flexibilidade muito maior do que a que qualquer coisa que a tecnologia pudesse fornecer, o dom generoso e espontâneo de aceitar surpresas, e eu não tinha esse dom. Passei a odiar supresas, era um maníaco por controle nas encruzilhadas, se você era o tipo de pessoa que sempre precisava saber o que ia acontecer, a guerra era capaz de estraçalhar você. A mesma coisa acontecia com as tentativas de se acostumar à selva ou ao clima completamente hostil, ou à estranheza saturada do lugar que não diminuía com o passar do tempo mas apenas inchava e se tornava mais e mais uma sombria alienação cumulativa. Seria ótimo se você conseguisse se adaptar, você tinha que tentar, mas não era exatamente desenvolver uma disciplina, utilizar suas reservas pessoais e criar um verdadeiro metabolismo de guerra, capaz de ralentar quando o coração parecia que ia explodir para fora do peito ou acelerar quando tudo parava e você sentia como se toda a sua vida fosse a entropia que a envolvia. Duras palavras.

O chão era sempre importante, sempre sendo vigiado. Debaixo do chão era dele, acima do chão, nosso. Tínhamos o ar, podíamos subir nele mas não desaparecer *dentro* dele, podíamos fugir, mas não podíamos nos esconder, e às vezes ele fazia as duas coisas tão bem que parecia estar fazendo ambas ao mesmo tempo, e nossa capacidade de achá-lo murchava. Tudo era a mesma coisa, não importava o lugar, algo estava sempre acontecendo a toda hora, nós tínhamos os dias e ele, as noites. Você podia estar no lugar mais protegido do Vietnã e saber, ao mesmo tempo, que sua segurança era apenas provisória, que morte prematura, cegueira, perda das pernas, braços ou testículos, desfiguramento amplo e permanente — todo esse horror — podia acontecer sem mais nem menos com a mesma facilidade que podia acontecer do modo, por assim dizer, esperado, ouviam-se tantas histórias dessas que às vezes a gente se perguntava quem ainda sobrava para morrer nas escaramuças e ataques de canhões. Depois de algumas semanas, quando a ficha finalmente caiu, notei que todo mundo à minha volta andava armado, também vi que essas armas podiam ser disparadas a qualquer momento, pondo você numa situação em que não fazia diferença se aquilo era ou não um acidente. As estradas estavam minadas, havia bombas ocultas nas trilhas, granadas e explosivos caseiros explodiam jipes e cinemas, os vietcongues conseguiam trabalho em todos os acampamentos como engraxates, lavadeiras e limpadores de privadas, eles engomavam os uniformes, queimavam a merda, voltavam para casa e mandavam tiros de canhão em cima de onde você estava. Saigon, Cholon e Danang tinham uma vibração tão hostil que você achava que ia levar um tiro cada vez que alguém te olhava, e cem vezes por dia helicópteros caíam do céu como gordos pássaros envenenados. Depois de algum tempo, eu não conseguia entrar em um sem pensar que devia estar completamente doido.

Medo e movimento, medo e imobilidade, não tinha como saber o que era melhor, não tinha mesmo como saber o que era pior, se a espera ou o desfecho. O combate poupava muito mais do que sacrificava homens, mas todos sofriam entre um contato e outro, especialmente quando saíam todos os dias procurando contato; era ruim ir a pé, terrível nos caminhões e veículos blindados, pavoroso nos helicópteros, o pior de todos, viajando tão velozmente na direção de algo tão apavorante. Eu me lembro de várias vezes em que fiquei mortalmente paralisado com o medo do movimento, da velocidade e do destino fixo que me aguardava. Já era doloroso o bastante fazer curtos vôos "seguros" entre bases e pistas de aterrissagem; se alguma vez você tivesse estado num helicóptero atingido por artilharia de terra, uma ansiedade profunda e perpétua se tornava inseparável da experiência de voar. Pelo menos estar lá quando o contato acontecia extraía longos fiapos de energia de dentro de você, era suculento, veloz e purificador, e voar na direção dele era oco, seco, frio e constante, nunca te deixava em paz. Tudo o que você podia fazer era olhar em volta para as outras pessoas a bordo para ver se elas estavam tão apavoradas e paralisadas quanto você. Se parecia que não, você achava que elas eram loucas; se parecia que sim, você se sentia muito pior.

Passei por essa experiência várias vezes e apenas numa delas tive um retorno imediato do meu medo, uma clássica aterrissagem quente com o fogo vindo das árvores a uns 280 metros de distância, um denso fogo de metralhadora que obrigou os homens a mergulhar de cabeça na água pantanosa, correr engatinhando para o mato que não havia sido achatado pelo vento dos rotores, não exatamente um grande esconderijo, mas melhor do que não ter para onde correr. O helicóptero subiu antes que todos nós tivéssemos podido sair, forçando os últimos homens a pular de 6 metros de altura entre os tiros vindos do campo de arroz e os da metralhadora na porta do helicóptero. Quando todos conseguimos nos abrigar atrás de um muro e o capitão deu uma checada, ficamos todos maravilhados como ninguém tinha sequer se machucado, com exceção de um homem que tinha torcido os dois tornozelos ao saltar. Mais tarde eu só me lembrava de estar no pântano preocupado com as sanguessugas. Pode-se dizer que eu me recusava a aceitar a situação.

"Cara, só te dão umas escolhas de merda", um fuzileiro me disse certa vez, e eu só conseguia pensar que na verdade ele queria dizer que não se tinha escolha alguma. Ele estava falando especificamente de rações tipo C, "jantar", mas levando em consideração sua jovem vida não se poderia culpá-lo por pensar que não havia ninguém em parte alguma que se preocupava com o que *ele* poderia querer. Não havia ninguém a quem deveria agradecer pela comida, mas ele estava grato por ainda estar vivo para comê-la, e de que nenhum filho-da-puta a tinha devorado antes dele. Nos últimos seis meses ele tinha estado apenas exausto e com medo, e havia perdido tanta coisa, pessoas em sua maioria, e visto muito, visto demais, mas pelo menos ele inspirava e expirava, e isso, por si só, era um tipo de escolha.

Ele tinha um rosto que vi pelo menos mil vezes em centenas de bases e acampamentos, um rosto no qual toda a juventude tinha sido sugada dos olhos, toda cor tinha sido drenada da pele, lábios brancos e frios, você sabia que ele não esperava que nada disso voltasse ao que tinha sido antes. A vida o tinha feito velho, e ele seria velho para sempre. Todos esses rostos, olhar para eles às vezes era como olhar para os rostos num concerto de *rock*, o evento os mantinha prisioneiros; ou, como estudantes superavançados, sérios muito além do que você chamaria de suas idades se não soubesse muito bem do que eram feitos as horas e os minutos dos anos que eles haviam vivido. Não apenas aqueles que pareciam que não iam conseguir arrastar suas bundas por mais um dia. (Como você se sente quando um garoto de 19 anos te diz, do fundo do coração, que está velho demais para essa merda?) Não como as faces dos feridos e dos mortos, esses pareciam mais libertos do que vencidos. Esses eram os rostos de garotos atropelados por suas próprias vidas, eles podiam estar a alguns poucos metros de distância, mas olhavam para você através de um abismo que você jamais atravessaria. Nós conversávamos, às vezes voávamos juntos, caras saindo para se divertir um pouco, caras escoltando cadáveres, caras que tinham pirado e se trancado em extremos de paz ou violência. Certa vez voei com um garoto que estava voltando para casa, ele olhou para baixo, para o chão onde havia passado um ano de sua vida, e chorou todas as lágrimas que tinha. Às vezes você voava até com os mortos.

Certa vez eu pulei num helicóptero cheio deles. O garoto na cabana de operações tinha me dito que haveria um corpo a bordo, mas ele havia recebido informações erradas. "Você quer mesmo chegar a Danang?", ele havia me perguntado. "Quero mesmo", eu tinha dito.

Quando vi o que estava acontecendo, eu não queria embarcar, mas eles tinham feito um desvio de rota e uma aterrissagem especialmente para mim, eu tinha que ir no helicóptero que havia chamado, eu estava com medo de parecer um fracote. (Eu me lembrei, também, que um helicóptero cheio de gente morta tinha muito menos chances de ser abatido do que um cheio de gente viva.) Eles não estavam sequer em sacos. Eles tinham estado num caminhão perto de uma das bases de artilharia na Zona Desmilitarizada que estava dando cobertura a Khe Sanh, e o caminhão tinha sido atingido por uma mina e sofrido fogo de canhões. Sempre faltavam suprimentos para os fuzileiros, até comida, munição e remédios, por isso não estranhei que não tivessem sacos para os corpos. Os homens tinham sido embrulhados em ponchos de plástico, alguns tinham sido amarrados sem muito cuidado com tiras de plástico, e empilhados a bordo. Havia um pequeno espaço livre para mim e para o atirador, que sempre ficava na porta, e que estava pálido e tão tremendamente furioso que achei que estava com raiva de mim, e eu não consegui olhar para ele por um bom tempo. Quando decolamos, o vento soprou para dentro do helicóptero, sacudindo os ponchos até que o que estava perto de mim foi arrancado numa puxada brutal, deixando o rosto exposto. Eles não haviam nem fechado os olhos dele!

O atirador começou a urrar o mais alto que pôde: "Conserta! Conserta!", talvez ele achasse que os olhos o estavam encarando, mas eu não podia fazer coisa alguma. Pus minha mão no corpo algumas vezes e não consegui fazer nada, até que consegui. Apertei bem o poncho, levantei a cabeça dele com cuidado e prendi bem o poncho debaixo dela, e não consegui acreditar que tinha feito aquilo. Durante toda a viagem o atirador ficou tentando sorrir para mim, e quando chegamos a Dong Ha ele me agradeceu e correu para pegar suas ordens. O piloto saltou e saiu andando, sem olhar para trás, como se jamais tivesse visto o helicóptero antes em toda a sua vida. Voei o resto do caminho até Danang no avião de um general.

2

Sabe como é, ao mesmo tempo se quer e não se quer olhar. Eu me lembro dos sentimentos estranhos que eu tinha quando era garoto e olhava para fotos de guerra na *Life*, aquelas que mostravam pessoas mortas ou um monte de pessoas mortas juntas num campo ou numa rua, freqüentemente tocando umas às outras, como se estivessem se abraçando. Mesmo quando a foto era nítida e claramente definida, alguma coisa não estava clara, alguma coisa reprimida que monitorava as imagens e ocultava a informação essencial nelas contida. Isso talvez tenha legitimado meu fascínio, deixando que eu olhasse para elas o quanto quisesse; eu não tinha uma linguagem para isso na época, mas me recordo da vergonha que sentia, como a primeira vez que vi pornografia, toda a pornografia do mundo. Eu podia olhar para elas até que todas as minhas luzes se apagassem, sem que eu tivesse aceitado a conexão entre uma perna arrancada e o resto de um corpo, ou as poses e posições que sempre aconteciam (um dia eu ouvi a expressão "resposta ao impacto" para defini-las), corpos retorcidos rápida e violentamente demais em contorções inacreditáveis. Ou a impessoalidade total da morte em grupo, que os fazia cair em qualquer lugar e de qualquer modo, pendurados sobre arame farpado ou jogados promiscuamente uns em cima dos outros, ou em cima de árvores como acrobatas terminais, *Vejam o que sei fazer*.

Esse bloqueio não deveria mais existir quando você os visse de verdade, no chão à sua frente, mas de todo modo você o fabricava porque freqüente e intensamente você precisava de proteção contra o que estava vendo, mesmo que tivesse viajado mais de 40 mil quilômetros para ver. Uma vez, eu os vi espalhados do perímetro do campo até a linha das árvores, a maioria aglomerados perto da cerca de arame, depois em quantidades menores e grupos mais compactos no meio do caminho, espalhando-se em pontos dispersos perto da linha das árvores e um solitário meio no mato, meio fora. "Essa foi boa", o capitão disse, e então alguns dos seus homens foram lá e chutaram os mortos na cabeça, todos e cada um dos 37. Então eu ouvi um M-16 completamente automático começando a disparar, um segundo para disparar, três para carregar, e eu vi um homem lá, atirando. Cada tiro era como uma concentração minúscula de vento em alta velocidade, fazendo os corpos se contorcerem e tremerem. Quando ele terminou, passou por nós a caminho de seu alojamento, e eu sabia que não tinha visto coisa alguma até que visse o rosto dele. Estava afogueado, contorcido e manchado como se sua pele estivesse virada pelo avesso, um pedaço esverdeado escuro demais, um risco vermelho que se tornava roxo como um hematoma, muito de um cinza pálido, doentio, entre uma coisa e outra, ele parecia ter tido um ataque do coração ali adiante. Seus olhos estavam meio virados para cima, sua boca estava escancarada, a língua de fora, mas ele estava sorrindo. Na verdade, um cara contente. O capitão não gostou muito que eu tivesse visto aquilo tudo.

Não se passava um dia sem que alguém viesse me perguntar o que eu estava fazendo lá. Algumas vezes, um pracinha particularmente esperto ou algum outro correspondente vinha me perguntar até o que eu *realmente* estava fazendo lá, como se eu pudesse dizer alguma coisa honesta sobre isso a não ser "Blablablá, cobrir a guerra" ou "Blablablá, escrever um livro". Talvez nós aceitássemos as histórias uns dos outros sem questioná-las; os pracinhas que "tinham" que estar lá, os espiões e civis cuja fé corporativa os tinha levado até lá, os correspondentes que tinham sido atraídos para lá por sua curiosidade e ambição. Mas em algum lugar todos os mitos se cruzavam, da mais baixa fantasia John Wayne ao mais grave delírio de soldado-poeta, e quando eles se cruzavam eu creio que todos nós sabíamos tudo sobre todos os outros, e todos nós éramos verdadeiros voluntários. Não que não se ouvisse muita baboseira podre: Corações e Mentes, o Povo da República, dominós caindo, mantendo o equilíbrio do Blablablá através da contenção da eterna expansão do Ti-ti-ti; e também podia-se ouvir o outro extremo, algum jovem soldado dizendo na mais santa inocência: "Ah, isso é tudo besteira, cara, a gente tá aqui pra matar uns macacos, ponto final." O que não era verdade, de jeito nenhum, no que me tocava. Eu estava ali para ver.

E por falar em assumir uma identidade, se trancar dentro de um papel, ironia; eu fui cobrir a guerra e a guerra me cobriu; uma velha história, a não ser que você nunca a tivesse escutado. Fui lá protegido pela crença simplória mas séria de que tudo precisava ser visto, séria porque eu agi impulsionado por essa crença e fui para lá, simplória porque eu não sabia, foi preciso que a guerra me ensinasse, que você é tão responsável por aquilo que vê quanto por aquilo que faz. O problema é que muitas vezes não se sabia o que se estava vendo até muito depois, às vezes, muitos anos depois, e tanta coisa jamais foi processada e arquivada na memória, ficou apenas ali, guardada nos olhos. Tempo e informação, *rock and roll*, a própria vida, a informação não está imóvel, você é que está.

Às vezes eu não sabia se uma ação tinha durado um segundo ou uma hora, ou se eu tinha sonhado a coisa toda. Na guerra, mais do que na vida, não se sabe o que se está fazendo a maior parte do tempo, está-se apenas agindo e depois se inventa alguma cascata a respeito, diz-se que nos sentimos bem ou mal, que se adorou ou se detestou, que você fez isso ou aquilo, a coisa certa ou a coisa errada; e no entanto aquilo que aconteceu, aconteceu.

Quando voltei e contava as histórias, eu dizia: "Cara, eu estava apavorado" e "Meu Deus, pensei que era o fim", muito tempo antes que eu realmente soubesse o quanto deveria estar apavorado ou quão claro, definitivo e fora do meu controle estava "o fim". Eu não era burro, mas estava cru, algumas conexões são difíceis de fazer quando se vem de um lugar onde todo mundo tem apenas a guerra em suas mentes, o tempo todo.

"Se você for ferido", um médico me disse, "nós podemos trazer você de volta para a base em vinte minutos."

"Se você for gravemente ferido", me disse um soldado, "em 12 horas eles te põem no Japão."

"Se você morrer", me disse um oficial dos Serviços Funerários, "trazemos você de volta pra casa em uma semana."

O TEMPO ESTÁ DO MEU LADO, escrito no primeiro capacete que usei lá. E logo abaixo, em letras miúdas que podiam ser lidas mais como uma prece sussurrada do que uma afirmação, "De Verdade, Pracinha". O artilheiro da traseira de um helicóptero Chinook tinha me jogado o capacete logo na primeira manhã na pista de aterrissagem de Kontum, algumas horas depois do fim da luta em Dak To, gritando mais alto que o barulho do rotor: "*Fica* com esse, temos *muitos* desses, boa *sorte*!", e voando para longe depois. Eu fiquei tão feliz de ter o equipamento que nem parei para pensar de onde ele poderia ter vindo. O forro por dentro estava curtido, preto e sebento, mais vivo agora que o homem que o usara, e quando me livrei dele dez minutos depois eu não o deixei simplesmente no chão, fugi dele furtivo e envergonhado, com medo que alguém me visse e saísse atrás de mim, "Ei, idiota, você esqueceu uma coisa...".

Naquela manhã, quando tentei sair com as tropas, me mandaram falar com uma fila descendente de pessoas, de um coronel para um major para um capitão para um sargento que me deu uma olhada, me chamou de Carne Fresca e me disse para ir buscar alguma outra roupa que servisse para eu vestir quando me matassem. Eu não tinha a menor idéia do que estava acontecendo e estava tão nervoso que comecei a rir. Disse ao sargento que nada ia me acontecer e ele deu um tapa gentil e ameaçador no meu ombro e disse: "Isto aqui não é essa porra de cinema não, viu?" Eu ri de novo e disse que sabia, mas ele sabia que eu não sabia.

Dia um, se alguma coisa tivesse perfurado essa primeira inocência eu talvez tivesse pegado o primeiro avião que saía dali. Fora dali, absolutamente. Era como passear numa colônia de vítimas de derrame, mil homens num campo de pouso frio e chuvoso depois de algo que eu nunca realmente vou saber o que é, "um jeito que você nunca vai ser", lama, sangue e fardas imundas, olhos despejando um fluxo constante de horror exausto. Eu tinha perdido a maior batalha da guerra até então e dizia a mim mesmo que estava chateado com isso, mas ela estava bem ali à minha volta e eu nem notava. Eu não conseguia olhar para ninguém por mais de um segundo, não queria que me pegassem entreouvindo as conversas, grande correspondente eu era, eu não sabia o que dizer e o que fazer e já estava detestando tudo. Quando a chuva parou e os ponchos foram tirados, veio um cheiro que pensei que ia me fazer vomitar: podridão, pântano, curtume, túmulo aberto, lixo queimado — horrível, e às vezes um resto de Old Spice que só tornava tudo muito pior. Tudo o que eu queria era achar um lugar para me sentar sozinho e fumar um cigarro, achar um rosto que cobrisse meu rosto como o poncho cobria minha farda nova. Eu a usara uma vez antes, na manhã anterior em Saigon, trazendo-a de volta do mercado negro para o hotel, me vestindo todo em frente do espelho e fazendo caras e gestos que nunca farei de novo. E adorando. Agora, ali perto de mim, no chão, um homem estava dormindo com o poncho sobre sua cabeça e um rádio em seus braços, eu ouvi Sam the Sham cantando "Chapeuzinho Vermelho, acho que garotinhas não devem passear sozinhas por essas velhas florestas assustadoras...".

Fui andando para o outro lado e dei de cara com um homem. Ele não estava bloqueando meu caminho, mas também não saía de onde estava. Ele oscilou um pouco e piscou, olhou para mim e através de mim, ninguém jamais tinha olhado dessa forma para mim. Senti uma gorda gota de suor começar a deslizar pelas minhas costas como uma aranha, parece que levou uma hora para escorrer até embaixo. O homem acendeu um cigarro, mas ele babava tanto que o cigarro apagou, eu não tinha idéia do que estava vendo. Ele tentou de novo com outro cigarro. Ofereci fogo, houve uma fagulha de foco, reconhecimento, mas após algumas baforadas o cigarro apagou também, e ele deixou-o cair no chão. "Durante uma semana lá fora eu não conseguia cuspir", ele disse, "e agora não consigo parar."

Quando a 173ª Divisão organizou um funeral para seus mortos em Dak To, as botas dos soldados caídos foram arrumadas em formação, no chão. Era uma velha tradição dos pára-quedistas, mas saber disso não diminuía seu impacto ou tornava-o menos assustador, uma companhia inteira de botas em pé, vazias, no chão de terra, sendo abençoadas enquanto a verdadeira substância da cerimônia estava sendo empacotada, etiquetada e despachada de volta através do que era conhecido como a Agência de Viagens KIA, Killed in action: morto em combate. Muitas pessoas naquele dia aceitaram as botas como símbolos solenes e caíram em profunda prece. Outros apenas as contemplaram com amargo respeito, outros tiraram fotos delas e alguns apenas acharam que aquilo não passava de uma dolorosa besteira. Tudo o que eles estavam vendo ali era mais uma leva de peças sobressalentes, e não procurariam por algum espírito santo se algumas daquelas botas fossem calçadas de novo e saíssem andando.

A própria Dak To tinha sido apenas o ponto de comando para um combate sem foco que havia rasgado um arco de 48 quilômetros sobre as colinas de noroeste a sudoeste da pequena base e seu campo de pouso, do início de novembro até o Dia de Ação de Graças, um combate que cresceu em tamanho e fama à medida que se tornou mais cruel e mais descontrolado. Em outubro a pequena base da Forças Especiais em Dak To tinha sido atingida por fogo de canhões e foguetes, patrulhas saíram, patrulhas colidiram, companhias dividiram a ação e a espalharam pelas colinas numa seqüência de escaramuças isoladas que depois foram descritas como estratégia; batalhões foram sugados para dentro do conflito, depois divisões, depois divisões reforçadas. De todo modo nós sabíamos com certeza que tínhamos uma divisão reforçada lá, a Quarta Plus, e dissemos que eles tinham uma também, embo-

ra muita gente acreditasse que uns dois regimentos flexíveis teriam feito a mesma coisa que o Exército norte-vietnamita fez naquelas colinas durante três semanas, deixando que nós disséssemos que havíamos tomado do inimigo as colinas 1.338, 943, 875 e 876, enquanto do outro lado as alegações permaneceram na maior parte mudas e provavelmente desnecessárias. E então, em vez de acabar, a batalha sumiu. Os norte-vietnamitas recolheram seu armamento e seus mortos e "desapareceram" durante a noite, deixando para trás alguns corpos para serem chutados e contados por nossas tropas.

"Igualzinho à luta contra os Japas", um garoto a descreveu; a maior batalha no Vietnã desde o vale de Ia Drang, dois anos antes, e uma das únicas vezes desde Ia Drang em que o fogo cruzado era tão intenso que os helicópteros de resgate médico não conseguiam aterrissar. Os feridos esperavam horas, dias às vezes, e muitos homems que poderiam ter sido salvos acabaram morrendo. A renovação de suprimentos também era impossível, e a preocupação inicial sobre falta de munição transformou-se em pânico e foi mais além, tornou-se real. No pior momento, um batalhão da Infantaria Aerotransportada que atacava a colina 875 foi surpreendido numa emboscada pela retaguarda, onde não havia relato algum da existência de tropas norte-vietnamitas, e suas três companhias se viram encurraladas e isoladas pelo fogo furioso daquela armadilha durante dois dias. Depois, quando um correspondente perguntou a um dos sobreviventes o que tinha acontecido, ele ouviu: "Que porra você acha que aconteceu? Eles nos fizeram em pedaços." O correspondente começou a anotar o que ele tinha dito e o pára-quedista disse: "Escreva aí 'pedacinhos'. Nós ainda estávamos sacudindo as árvores para achar plaquetas de identificação quando conseguimos sair de lá."

Mesmo depois que o norte foi embora, logística e transporte permaneceram um problema. Uma grande batalha tem que ser desmontada peça por peça e homem a homem. Chovia todo dia agora, e a pequena pista de Dak To ficou sobrecarregada e imprestável, e muitas tropas foram mandadas para a pista maior de Kontum. Algumas foram parar até em Pleiku, 30 quilômetros ao sul, para serem organizadas e mandadas de volta às suas unidades próximas da Zona 2. Vivos, mortos e feridos voaram juntos em Chinooks lotados e era normal chegar aos assentos andando por cima de corpos meio*

* O teatro da guerra era dividido em quatro *corps* ou zonas táticas.

cobertos empilhados nos corredores, ou fazer piadas sobre como aquilo tudo parecia tão engraçado, todos esses babacas mortos.

Os homens estavam sentados em grupos informais em volta da pista em Kontum, centenas deles divididos por unidades esperando serem pegados e despachados. A não ser por um casebre de operações cercado de sacos de areia e uma tenda médica, não havia abrigo da chuva em parte alguma. Alguns homens tinham improvisado barracas com seus ponchos, quase todas inúteis, muitos deles estavam dormindo na chuva, usando os capacetes e as mochilas como travesseiros, a maioria simplesmente esperava, sentada ou em pé. Seus rostos estavam escondidos, no fundo do capuz de seus ponchos, movimento de retinas e silêncio, andar entre eles era como ser vigiado por centenas de cavernas isoladas. A cada vinte minutos mais ou menos um helicóptero chegava, homens saíam ou eram carregados, outros embarcavam e o helicóptero empinava na pista e ia embora voando, alguns para Pleiku e para o hospital, outros de volta para a área Dak To e as operações de faxina.Os rotores dos Chinooks cortavam espaços gêmeos na chuva, criando jatos de água que iam até 45 metros de distância. Só de saber o que havia nesses helicópteros dava à água um gosto ruim, forte e salgado. Não era bom que ela secasse em seu rosto.

De volta da pista um homem gordo de meia-idade gritava com alguns soldados que estavam mijando no chão. O seu poncho estava afastado o suficiente de seu capacete para deixar ver as insígnias de capitão, mas ninguém sequer se voltava para olhar para ele. Ele mexeu embaixo do seu poncho e tirou uma 45, apontou para a chuva e disparou um tiro que soou como um pop distante, como se estivesse embaixo de areia molhada. Os homems terminaram, abotoaram as calças e foram embora rindo, deixando o capitão aos gritos, tentando policiar os dejetos; milhares de latas de ração vazias ou semiconsumidas, pilhas encharcadas de Stars and Stripes,* *uma M-16 que alguém havia simplesmente largado lá e, pior de tudo, a evidência de um desleixo impensável para o capitão, tudo isso fedia sob a chuva fria, mas ele ia dar um jeito nisso dentro de uma ou duas horas, assim que a chuva parasse.*

O combate tinha acabado havia quase 24 horas, mas ele ainda continuava num replay *compulsivo nas mentes dos homens que tinham estado lá:*

* Jornal interno das Forças Armadas norte-americanas. (N. da T.)

"Um companheiro morto é foda, mas tentar salvar a própria pele ajuda muito a superar isso."

"A gente tinha um tenente, juro por Cristo que ele era o maior merda de idiota que já existiu em todos os tempos. A gente chamava ele de Tenente Alegria, porque ele vivia dizendo: 'Eu nunca pediria a vocês algo que eu mesmo não faria com alegria', que babaca. A gente tava na 1.338 e ele me diz: 'Corra até o topo daquele cume e me faça um relatório.' E eu digo: 'De jeito nenhum, senhor.' E ele vai, ele mesmo sobe lá e porra, não é que o babaca toma um tirombaço?! Ele também tinha dito que a gente ia ter um puta papo sério quando ele voltasse. Que pena."

"Esse garoto aqui (não aqui realmente, 'aqui' apenas uma figura de linguagem) foi explodido a 5 metros de distância, atrás da gente. Juro por Deus que eu achava que tava vendo dez caras diferentes quando olhei pra trás."

"Vocês têm tanta merda na cabeça que tá até saindo pelos porras dos ouvidos!", um homem estava dizendo. Ele tinha REZE PELA GUERRA *escrito no lado do seu capacete e estava falando com um soldado cujo nome de capacete era* PAU QUE BALANÇA. *"Vocês tavam se mijando todos, Scudo, não me diga que vocês não tavam apavorados, cara, não me vem com essa porra de papo, porque eu também tava lá, cara, e eu tava fodido de tanto medo! Eu tava apavorado cada porra de cada minuto, e eu num sou diferente de ninguém aqui!"*

"Grande coisa, seu babaca", Pau que Balança disse. "Você tava com medo."

"Tava mesmo! Tava mesmo! Puta que pariu que eu tava com medo! Você é o babaca mais burro que eu já vi na vida, Scudo, mas você num é tão burro assim. Nem os marines *são tão burros assim, tô nem aí praquela merda daquele papo de que os* marines *num têm medo nunca, uau, eu aposto... eu aposto que os* marines *tavam* tão apavorados quanto a gente!*"*

Ele começou a se levantar mas seus joelhos não agüentaram. Ele teve um pequeno espasmo fora de controle como se o sistema nervoso tivesse negado fogo, e quando ele caiu, ele derrubou toda uma pilha de M-16s. Elas fizeram uma barulheira estridente e todo mundo pulou e saiu do caminho, olhando uns para os outros como se, por um minuto, não conseguissem lembrar se deviam ou não procurar abrigo.

"Ei, meu bem, olha por onde anda", disse um pára-quedista rindo, todos estavam rindo e Reze pela Guerra rindo mais que todo mundo, rindo

tanto que se dobrou ao meio, gargalhando. Quando ele ergueu novamente a cabeça, seu rosto estava marcado de lágrimas.

"Você vai ficar aí olhando, seu babaca?", ele disse para Pau que Balança. "Ou vai me ajudar a levantar?"

Pau que Balança estendeu a mão e o segurou pelos pulsos firmemente, erguendo-o devagar até que seus rostos estavam a poucos centímetros de distância um do outro. Por um segundo parecia que eles iam se beijar.

"Legal", Reze pela Guerra disse. "Mmmmm, Scudo, você tá legal. Não parece mesmo que você tava apavorado lá fora. Parece só que você andou viajando por uns 5 mil quilômetros de estrada ruim."

É verdade isso que dizem — você se lembra das coisas mais estranhas. Como um pára-quedista da 101 que se esgueirou por mim e disse "Me *afiaram*, cara, agora eu tô *lisinho*", e foi embora para algum lugar do meu passado e, eu espero, do futuro dele, me deixando intrigado não com o significado do que dissera (isso era fácil) mas com a dúvida de onde ele tinha estado para falar desse jeito. Num dia frio em Hué nosso jipe entrou no estádio de futebol onde centenas de cadáveres de vietnamitas do norte tinham sido depositados, e eu vi todos eles, mas não estão tão presentes na minha memória quanto o cachorro e o pato que morreram juntos numa pequena explosão terrorista em Saigon. Certa vez encontrei um soldado sozinho numa clareira da floresta onde eu tinha ido dar uma mijada. Nós nos cumprimentamos, mas ele parecia nervoso porque eu estava ali. Ele disse que os caras estavam todos de saco cheio de ficar sentados sem fazer nada, e que ele tinha saído para dar uma volta para ver se provocava o fogo inimigo. Trocamos um olhar esquisito, saí dali correndo, não queria importuná-lo enquanto ele estava trabalhando.

Isso foi há muito tempo, posso me lembrar do que senti, mas não posso sentir tudo de novo. Aqui vai uma prece para os obsessivos: em algum momento você vai largar de mão, por que não agora? Uma impressão na memória, vozes e rostos, histórias como um filamento atravessando aquele pedaço de tempo, tão agarrado à experiência que nada se move, nada o altera.

"A primeira carta que eu recebi do meu velho era só falando como ele tinha orgulho de mim por estar aqui, como nós temos o *dever* disso e daquilo, essas merdas todas... e aquilo me fez eu me sentir o máximo.

Porra, antes meu pai quase nem me dava bom-dia. Agora eu tô aqui há oito meses, e quando voltar pra casa vou ter que fazer uma puta força pra não matar aquele filho-da-puta..."

Em toda parte as pessoas diziam: "Tomara que você consiga uma matéria", e conseguia-se matérias em toda parte.

"Ah, não é ruim não. Mas da outra vez que eu vim foi melhor, num tinha tanto comandantezinho de merda te dando ordem e te atrapalhando no serviço. Puta merda, nas minhas últimas três patrulhas a gente tinha *ordem* de não retornar fogo quando estivesse atravessando uma aldeia, é assim que essa merda de guerra tá ficando cada vez pior. Da outra vez, a gente atravessava as aldeias mesmo, arrancando as cercas, queimando as choupanas e explodindo os poços, e matando tudo que é galinha, porco e vaca que aparecesse na porra da aldeia. Puta merda, se a gente não pode atirar nesses caras, que porra que a gente tá fazendo aqui?"

Alguns jornalistas falavam de operações que não davam matérias, mas eu nunca estive numa assim. Mesmo quando uma operação não decolava, havia sempre a pista de aterrissagem. Esses jornalistas eram os mesmos que viviam perguntando que porra que a gente tanto conversava com os pracinhas, pracinha só sabia falar de automóvel, futebol e grana. Mas todos tinham uma história, e na guerra todos queriam contar suas histórias.

"A gente tava sendo trucidado e os *dinks** tavam em pânico, e quando os helicópteros chegaram pra nos tirar dali, não tinha lugar pra todo mundo. Os *dinks* tavam gritando e pirando, agarrando os degraus, agarrando nossas pernas até que não dava pros helicópteros decolarem. Aí a gente disse, que se foda, deixa esses caras arrumarem as porras dos helicópteros deles, e aí começamos a atirar neles. E mesmo assim eles continuavam, cara, era uma loucura. Eles bem que podiam achar que os vietcongs tavam atirando neles, mas não acreditavam que a gente tava atirando também..."

Esta foi uma história do vale A Shau anos antes do meu tempo no Vietnã, uma história velha mas que ainda rolava. Algumas vezes a história era tão recente que seu narrador ainda estava em estado de choque, outras vezes eram longas e complexas, algumas vezes a coisa toda estava contida

---

* Gíria pejorativa para vietnamitas. (N. da T.)

em algumas palavras rabiscadas num capacete ou numa parede, e algumas vezes quase não havia história alguma, só sons e gestos carregados de tanta urgência que eles se tornavam mais dramáticos que uma novela, homens falando em jatos curtos e violentos de palavras como se tivessem medo que não fossem ser capazes de concluir as frases, ou falando como quem descreve um sonho, de um modo inocente, inesperado, terrivelmente direto. "Sabe, foi só uma briguinha, matamos alguns deles, eles mataram alguns dos nossos." Muito do que se ouvia, e se ouvia o tempo todo, vozes nas fitas, eram coisas baixas mesmo, caras mentirosos e enganadores, e uns cujo nível não passava de "Toma essa! Toma essa! Hahahahaha!". Mas de vez em quando se ouvia algo novo e umas poucas vezes ouvia-se algo louco como o soldado em Khe Sanh que disse: "Se não é a porra dos tiros que eles dão é a porra dos tiros que nós damos. A única diferença é quem leva a porra do chumbo, e isso não faz porra de diferença nenhuma."

A mistura era incrível. Santos incipientes e homicidas realizados, poetas líricos inconscientes e filhos-da-puta cruéis e burros, com os cérebros embutidos em seus pescoços; e embora, depois de algum tempo, eu já soubesse de onde essas histórias todas estavam vindo e para onde estavam indo, jamais me senti entediado, ou mesmo privado de surpresa. É claro que o que todos queriam dizer realmente é o quanto estavam cansados e o quanto estavam cheios de tudo aquilo, o quanto aquilo havia mexido com eles e como estavam com medo. Ou talvez isso fosse da minha cabeça, nessa época eu já não acreditava mais na minha postura: "Repórter". ("Deve ser muito difícil se manter neutro", um homem me disse no avião para São Francisco, e eu falei: "É impossível.") Depois de um ano, eu estava tão ligado a todas as histórias, imagens e medo que até os mortos começaram a me contar histórias, e eu as ouvia num lugar remoto mas acessível onde não existiam idéias, emoções, fatos ou mesmo linguagem, apenas informação pura. Não importa quantas vezes acontecia, ou se eu os conhecia ou não, não importava como me sentia a respeito deles ou do modo como eles haviam morrido, a história era sempre a mesma, era assim: "Ponha-se no meu lugar."

Uma tarde eu confundi um sangramento do nariz com um ferimento na cabeça, e não precisei mais imaginar como seria minha reação se fosse realmente atingido. Estávamos andando numa patrulha de reconhecimento ao norte de Tay Ninh City, na direção da fronteira com o Camboja, quando disparos de morteiro começaram a vir na nossa direção, de uma distância de uns 25 metros. Mesmo depois de cinco ou seis semanas no Vietnã, eu ainda não tinha noção de distância, pensava nisso como um detalhe da matéria que eu sempre podia apurar depois, não como uma coisa que precisava saber para sobreviver. Quando nós nos jogamos no chão, o garoto na minha frente meteu a bota na minha cara. Eu não senti a bota, ela se misturou com o impacto tremendo de cair no chão, mas senti uma dor aguda na testa, bem acima dos meus olhos. O garoto se virou e imediatamente começou a falar feito doido: "Aí, cara, desculpe. Não, não, cara, *desculpe*!" Pensei que algum metal quente e fedorento tinha sido posto na minha boca, pensei que podia sentir o gosto de miolos queimando na ponta da minha língua, e o garoto estava tateando em busca do seu cantil com uma cara completamente apavorada, muito pálido, quase chorando, com a voz tremida. "Merda, sou um merda de um trapalhão, uma porra de um imbecil, você tá bem, tá bem mesmo, cara?", e de algum modo achei que tinha sido ele, que de algum modo ele tinha acabado de me matar. Acho que não disse coisa alguma, mas fiz um som que posso lembrar agora, um uivo agudo e trêmulo repleto de mais terror do que eu sabia que existia até então, como os sons que gravaram de plantas sendo queimadas, como uma velha submergindo pela última vez. Minhas mãos voaram para minha cabeça, apalpando-a toda, eu tinha que achar, eu tinha que sentir. Não parecia haver sangue algum saindo do topo da cabeça, nem da minha testa, nem dos meus olhos, meus *olhos*! Num momento de meio alívio a dor ficou específica, achei que só meu nariz tivesse sido arrancado, no todo ou em parte, e o garoto continuava falando sozinho: "Aí, cara, puta que pariu, desculpe de verdade!"

Uns 15 metros à nossa frente os homens estavam correndo completamente fora de si. Um soldado estava morto (me disseram depois que foi só porque ele estava andando com seu colete à prova de balas aberto, outro detalhe verdadeiro para anotar e nunca mais esquecer), outro estava de quatro vomitando uma substância ruim e rosada, e outro, bem perto de nós, estava encostado numa árvore virado para o lado contrário de onde os tiros tinham vindo, se esforçando para ver a coisa incrível que tinha acontecido com sua perna, torcida completamente em algum lugar abaixo do joelho, feito uma engraçada perna de espantalho. Ele olhou para o outro lado e depois de volta para a perna, olhando para ela alguns segundos a mais de cada vez, e finalmente ficou olhando por um minuto, balançando a cabeça e sorrindo, até que seu rosto ficou muito sério e ele desmaiou.

A essa altura eu já havia achado o meu nariz e percebido o que tinha acontecido, tudo o que tinha acontecido, não estava nem quebrado, nem meus óculos estavam quebrados. Peguei o cantil do garoto e molhei meu lenço, limpando o sangue que tinha coagulado no meu lábio e no meu queixo. Ele tinha parado de pedir desculpas e não havia mais piedade no seu rosto. Quando devolvi o cantil, ele estava rindo para mim.

Nunca contei esta história para ninguém, e também nunca mais saí com aquela patrulha.

3

Em Saigon eu sempre ia dormir chapado, por isso quase sempre esquecia meus sonhos, o que provavelmente era melhor mesmo, se enterrar profunda e estupidamente debaixo daquela informação e descansar tanto quanto era possível, acordar sem imagem alguma a não ser as que você recordava do dia ou da semana anteriores, e apenas o gosto de um sonho ruim na boca, como se tivesse mastigado um rolo de moedas velhas enquanto dormia. Eu tinha visto pracinhas dormindo com seus REMs* faiscando como vagalumes na escuridão, eu tinha certeza de que era a mesma coisa comigo. Eles diziam (eu perguntava) que também não se lembravam de seus sonhos quando estavam na zona de combate, mas na folga ou no hospital os sonhos eram constantes, claros, violentos e nítidos, feito um homem no hospital de Pleiku na noite em que estive lá. Eram três horas da manhã, apavorante e perturbador como ouvir uma língua nova pela primeira vez e de algum modo entender cada palavra, a voz alta e clara e baixinha ao mesmo tempo, insistente, chamando, "*Quem?*

---

* *Rapid eye movement*, movimento rápido dos olhos, sigla que define o tipo de sono durante o qual os olhos se movem rapidamente, indicando que a pessoa está sonhando. (N. da T.)

Quem?, Quem está no quarto ao lado?". Havia um único abajur em cima da mesa no final da enfermaria onde eu estava sentado com o auxiliar de enfermagem. Eu podia ver os primeiros leitos, parecia que havia milhares deles pela escuridão adentro, mas na verdade havia apenas vinte de cada lado. Depois que o homem repetiu a mesma coisa algumas vezes, algo em sua voz mudou, como quando a febre finalmente baixa, e ele agora parecia um menininho implorando. Pude ver cigarros sendo acesos no final na enfermaria, resmungos e gemidos, feridos recobrando a consciência, dor, mas o homem que sonhava continuava dormindo além de tudo isso... Quanto aos meus sonhos, os que perdi lá dariam um jeito de voltar mais tarde, eu devia saber, algumas coisas simplesmente continuam vivas até que se enraizam. Chegaria a noite em que eles seriam claros e incessantes, aquela noite o começo de uma longa seqüência, eu ia me lembrar deles e acordar quase acreditando que nunca tinha estado em nenhum daqueles lugares.

O *cafard* de Saigon, uma merda, nada a fazer a não ser queimar um fumo e deitar um pouco, acordar no meio da tarde com os travesseiros ensopados, sentindo a cama vazia atrás de você quando você se levanta para ir olhar pelas janelas que dão sobre o Tu Do. Ou ficar ali deitado contando as rotações do ventilador de teto, estendendo a mão até o gordo baseado em cima do meu Zippo, cercado por uma mancha de alcatrão amarelado. Tinha manhãs em que eu fazia isso antes mesmo que meus pés tocassem o chão. Querida mamãe, tô chapado de novo.

Nas serras, onde os *montagnards** trocavam meio quilo da sua legendária maconha por um pacote de cigarros Salem, eu queimei fumo junto com o pessoal da Infantaria da 4ª. Um deles tinha trabalhado durante meses no seu cachimbo, lindamente entalhado e pintado com flores e símbolos de paz. Tinha um homenzinho magrinho no círculo que sorria o tempo todo mas quase nunca falava. Ele tirou um grosso pacote de plástico da sua bolsa e passou para mim. Estava cheio de algo parecido com grandes pedaços de frutas secas. Eu estava doidão e faminto, quase meti a mão ali, mas o pacote tinha um peso estranho. Os outros homens

* Expressão francesa, dos tempos coloniais, para definir a população vietnamita que vivia nas montanhas. (N. da T.)

estavam trocando olhares, alguns divertidos, outros constrangidos, e alguns até raivosos. Uma vez alguém tinha me dito que havia mais orelhas que cabeças no Vietnã; uma simples informação. Quando lhe devolvi o pacote, ele ainda estava rindo, mas parecia mais triste que um macaco.

Em Saigon e Danang nós queimávamos fumo juntos, e cuidávamos para que todo mundo ficasse sempre abastecido. Era um poço vivo e sem fundo de *lurps*, *seals*,* batedores, boinas-verdes Reis do Mato, mutiladores redundantes, estupradores barra pesada, pistoleiros, fazedores de viúvas, vampiros, os tipos americanos essenciais, clássicos; homens de ponta, *isolatos*, marginais como eles estavam programados em suas células para queimar fumo, a primeira provada os deixava doidos pela coisa, exatamente como eles achavam que iam ficar. Você se achava especial, protegido, achava que podia encarar a guerra durante cem anos, um mergulho naquele poço podia valer um pedaço da sua sanidade mental.

Todo mundo sabia da história do cara nas serras que estava "construindo seu próprio *gook*",** e pedaços eram o menor de seus problemas. Em Chu Lai os *marines* me mostraram um homem e juraram por Deus que o tinham visto enfiar a baioneta num vietnamita do norte ferido e depois limpar a baioneta com a língua, lambendo. Tinha uma história famosa: os repórteres perguntaram a um artilheiro dos helicópteros como é que ele podia matar mulheres e crianças? E ele respondeu: "É fácil, eles não precisam de muito chumbo." Eles não viviam dizendo que era preciso manter o senso de humor, então está certo, até os vietcongues o tinham. Uma vez, depois de uma emboscada que matou muitos americanos, eles cobriram o campo com cópias de uma fotografia que mostrava mais um jovem americano morto, com a piada mimeografada atrás: "Sua radiografia já voltou do laboratório e acho que sabemos qual é o seu problema."

"*Eu estava sentado num Chinook e o cara na minha frente ficava com sua arma carregada apontada para mim de brincadeira, hahaha, apontada para o meu* coração. *Falei para ele, com gestos, para desviar a arma e ele começou a rir. Ele falou alguma coisa para os caras ao lado dele e eles começaram a rir também.*"

---

* Navy S.E.A.L.S., tropa de elite para operações especiais. A sigla é lida como um homófono de focas. (N. da T.)

** Gíria ofensiva para vietcongue ou vietnamita do norte. (N. da T.)

"Ele provavelmente disse 'Esse babaca aí tá querendo que eu desvie minha arma'", Dana disse.

"É, bom, tá bom mas... Às vezes eu acho que um dia desses um deles vai fazer mesmo, descarregar a arma direto bbbdddrrrpp, ia ha! Peguei um repórter!"

"Diz-que tem um coronel da 7ª dos Fuzileiros que prometeu um passe de três dias para qualquer um de seus homens que matar um correspondente pra ele", disse Flynn. "Uma semana se for o Dana."

"Ah, isso é cascata", Dana disse. "Os caras acham que sou Deus."

"É verdade, é verdade", disse Sean. "É verdade, seu putinho, você é igualzinho a eles."

Dana Stone tinha vindo de Danang para pegar mais equipamento, a guerra havia devorado todas as suas câmeras de novo, elas ou estavam no conserto ou tinham sido totalmente destruídas. Flynn tinha voltado na noite anterior depois de seis semanas com as Forças Especiais na Zona 3, e não tinha dito uma palavra sobre o que tinha acontecido por lá. "Desligado": ele estava sentado no chão perto do ar-condicionado com as costas apoiadas na parede, tentando ver o suor escorrendo do cabelo pela sua testa.

Estávamos todos num quarto do Hotel Continental que pertencia a Keith Kay, um câmera da CBS. Era o começo de maio e havia combate pesado em volta da cidade, uma grande ofensiva, alguns amigos tinham vindo de lá e já haviam voltado, estavam lá a semana toda. Do outro lado da rua, nas varandas de treliça do anexo do hotel, podíamos ver os indianos passarem para lá e para cá de cueca, cansados depois de um dia duro comprando e vendendo dinheiro. (A mesquita deles, perto do restaurante L'Amiral, era chamada de Banco da Índia. Quando a polícia de Saigon, os "ratinhos brancos", deram uma batida por lá, encontraram 2 milhões em verdinhas.) Caminhões, jipes e milhares de bicicletas circulavam pelas ruas, e uma garotinha com uma perna atrofiada corria para lá e para cá com suas muletas de madeira, mais veloz que uma libélula, vendendo cigarros. Ela tinha o rosto de uma dakini* *criança, tão belo que qualquer um que precisasse permanecer bruto e indiferente tinha dificuldade em olhar para ela. Seus competidores eram os garotos de rua, "Tloca dinheilo", "Retlato bumbum", "Cigalo* dinkydao"*, armações e conexões correndo como uma torrente ao longo de Tu*

* Espírito-guia, sempre feminino, na mitologia budista. (N. da T.)

Do, da catedral até o rio. Na altura de Le Loi havia um grande grupo de correspondentes, o freakorama *padrão de informação diurna, as Doideiras das Cinco da Tarde, Papo Furado das Cinco Horas, histórias de guerra; na esquina, eles se dispersaram e foram para seus escritórios, para mandar as matérias, a gente só de olho neles, os destroçados observando os destroçados.*

Um correspondente novo entrou no quarto para dar um alô, tinha acabado de chegar de Nova York, e começou imediatamente a fazer um monte de perguntas ao Dana, perguntas idiotas sobre o raio de ação letal de diversos canhões e a capacidade de penetração de mísseis, o alcance de AKs e 16s, o que acontecia com os explosivos quando eles atingiam as copas das árvores, os campos de arroz e o chão. Ele tinha trinta e muitos anos e vestia um desses conjuntos safári que estavam enriquecendo os alfaiates de Tu Do de tantos que eles faziam, com abas, aberturas e bolsos suficientes para carregar suprimentos para um esquadrão. Dana respondia uma pergunta e o sujeito vinha com mais duas, mas isso fazia sentido porque ele nunca tinha saído em campo e Dana quase nunca estava fora do campo de ação. Transmissão oral, os que sabiam e os que não sabiam, os novatos estavam sempre chegando com sua carga básica de perguntas, animados e famintos; alguém tinha feito a mesma coisa por cada um de nós, era uma bênção poder responder a algumas das perguntas, mesmo que fosse para dizer que as perguntas não podiam ser respondidas. As perguntas desse homem pareciam algo diferente, pareciam se tornar mais histéricas à medida que prosseguiam.

"É empolgante? Cara, aposto que é empolgante."

"Ah, você nem imagina", Dana disse.

Tim Page entrou. Ele havia passado o dia na ponte Y tirando fotos do combate na área, e havia levado CS nos olhos. Ele esfregava os olhos, lacrimejando e resmungando.

"Ah, você é inglês", o novato disse. "Eu estive lá há pouco. O que é CS?"

"É um gás, gás, gás", Page disse. "Gaaaaaaa. Aaaaaargh!" E ele fez como quem enterra as unhas no rosto, mas passando apenas as pontas dos dedos, e assim mesmo deixou longas marcas vermelhas. "Agora, com vocês, Page, o Ceguinho", Flynn disse rindo, enquanto Page tirava o disco que estava tocando na vitrola e, sem pedir a ninguém, pôs um de Jimi Hendrix:*

* Trocadilho com o refrão da canção *Jumping Jack Flash* dos Rolling Stones, que usa a gíria da época *gas, gas, gas,* sinônimo de "é um barato". CS é um gás lacrimogêneo composto de O-clorobenzalmalononitrilo e clorido metileno. (N. da T.)

uma linha longa tensa orgânica de guitarra que o fazia tremer num frenético êxtase elétrico estava disparando do tapete através de sua espinha até o centro do prazer do seu cérebro de requeijão, sacudindo sua cabeça e fazendo seu cabelo voar em todas as direções à sua volta, Você Já Teve A Experiência?[*]

"Como é que é quando alguém leva um tiro no saco?", o novato perguntou, como se aquela fosse a pergunta que ele estava a fim de fazer desde o início, e foi o mais perto da falta de educação que se poderia chegar naquele quarto; havia um desconforto palpável por toda parte, Flynn movia seus olhos como se estivesse seguindo uma borboleta que voasse para bem longe, Page ficou irritado e ofendido, mas aquilo também o divertia. Dana só ficou lá, quieto, como quem tira instantâneos com os olhos. "Ah, não sei", ele disse. "Fica tudo assim meio pegajoso."

Todos nós começamos a rir, todo mundo menos Dana, porque ele já havia visto aquilo mesmo, e estava só respondendo ao novato. Eu não ouvi o que o sujeito perguntou depois, mas Dana o interrompeu e disse: "A única coisa que eu posso lhe dizer que vai ser de alguma utilidade para você, agora, é: volte para seu quarto e pratique esmurrar o chão por algum tempo."

Linda uma vez e apenas uma vez, logo depois do amanhecer voando na direção do centro da cidade num helicóptero Loach, a vista de uma bolha voando a 240 metros de altura. Naquele espaço, àquela hora, era possível ver o que tinha sido visto quarenta anos atrás, a Paris do Leste, a Pérola do Oriente, longas avenidas amplas sublinhadas e cobertas por árvores desembocando em parques espaçosos, uma escala precisa, tudo sob a cúpula suave de milhões de fogos sendo acesos para a refeição matinal, a fumaça de cânfora subindo e se dispersando, cobrindo Saigon e as veias reluzentes do rio com um calor que parecia a promessa da volta de tempos melhores. Era só uma projeção, era desse jeito com helicópteros, em algum momento tinha-se que descer, descer para o momento, para a rua, e se você achasse uma pérola lá embaixo, era melhor guardá-la.

Às 7h30 a cidade já estava enlouquecida de bicicletas, o ar era como LA num cano curto, e a sutil guerra urbana dentro da guerra já havia se renovado por mais um dia, escassa em violência real mas repleta de sentimentos ruins: desespero, raiva contida, um corrosivo ressentimento im-

---

* Citação da canção *Are You Experienced?*, de Jimi Hendrix. (N. da T.)

potente; milhares de vietnamitas a serviço de uma pirâmide que não se manteria por cinco anos sequer, enfiando em seus próprios corações o tubo que a alimentava, resfolegante e ávida; jovens americanos caipiras cumprindo seu serviço militar temporário, carregados de ódio e enraizados num medo profundo dos vietnamitas; milhares de americanos sentados em seus escritórios berrando num uníssono de tédio: "Não conseguimos que eles façam porra nenhuma, não conseguimos que eles façam porra nenhuma." E todos os outros, deles e nossos, que simplesmente não queriam brincar, aquilo os deixava doentes. Naquele dezembro, o Ministério do Trabalho tinha anunciado que o problema dos refugiados tinha sido resolvido, que "todos os refugiados tinham sido assimilados pela economia", mas parecia que eles haviam assimilado a si mesmos pelos cantos mais infelizes da cidade, nos becos, nos terrenos baldios, debaixo dos carros estacionados. Caixas de papelão que um dia tinham sido embalagens de condicionadores de ar e geladeiras agora abrigavam até dez crianças, a maioria dos americanos e muitos vietnamitas atravessavam a rua para evitar os monturos de lixo que alimentavam famílias inteiras. E isso era meses antes do Tet, "refugiados até a tampa", uma enxurrada. Eu tinha ouvido que o Ministério do Trabalho tinha nove assessores americanos para cada vietnamita.

No Broddards, no La Pagode e na pizzaria da esquina os *cowboys* e os "estudantes" vietnamitas ficavam à toa o dia todo, gritando argumentos obscuros uns para os outros, filando coisas dos americanos, roubando as gorjetas das mesas, lendo edições Pléiade de Proust, Malraux, Camus. Um deles falou comigo algumas vezes, mas nós não conseguíamos realmente nos comunicar, tudo o que eu entendi foi sua obsessão em comparar Roma e Washington, e que ele achava que Poe era um escritor francês. No final da tarde os *cowboys* deixavam os cafés e as leiterias e iam em massa para a praça Lam Son saquear os aliados. Eles podiam arrancar um Rolex do teu bolso como um gavião atacando um ratinho do campo; carteiras, canetas, câmeras, óculos, qualquer coisa; se a guerra tivesse durado um pouco mais, eles teriam achado um jeito de roubar as botas direto dos teus pés. Eles quase nunca desciam de suas selas e nunca olhavam para trás. Uma vez, um soldado que tinha vindo da 1ª Divisão estava tirando fotos dos amigos dele com algumas garotas de bar diante da Assembléia Nacional vietnamita. Ele havia acabado de enquadrar e focar a imagem, mas antes que pudesse apertar o disparador sua câmera estava a um quarteirão de distância, deixando-o no rastro da bicicleta com um arranhão cor-de-rosa na garganta onde o cordão tinha sido arrancado, uma expressão de desamparado espanto no rosto, "Puta que pariu!", enquanto um garotinho atravessava a praça zunindo, empurrava um pedaço de papelão por dentro da camisa do soldado e virava a esquina correndo com a caneta Paper Mate dele. Os ratos brancos ficaram lá dando risada, mas muitos de nós estávamos vendo a cena da varanda do Continental, uma espécie de suspiro se ergueu das mesas, e depois, quando o soldado entrou para tomar uma cerveja, ele disse: "Vou voltar pra guerra, cara, essa porra de Saigon é demais pra mim." Havia um grupo grande de engenheiros civis, o mesmo tipo de gente que você vê em restaurantes jogando comida uns em cima dos outros, e um deles, um coroa gordo, disse: "Se algum dia você pegar um desses crioulinhos, dá um beliscão nele. Dá um beliscão bem forte. Cara, eles odeiam isso."

Das cinco às sete da noite era um período melancólico em Saigon, a energia da cidade se esvaindo com o anoitecer, até que escurecia e o movimento era substituído por apreensão. Saigon à noite ainda era o Vietnã à noite, e a noite era o ambiente mais verdadeiro da guerra; à noite as coisas ficavam realmente interessantes nos vilarejos, e as equipes de TV não conseguiam filmar à noite. A Fênix* era um pássaro noturno, e ela voava para dentro e para fora de Saigon toda noite.

Talvez você tivesse que ser doente para achar *glamour* em Saigon, talvez você tivesse que se conformar com muito pouco, mas Saigon tinha *glamour* para mim, e o perigo o enfatizava. Os dias de grande e persistente terror em Saigon tinham terminado, mas todo mundo sentia que eles podiam voltar, pesados como em 1963-65, quando atacaram o antigo Brinks BOQ** na véspera do Natal, quando explodiram o restaurante flutuante My Canh, esperaram que ele fosse reconstruído em outro lugar rio acima e depois explodiram-no de novo, quando bombardearam a Embaixada Americana e mudaram para sempre a guerra, virando-a pelo avesso do seu interior mais íntimo. Existiam quatro batalhões de sabotadores vietcon-

---

* Operação Fênix, projeto da CIA para eliminar secretamente figuras-chave pró-Vietnã do Norte. Segundo documentos liberados no final dos anos 70, mais de 20 mil pessoas foram mortas pela Fênix entre 1967 e 1972. (N. da T.)

** Sigla para Bachelor Officers' Quarters, alojamento de oficiais solteiros. (N. da T.)

gues na região de Saigon-Cholon, sabotadores terríveis, guerrilheiros *superstars*, eles não precisavam fazer coisa alguma para disseminar medo. Ambulâncias vazias ficavam o dia inteiro paradas em frente da nova Embaixada. Os guardas passavam espelhos e "aparelhos" embaixo de todos os veículos que entrassem em qualquer dos prédios, os BOQs eram cercados de barricadas, sentinelas e arame farpado, grades pesadas cobriam nossas janelas, mas eles conseguiam penetrar de vez em quando, um terror aleatório mas real, até mesmo os pontos supostamente seguros e livres de terror, negociados entre a máfia Corsa e o VC estavam repletos de ansiedade. Saigon, imediatamente antes do Tet; adivinhe, adivinhe de novo.

Nessas noites havia uma pistoleira famosa andando pela cidade numa Honda, atirando em oficiais americanos com uma 45. Acho que ela matou mais de uma dúzia em três meses; os jornais de Saigon a descreviam como "linda", mas não sei como alguém podia saber disso. O comandante de um dos batalhões da Polícia Militar de Saigon disse que achava que se tratava de um homem vestido num *ao dai*,* porque uma 45 era "arma demais para uma mulherzinha vietnamita pequenininha".

Saigon, o centro, onde cada ação no mato a centenas de quilômetros dali voltava para a cidade numa corda cármica tão tensa que se você a dedilhasse de manhã cedo ela cantava todo o dia e toda a noite. Nada acontecia no interior que fosse terrível demais para uma correçãozinha verbal ou de relações públicas, uma ajeitadazinha nos computadores fazia os números mais pesados pularem e dançarem. Você encontrava um otimismo que violência alguma podia desfazer ou um cinismo que se autodevorava até o vazio cada dia, e depois se voltava, faminto e maligno, contra qualquer coisa que pudesse morder, amigo ou inimigo, não importava. Esses homens chamavam vietnamitas mortos de "crentes", um pelotão americano perdido um "olho roxo", eles falavam como se matar um homem fosse apenas privá-lo de seu vigor.

Parecia ser a menor das contradições da guerra, que para perder o pior de sua vergonha americana você tinha que deixar a turma do Sabonete Dial em Saigon e nas centenas de quartéis-generais que só falavam em boas ações e jamais matavam alguém pessoalmente, e ir procurar os

* Traje feminino tradicional do Vietnã, especialmente no sul: uma longa túnica cinturada e fendida dos lados, vestida em geral sobre calças largas, pretas ou brancas. (N. da T.)

homens endurecidos da selva que falavam barbaridades e matavam gente a toda hora. Era verdade que os pracinhas tiravam cinturões, mochilas e armas de seus inimigos; Saigon não era um mercado fechado, e essa mercadoria se misturava com os outros espólios: Rolex, câmeras, sapatos de pele de cobra de Taiwan, retratos em *airbrush* de mulheres vietnamitas com seios que pareciam bolas de praia envernizadas, enormes esculturas de madeira que eles punham em suas mesas para te dar uma banana quando você entrava nos escritórios deles. Em Saigon não importava o que diziam a você, muito menos aquilo em que eles pareciam acreditar. Mapas, gráficos, números, projeções, fantasias bacanas, nomes de lugares, de operações, de comandantes, de armas; lembranças, intuições, dúvidas, experiências (novas, velhas, reais, imaginadas, roubadas); histórias, atitudes — você podia deixar tudo isso de lado, deixar tudo de lado. Se você queria notícias da guerra em Saigon, tinha que ouvi-las nas histórias trazidas do campo pelos amigos, vê-las nos olhos atentos do povo de Saigon ou fazer como o lixeiro, lendo as rachaduras da calçada.

Ficar em Saigon era como ficar dentro das pétalas de uma flor venenosa, uma história venenosa, fodida na raiz não importa o quão longe fosse a narrativa. Saigon era o derradeiro lugar onde havia uma continuidade que alguém tão distante como eu podia reconhecer. Hué e Danang eram sociedades remotas e fechadas, mudas e intratáveis. As aldeias, mesmo as maiores, eram frágeis, uma aldeia podia desaparecer numa tarde, e o campo ou estava completamente destruído e morto ou de volta nas mãos de Charlie. Saigon permanecia, o repositório e a arena, respirava história, expelia história como se fosse uma toxina, Merda, Mijo e Corrupção. Pântano aterrado, ventos quentes e úmidos que não limpavam coisa alguma, um pesado selante térmico sobre óleo diesel, mofo, lixo, excremento, atmosfera. Andar cinco quarteirões nisso podia acabar com você, você voltava para o hotel com a cabeça igual a uma dessas maçãs supermaduras que, se você bate nelas no lugar certo, com uma ponta bem aguda, ela se desmancha toda. Saigon, novembro de 1967: "Os animais estão doentes de amor."* Não existem mais muitas oportunidades para que a história prossiga inconscientemente.

---

* Citação de um verso do poema "Merlin" de Ralph Waldo Emerson. (N. da T.)

Às vezes você se sentia perdido, completamente desorientado, pensando "*Em que porra de lugar eu estou?*", caído em alguma interface artifical entre Leste e Oeste, um Corredor Califórnia* comprado, cortado, queimado profundamente na Ásia, e agora que o tínhamos construído não sabíamos mais para quê ele servia. Era axiomático que tudo fosse sobre o espaço ideológico, estávamos ali para trazer escolhas para eles, como Sherman trazendo o Jubileu ao marchar através da Geórgia,** um corte limpo repleto de índios pacificados e terra calcinada. (Nas serrarias vietnamitas era preciso trocar as lâminas a cada cinco minutos, nossa madeira tinha se misturado com a deles.) Havia ali uma concentração densa de energia americana, americana e essencialmente adolescente, se essa energia pudesse ter sido canalizada em algo além de barulho, devastação e dor, teria iluminado a Indochina por mil anos.

A Missão e o movimento; armas militares e armas civis, mais aguerridas umas com as outras do que juntas contra o congue. Armas de fogo, armas de corte, armas de lápis, armas da cabeça e do estômago, armas de corações-e-mentes, armas voadoras, armas rastejadoras e bisbilhoteiras, armas de informação mais ardilosas que os braços do Homem Elástico. Lá embaixo o pracinha cara de merda, no alto a trindade do comando: o general de olhos azuis e cara de herói, um embaixador saído de uma emergência geriátrica e um artista da CIA parrudo e sem coração. (Robert "Lança Chamas" Komer, chefe do COORDS, anagrama de espião para Outra Guerra, pacificação, outra palavra para guerra. Se William Blake tivesse "reportado" para ele que tinha visto anjos nas árvores, Komer teria tentado dissuadi-lo. Se isso não desse certo, ele teria mandado que as árvores fossem desfolhadas.) No meio disso estava a Guerra do Vietnã e os vietnamitas, nem sempre meras testemunhas inocentes, provavelmente não foi por acaso que colidimos uns com os outros. Se cobras-de-leite fossem capazes de matar, poderíamos comparar a Missão e seus braços a uma grande bola emaranhada de cobrinhas-de-leite. A

---

* O Corredor Califórnia é a grande ferrovia que liga o norte ao sul do estado, e cuja construção, no século XIX, foi feita à custa de falcatruas, guerras e grandes sacrifícios humanos e financeiros. (N. da T.)

** Citação de um verso da canção *Marching Through Georgia*, da época da Guerra Civil americana, na qual o compositor Henry Clay Work descreve o general Sherman, comandante das vitoriosas forças do norte, como o grande libertador que "traz o jubileu" aos povos "cativos" do sul. (N. da T.)

maioria tinha esse nível de inocência, e mais ou menos esse nível de consciência. E muitos deles, de um modo ou de outro, tinham alguma satisfação. Eles acreditavam que Deus um dia ia agradecer a eles pelo que estavam fazendo.

Inocentes; para os não-combatentes estacionados em Saigon ou em uma das bases-gigante, a guerra não era muito mais real do que se eles a estivessem vendo na TV lá em Leonard Wood ou Andrews.* Havia aquela falta tão comum de sentimento e imaginação, agravada por um tédio brutal, uma alienação intolerável e uma ansiedade terrível e contínua de que um dia, qualquer dia, a guerra pudesse chegar mais perto do que tinha estado até então. E operando dentro desse medo havia a inveja, meio oculta, meio expressa, de cada pracinha que já tinha ido lá fora e matado um *gook*, furtiva sedenta de sangue atrás de 10 mil mesas, uma vida de fantasia recheada de aventuras sinistras como as das revistas em quadrinhos, por todo o sistema o borrão de assassinos em potencial em cada relatório matinal, cada formulário de requisição, contracheque, ficha médica, folheto de informação ou sermão.

Preces no delta, preces nas montanhas, preces nos *bunkers* dos *marines* da "fronteira" na frente da zona desmilitarizada, a DMZ, e para cada prece havia uma contraprece — difícil saber quem estava com a vantagem. Em Dalat a mãe do imperador jogava arroz em seus cabelos para que os pássaras voassem ao seu redor para comer enquanto ela dizia suas preces matinais. Em capelas com ar-condicionado e paredes forradas de madeira em Saigon, os padres do Comando de Assistência Militar do Vietnã, o MACV, teciam louvores ardentes a um doce Jesus musculoso, abençoando entregas de munição, 105s** e clubes de oficiais. As patrulhas mais armadas da história partiam, depois de suas preces, para encher de fumaça um povo cujos sacerdotes se deixavam queimar até se tornarem cinzas consagradas nas esquinas das ruas. Nas profundezas dos becos ouviam-se os sininhos budistas tocando pela paz, *hoa bien*; sentir o aroma de incenso no meio do mais espesso cheiro de rua asiático; ver grupos de ARVN, o exército regular do Vietnã do Sul, aguardando transporte

---

* Bases militares nos Estados Unidos. (N. da T.)

** Arma de artilharia leve, que dispara munição de 105mm. (N. da T.)

com suas famílias em volta de uma bandeirola de oração em chamas. Sermõezinhos vinham pelo rádio das Forças Armadas a cada par de horas, uma vez eu ouvi um capelão da 9ª Divisão começar o dele com "Ó Deus, ajude-nos a aprender a viver convosco de um modo mais dinâmico nestes tempos perigosos, para que possamos servir-Vos melhor na luta contra Vossos inimigos...". Guerra santa, *jihad* dos narizes-compridos* que se parecia tanto com o confronto entre um deus que podia segurar a pele do guaxinim na parede enquanto nós a prendíamos** e outro cujo desprendimento podia contemplar o sangue sendo derramado por dez gerações, se esse fosse o tempo necessário para que a roda girasse.

E girasse. Enquanto os últimos combates ainda estavam ocorrendo e as últimas baixas sendo contadas, o comando acrescentou Dak To à nossa lista de vitórias, uma decisão automática apoiada pela imprensa de Saigon, mas nunca, nem por um minuto pelos repórteres que tinham visto o ocorrido a alguns metros ou mesmo centímetros de distância, e mais esta defecção da mídia acrescentou mais amargor a uma mistura que já estava azeda, levando o comandante da 4ª a se perguntar bem alto e bem próximo do meu ouvido se nós, os americanos, estávamos ou não todos juntos nessa coisa. Eu disse que achava que estávamos sim. Estávamos com certeza.

"... Uau, eu adoro nos filmes quando eles dizem coisas do tipo 'Ok, Jim, onde é que você quer que eu atire?'"

"Isso mesmo! Isso mesmo! É sim, é lindo, mas eu não quero que me atirem em lugar algum! Pois é, porra... onde é que você quer que atirem?"

Momento mitopático; *Forte Apache,* quando Henry Fonda como o novo coronel diz a John Wayne, o veterano: "Vimos alguns apaches perto do forte", e John Wayne diz: "Se os viu, senhor, eles não eram apaches." Mas esse coronel estava obcecado, era valente como um maníaco, não muito inteligente, um aristocrata de West Point com a carreira e o orgulho feridos, despachado para um posto de merda nos quintos dos infernos do Arizona como pífio prêmio de consolação: ele é um profissional e isto é uma guerra, a única que ele terá. Então, ele dispensa a

---

* *Long-nose,* gíria dos vietnamitas para os norte-americanos. (N. da T.)

** Citação da frase de um discurso do presidente Lyndon Johnson que, por sua vez, usava uma expressão sulista de caça, "Prender a pele do guaxinim na parede", para exortar as tropas americanas durante a guerra. (N. da T.)

informação fornecida por John Wayne e ele e metade do seu comando são aniquilados. Mais filme de guerra que *western*, paradigma do Nã, o Vietnã não é um filme, tampouco um desses cartuns absurdos nos quais os personagens são espancados, eletrocutados e jogados das alturas, achatados, tostados e espatifados como um prato de louça e depois se levantam de novo e voltam pra brincadeira. "Ninguém morre", como disse outra pessoa num outro filme de guerra.

Na primeira semana de dezembro de 1967 eu liguei o rádio e ouvi isto na rede AFVN: "O Pentágono anunciou hoje que, comparada à da Coréia, a Guerra do Vietnã será uma guerra econômica, desde que não dure mais que a Guerra da Coréia, o que significa que ela tem que terminar em *algum momento* de 1968."

Quando Westmoreland voltou para casa naquele outono para animar a torcida e pedir-implorar outro quarto de milhão de homens com sua história de luz-no-fim-do-túnel, tinha gente tão desesperada para ouvir boas notícias que alguns perderam completamente as medidas e disseram que também podiam ver a tal luz. (Perto de Tay Ninh City um soldado cujo posto o mantinha "até o talo" em túneis, jogando granadas dentro deles, atirando para dentro deles, enchendo-os de fumaça de CS, se arrastando por eles para arrancar o inimigo lá de dentro morto ou vivo, quase sorriu quando ouviu essa e disse: "Mas que porra esse merda sabe sobre túneis?")

Alguns meses antes tinha havido uma tentativa da Cúpula de alimentar um boato de "De Volta para o Natal", mas não colou, o consenso da tropa era forte demais: "Não vai acontecer." Se um comandante dizia a você que tinha tudo sob controle, era como conversar com um pessimista. A maioria dizia que tinha contido tudo ou desmantelado tudo. "Ele tá acabado, Charlie tá acabado, o merda já era, já deu tudo o que tinha que dar", um deles me prometeu, embora em Saigon o texto com certeza seria reestruturado nos *briefings*: "O inimigo não mais tem, na nossa opinião, a capacidade de montar, executar ou sustentar uma ação ofensiva importante", e um repórter atrás de mim, do *New York Times*, riu e disse: "Monte isto aqui, coronel." Mas no sertão, onde eles não tinham acesso a informação alguma fora a obtida uns dos outros, dos dois lados do limite das árvores, eles olhavam em volta como se alguém estivesse vigiando e diziam: "Sei lá, Charlie tá armando alguma coisa. O puto é esperto, esperto, superesperto. Presta atenção!"

No verão anterior, milhares de *marines* tinham varrido a Zona I norte em operações multidivisão, "Tirando o D(es) de Zona Desmilitarizada", mas o norte nunca se abriu completamente para nós, difícil acreditar que alguém poderia acreditar que ele iria. Na maior parte do tempo, tratava-se de uma invasão de mil operação-milhas no clima seco do alto verão, patrulhas de seis cantis que voltavam sem ter feito contato com o inimigo ou massacradas por emboscadas ou ataques fulminantes de morteiro, alguns de outros grupos dos próprios *marines*. Em setembro eles estavam "contendo" Con Thien, parados lá enquanto o Exército do Vietnã do Norte, o NVA, os matava com artilharia. Na Zona 2 um mês de contato esporádico perto da fronteira com o Laos havia se transformado no grande combate em torno de Dak To. A Zona 3, nas redondezas de Saigon, era a mais confusa de todas, o VC estava realizando o que havia sido descrito num *release* de fim de mês como "uma série de ataques por terra sem ambição e sem entusiasmo" de Tay Ninh até Loc Ninh e Bu Dop, conflitos de fronteira que muitos repórteres viram como propositalmente limitados em vez de sem entusiasmo, ataques em seqüência e extremamente bem coordenados, como alguém treinando para uma grande ofensiva. A Zona 4 Corps era o que sempre tinha sido, a guerra obscura e isolada do delta, guerrilha de verdade onde a traição era tão valiosa quanto balas. Pessoas próximas das Forças Especiais tinham ouvido histórias perturbadoras sobre o Campo A lá da Zona 4 sendo destruído de dentro para fora, motins de mercenários e traições triplas, até que apenas uns poucos ainda estavam operantes.

Naquele outono, a Missão só falava sobre controle: controle de armas, controle de informação, controle de recursos, controle psicológico-político, controle da população, controle da inflação quase supernatural, controle do terreno através da Estratégia da Periferia. Mas quando a falação morria, só restava a sensação cada vez mais verdadeira do quanto as coisas estavam fora de controle. Ano após ano, estação depois de estação, de chuva ou de seca, usando nossas opções mais rápido do que balas num pente de metralhadora, nós a chamávamos de certa e justa, viável e quase ganha, e no entanto ela apenas continuava do jeito que continuava. Quando todas as projeções de objetivo e estratégia se torcem e se retorcem e ricocheteiam de volta, deixando pegadas no sangue do seu time, "sinto muito" não presta. Nada é mais embaraçoso do que quando as coisas dão errado numa guerra.

Se era impossível achar duas pessoas que concordassem a respeito de quando tinha começado, como era possível dizer quando ela havia começado a descarrilhar? Os intelectuais da Missão gostavam de 1954 como data de referência; quem conseguisse olhar até a Segunda Guerra e a ocupação japonesa era praticamente um visionário histórico. Os "realistas" diziam que, para nós, tinha começado em 1961, e a narrativa padrão da Missão insistia em 1965, depois da Resolução de Tonkin, como se todo o morticínio que tivesse acontecido antes não fosse guerra. De todo modo, não se pode usar métodos-padrão para datar uma calamidade; dava na mesma dizer que o Vietnã era onde a Trilha de Lágrimas* ia dar, o ponto em que ela tocava o limite e voltava formando um perímetro de contenção; também se podia pôr a culpa nos protogringos que, tendo achado as florestas da Nova Inglaterra selvagens e vazias demais para o seu gosto, lotaram-nas com seus próprios demônios importados. Talvez tudo já estivesse terminado para nós na Indochina quando o corpo de Alden Pyle** apareceu debaixo da ponte em Dakao, com os pulmões cheios de lama; talvez tudo tenha desabado em Dien Bien Phu. Mas o primeiro incidente aconteceu num livro e o segundo no mundo real, aos franceses, e Washington não lhe deu mais atenção do que se Graham Greene também o tivesse inventado. História simples, história auto-revisada, história sem atalhos, apesar de todos os livros, artigos, ensaios, apesar de toda a conversa e dos quilômetros de filmes, alguma coisa não havia sido respondida, não havia sequer sido perguntada. Estávamos nas profundezas do pano de fundo, mas quando o pano de fundo começou a vir para a frente, nem uma vida sequer foi salva pela informação que havíamos acumulado. Tudo havia irradiado energia demais, tornado-se quente demais; escondida no fogo cruzado de fatos-números havia uma história

* Menção à marcha forçada da nação indígena Cherokee em 1838, quando a tribo foi obrigada a entregar suas terras ancestrais e mudar-se para uma reserva no sul dos Estados Unidos. (N. da T.)

** Menção ao personagem-título do romance *Um Americano Tranqüilo,* de Graham Greene. (N. da T.)

secreta, e não havia muitas pessoas dispostas a pular lá dentro para ir resgatá-la.

Um dia em 1963 o embaixador norte-americano Henry Cabot Lodge estava passeando no zoológico de Saigon com alguns repórteres e um tigre mijou nele através das grades da jaula. Lodge fez uma piada dizendo alguma coisa na linha de "Aquele que porta o mijo do tigre terá sucesso garantido no novo ano". Talvez nada seja menos engraçado do que um augúrio interpretado errado.

Há quem ache que 1963 foi muito tempo atrás; quando um americano morto na selva era um evento, uma novidade sinistra e emocionante. Era guerra de espiões nessa época, uma aventura; não exatamente soldados, nem mesmo consultores, mas irregulares, operando em lugares remotos com muito pouca supervisão direta, realizando suas fantasias com uma liberdade muito maior do que a maioria dos homens jamais conhecerá. Anos depois, sobreviventes desse tempo usavam nomes como Gordon, Burton e Lawrence quando falavam a respeito, uns aventureiros malucos, idolatrados, veteranos que disparavam de suas tendas e cabanas para se chocarem com violência contra os nativos, fulgurantes na trilha de sexo-e-morte, "dados como perdidos pelo quartel-general". Alguns espiões da Ivy League* andaram perambulando em jipes e Chevrolets caindo aos pedaços, com Ks suecas** no colo, fazendo, literalmente, piquenique ao longo da fronteira cambojana, comprando camisas, sandálias e guarda-chuvas chineses. Eram espiões etnólogos que amavam com suas mentes e impingiam essa paixão aos habitantes locais, que eles imitavam agachando-se em pijamas pretos, matraqueando em vietnamita. Um homem tinha sido o "dono" da província de Lon An, outro o duque de Nha Trang, e houvera centenas de outros cuja autoridade era absoluta nas aldeias ou complexo de aldeias de onde eles comandavam suas operações até que o vento mudou e suas operações se voltaram contra eles. Alguns eram deuses-espiões como Lou Conein, "Black Luigi", que prestava serviços para o VC, o governo, a Missão e a máfia corsa; e o próprio Edward Landsdale, que ainda estava lá em 67, sua *villa* em Saigon um marco legen-

* Referência ao grupo de melhores e mais tradicionais universidades norte-americanas. (N. da T.)

** Tipo de arma semi-automática de 9mm. (N. da T.)

dário onde ele servia chá e uísque para uma segunda geração de espiões que o adoravam, mesmo agora quando sua pilha já havia se esgotado. Havia espiões executivos que apareciam nas pistas de pouso em clareiras da selva suando feito porcos em seus ternos brancos com gravata; espiões burocratas que ficavam sentados em suas bundas mortas em Dalat e Qui Nhon, ou batendo punheta em alguma New Life Village;* espiões da Air America,** que podiam pegar armas, drogas ou qualquer tipo de morte e fazê-la voar; espiões das Forças Especiais furiosos e obcecados em destruir Victor Charlie.***

O atrito duro da história, tiquetaque tenaz, os mais espertos viram quando começou a virar no dia em que Lodge chegou a Saigon e se apossou da *villa* do então chefe da CIA, um momento da história que parecia ainda mais doce quando se sabia que a *villa* já havia sido o quartel-general do Deuxième Bureau, a agência de espionagem do governo francês. Oficialmente, a aparência do problema tinha mudado (para começar, gente demais estava sendo morta) e o romance da espionagem começou a se desmanchar como carne morta se soltando de um osso. Tão certo como a inevitabilidade do ar quente subir, o tempo deles tinha terminado. A guerra trocou de dono, caindo desta vez nas mãos pesadas de maníacos por poder determinados a devorar o país por inteiro, sem desculpas e refinamentos, deixando os espiões completamente de fora

Eles nunca foram tão perigosos quanto gostariam de ter sido, nunca souberam o quanto tinham sido realmente perigosos. A aventura deles se tornou a nossa guerra, e em breve se transformou numa guerra atolada no tempo, tanto tempo tão mal administrado que finalmente ela se entrincheirou como uma instituição porque nunca se criou espaço para que ela fosse para algum outro lugar. Os irregulares ou caíram fora ou se tornaram regulares correndo. Em 1967 tudo o que se via era um cacoete de espionagem, aventureiros certinhos sobrevivendo tempo demais nas margens sem sangue da ação, de coração partido e memória curta, traba-

---

* Eufemismo militar americano para os campos de detenção para onde eram evacuadas as populações consideradas simpatizantes do vietcongue. (N. da T.)

** Operação secreta que transportava propaganda, agentes especiais, armas, munição e suprimentos em aviões civis e particulares. (N. da T.)

*** Expressão completa da gíria para vietcongue mais comumente usada como Charlie. (N. da T.)

lhando juntos mas sozinhos na criação de um universo classificado. Pareciam ser as vítimas mais tristes dos anos 1960, toda a promessa de bons serviços na Nova Fronteira ou destruída ou sobrevivendo como os espólios mais vagos de um sonho, ainda apaixonados por seu líder morto, fulminado no auge da sua vida e da deles; abandonados com seu solitário dom de confiar em ninguém, uma crosta de gelo sempre se formando sobre o olho, a coleção de jargões tornando-se cada vez mais escassa e diluindo-se: *selar fronteiras, queixas do censo, operações negras* (nada mau para um jargão), *desenvolvimento revolucionário, propaganda armada.* Perguntei a um espião o que este último queria dizer e ele se limitou a sorrir. Vigilância, colher e reportar, isso agora era como um urso de circo, amestrado e burro, uma besta da Inteligência, a nossa. E lá pelo final de 1967, quando ela saiu oprimindo e perseguindo pelo Vietnã afora, a Ofensiva do Tet já estava muito perto.

4

Havia certos momentos durante a noite quando todos os ruídos da mata cessavam de uma vez só. Não diminuíam ou se esvaíam aos poucos, sumiam inteiros em um único instante como se um sinal tivesse sido transmitido a tudo o que vivia: morcegos, pássaros, cobras, macacos, insetos pegavam a freqüência com o condicionamento criado por milhares de anos na noite da selva, deixando que você se perguntasse o que seria que não estava ouvindo, lutando para escutar qualquer som, qualquer pedaço de informação. Eu já havia ouvido isso antes, em outras matas, na Amazônia e nas Filipinas, mas essas eram florestas "seguras", sem chance de que centenas de vietcongues estivessem indo e vindo, movendo-se e esperando, vivendo lá em algum lugar com o único propósito de atacar. Pensar nisso transformava qualquer silêncio súbito num espaço que você preenchia com tudo o que achava que era quieto em você, podia até fazer você querer ser clariouvinte. Você pensava estar ouvindo as coisas mais impossíveis: raízes úmidas se partindo, frutas suando, insetos em atividade frenética, o bater do coração de pequenos animais.

Era possível manter essa sensibilidade por um longo tempo, até que o matraquear, o sibilar e o urrar da selva recomeçassem, ou até que alguma coisa familiar a interrompesse, um helicóptero sobrevoando a copa das árvores ou, perto de você, o som estranhamente confortador de uma bala sendo colocada na câmara. Certa vez ouvimos algo apavorante sendo tocado a todo volume por uma aeronave das Psyops, as operações psicológicas, que estava transmitindo o som de um bebê chorando. Era o tipo de coisa que você não queria ouvir de dia, ainda mais de noite, quando o volume e a distorção atravessavam duas ou três camadas de cobertura e nos congelou a todos por um momento. E não melhorou muito com a histeria aguda da mensagem que vinha depois, em hipervietnamita como um furador de gelo nos ouvidos: "Bebê Amigo, Bebê do Governo, Não Deixe que Isso Aconteça com o *Seu* Bebê, Resista ao Vietcongue Hoje!"

Às vezes você estava tão cansado que esquecia onde estava e dormia como não havia dormido desde a infância. Sei de pessoas que jamais despertaram de um sono assim; alguns os chamavam de sortudos (nunca souberam o que tinha acontecido), alguns os chamavam de fodidos (se eles tinham estado queimando fumo...), mas isso era pior do que ser acadêmico, a morte de qualquer um era assunto de conversa, era uma forma de estar sempre tocando e mudando as chances, e sono profundo era uma raridade. (Conheci um *ranger* de reconhecimento que adormecia instantaneamente, dizia "Acho que vou tirar um ronco", fechava os olhos e pronto, dia ou noite, sentado ou deitado, dormindo durante algumas coisas, mas não outras; um rádio alto ou uma 105 disparando do lado de fora da barraca não o despertavam, mas um ruído nos arbustos a 15 metros de distância ou um gerador que parasse o acordavam.) A maior parte do tempo só se conseguia o lado agitado do quase-sono, você achava que estava dormindo mas na verdade estava só esperando. Suores noturnos, o funcionamento áspero da consciência, entrando e saindo da sua própria cabeça, colado numa cama de campanha em algum lugar, olhando para algum teto estranho ou através da abertura da barraca para o céu reluzente da zona de combate. Ou cochilando e acordando debaixo de um mosquiteiro coberto de suor pegajoso, resfolegando em busca de um ar que não fosse 99% úmido, um único respiro que fosse para limpar a ansiedade e o cheiro de esgoto do seu próprio corpo. Mas tudo o que você conseguia e tudo o que existia eram coágulos nebulosos de ar que corrompiam o apetite e queimavam os olhos, e faziam com que os cigarros tivessem o gosto de insetos inchados enrolados em papel e fumados vivos, crocantes e úmidos. Em alguns lugares na selva era preciso manter um cigarro aceso o tempo todo, fumando ou não fumando, só para impedir que os mosquitos entrassem aos bandos pela boca. Uma guerra debaixo d'água, febre do pântano e controle instantâneo de peso, malárias que queimavam você inteiro e o reduziam a ossos, que faziam você dormir 23 horas num dia sem ter um instante de descanso, deixando você ali a escutar a música de transe que, dizem, só acontece nos estágios finais de destruição cerebral. ("Tome suas pílulas, *baby*", um paramédico me disse em Can Tho. "As cor de laranja, grandes, toda semana, as branquinhas todo dia, e não falhe nenhum dia, não importa o que você faça. Existem micróbios aqui que podem acabar com um sujeito grandão como você em uma semana.") Às vezes não dava mais para viver nessas condições e a saída eram os condicionadores de ar de Danang e Saigon. E muitas vezes a única razão para não entrar em pânico era simplesmente porque não havia mais energia.

Todo dia pessoas morriam por conta de algum pequeno detalhe que tinham ignorado. Imagine estar cansado demais para fechar o colete à prova de balas, cansado demais para limpar o rifle, cansado demais para esconder uma luz, cansado demais para lidar com as margens de segurança de um centímetro que se mover através da guerra freqüentemente exigiam, cansado demais para se importar com aquela porra e morrendo atrás dessa exaustão. Em alguns momentos, a própria guerra como um todo parecia estar perdendo sua vitalidade; enervação épica, a máquina toda funcionando a meia-bomba e deprimida, alimentada pelo resíduo aguado da energia guerreira do ano anterior. Divisões inteiras funcionavam como num pesadelo, entregando-se a uma série de movimentos que não tinham conexão alguma com sua fonte original. Certa vez eu conversei por uns cinco minutos com um sargento que tinha acabado de trazer seu esquadrão de volta de uma longa patrulha até que percebi que o filtro idiota que cobria seus olhos e a completa abstração de suas palavras estavam vindo do mais profundo sono. Ele estava ali de pé com os olhos abertos e uma cerveja na mão no bar do Clube dos NCO, o clube dos oficiais, respondendo a alguma conversa de sonho em algum lugar longínquo dentro da cabeça dele. Aquilo me deixou apavorado — era o segundo dia da Ofensiva do Tet, nossa instalação era mais ou menos cercada, a única estrada que saía de lá estava coberta de vietnamitas mortos, a informação era escassa e eu mesmo estava irritado e exausto — e por um instante achei que estava falando com um homem morto. Quando contei isso para ele mais tarde, ele apenas riu e disse: "Porra, cara, eu faço isso toda hora."

Numa noite eu acordei com os sons de uma troca de tiros a alguns quilômetros de distância, uma "escaramuça" fora do nosso perímetro, a distância abafando seus sons e fazendo com que eles parecessem aqueles ruídos que a gente faz quando brinca de luta em criança, KSSSSHHH, KSSSHHH; nós sabíamos que isso era melhor que BANGUE, BANGUE, enriquecia a brincadeira, e esta brincadeira era a mesma coisa, só que completamente fora de controle, e rica demais para todos, exceto alguns poucos jogadores sérios. As regras agora eram severas e absolutas, não adiantava discutir quem tinha errado o tiro em quem e quem não estava morto de verdade; *Não é justo* não funcionava, *Por que eu?* era a pergunta mais triste do mundo.

Bom, boa sorte, o tique verbal do Vietnã, até Olhos de Oceano, o *lurp* do terceiro turno de serviço militar, lembrou-se de pelo menos me dizer isso aquela noite antes de sair para o serviço. Soou seco e distante, eu sabia que ele não se importava de um jeito ou de outro, talvez eu admirasse o distanciamento dele. Era como se as pessoas não conseguissem parar de dizer isso, mesmo quando queriam expressar o oposto, como "Morre, filho-da-puta". Normalmente, era apenas uma passagem desabitada de linguagem morta, às vezes vinha cinco vezes numa frase, como pontuação, às vezes era dito de forma impessoal o bastante para telegrafar a crença de que não havia saída mesmo; puta merda, *sin loi,* mete bronca, boa sorte. Algumas vezes, contudo, era dito com tanto sentimento e ternura que rachava sua máscara, tanto amor onde havia tanta guerra. Eu também, todo dia, compulsivamente, boa sorte: para amigos da imprensa quando saíam nas operações, para pracinhas que eu conhecia nas bases e pistas de aterrissagem, para os feridos, os mortos e todos os vietnamitas que eu via sendo fodidos por nós ou por outros iguais a eles, menos freqüentemente mas apaixonadamente para mim mesmo, e embora eu acreditasse completamente cada vez que dizia, era uma expressão sem sentido. Era como dizer a alguém que estivesse saindo numa tempestade para não se molhar; o mesmo que dizer "Puxa, espero que você não seja morto ou ferido ou veja alguma coisa que vai te enlouquecer". Você podia fazer todos os gestos rituais, carregar seu amuleto, usar seu chapéu da sorte, beijar o dedão até que ele estivesse lisinho como pedra de rio, o Inescrutável Imutável ainda estaria lá fora, e você ia continuar ou não dependendo de suas escolhas sem piedade. Tudo o que se podia dizer que não era inteiramente idiota era algo como "Quem levar a pior hoje estará seguro amanhã", e isso era exatamente o que ninguém queria ouvir.

Depois que algum tempo passou e a memória recuou e se assentou, o próprio nome se tornou uma prece, em código como toda prece para que transcenda os extremos da súplica e da gratidão: Vietnã Vietnã Vietnã, diga outra vez, até que a palavra perca toda a carga antiga de dor, prazer, horror, culpa, nostalgia. Lá, naquela época, todo mundo só estava tentando sobreviver, aperto existencial, não havia mesmo ateus nas trincheiras. Até mesmo uma fé amarga e retorcida era melhor que nenhuma, como o *marine* preto cuja história eu ouvira durante um ataque pesado de artilharia em Con Thien, e que tinha dito: "Não se preocupe, *baby*, Deus há de pensar em alguma coisa."

Religião doida, era tão extrema, você não podia culpar ninguém por acreditar em qualquer coisa. Caras fantasiados de Batman, vi um esquadrão inteiro vestido assim, aquilo lhes dava algum tipo de ânimo imbecil. Caras que punham ases de espadas em seus capacetes, que tiravam relíquias de um inimigo que tinham morto, uma pequena transferência de poder; carregavam Bíblias de três quilos trazidas de casa, crucifixos, São Cristóvãos, mezuzás, cachos de cabelo, roupas íntimas das namoradas, retratos das famílias, das mulheres, dos cachorros, dos carros, retratos de John Kennedy, Lyndon Johnson, Martin Luther King, Huey Newton, do Papa, Che Guevara, dos Beatles, Jimi Hendrix, mais malucos que os seguidores do *cargo cult.* Um homem carregou um biscoito de aveia durante o tempo todo do seu serviço, embrulhado em papel de alumínio e plástico e três pares de meias. Ele vivia sendo atazanado por conta disso ("Quando você dormir, nós vamos comer essa porra de biscoito.") mas a mulher dele tinha feito o biscoito e mandado pelo correio, ele não estava brincando.

Nas operações, via-se os homens se juntando em volta do pracinha encantado, uma criação da maioria das tropas, aquele que era capaz de fazer com que ele mesmo e quem estivesse ao seu redor permanecesse num campo de segurança, pelo menos até que ele voltasse para casa ou fosse feito em pedacinhos, e então a tropa passaria o encantamento para outra pessoa. Se uma bala raspasse sua cabeça, se você pisasse numa mina desativada ou se uma granada rolasse até seus pés sem explodir, você já era mágico o suficiente. Se você tivesse algum dom extraordinário, fosse capaz de sentir o cheiro do VC ou o perigo iminente do VC da mesma forma que guias de caça podem sentir o cheiro da mudança do tempo, se você era capaz de ver bem no escuro ou tinha ótima audição, você era mágico também; qualquer coisa ruim que acontecesse a você deixaria os homens da sua tropa superdeprimidos. Uma vez eu conheci um homem da cavalaria, a Cav, que tinha estado "rachando uma tora" certa tarde, dormindo profundamente numa tenda enorme com trinta camas de campanha dentro, todas vazias exceto a dele, quando um morteiro caiu, destroçou a tenda e cobriu todas as camas de fragmentos, menos a dele, ele ainda estava doido de felicidade por conta disso, rápido, seguro, sortudo. A Prece do Soldado tinha duas versões: a padrão, impressa num cartão plastificado do Departamento de Defesa, e a padrão revisada, impossível de ser descrita porque havia sido traduzida fora da linguagem, no caos — gritos, súplicas, promessas, ameaças, soluços, repetições de nomes sagrados até que suas gargantas estivessem rachadas e secas, até que alguns homens tivessem mordido completamente as pontas de seus colarinhos, as correias dos rifles e até as correntes das suas placas de identificação.

As variações da experiência religiosa, boas e más notícias; muitos homens descobriram sua compaixão na guerra, outros descobriram que não conseguiam conviver com ela, a guerra levou ao fechamento completo do sentimento, tipo quem se importa. Algumas pessoas recuaram para posições de dura ironia, cinismo, desespero, alguns viram a ação e gostaram, apenas a matança generalizada podia fazer com que se sentissem vivos. E alguns simplesmente enlouqueceram, seguiram o fio de luz negra até o abismo e tomaram posse da loucura que estava esperando por eles como herança há 18, 25 ou cinqüenta anos. Cada vez que havia combate tinha-se permissão para enlouquecer, em combate todo mundo pirava pelo menos uma vez e ninguém notava, e mal reparavam se você se esquecia de retornar ao normal depois.

Numa tarde em Khe Sahn um *marine* abriu a porta de uma privada e morreu com a granada que tinha sido armada na porta. O comandante tentou pôr a culpa num norte-vietnamita infiltrado, mas os pracinhas sabiam o que tinha acontecido: "Imagina se um *gook* ia cavar um túnel até aqui só para pôr uma armadilha num cagador! Algum cara pirou, só isso." E aquilo se tornou outra dessas histórias que circulavam pela DMZ fazendo as pessoas rirem, sacudirem a cabeça e olharem umas para as outras com cara de quem sabe de tudo, mas ninguém ficava chocado. Falavam sobre feridas físicas de um modo e feridas psíquicas de outro, cada homem num esquadrão contava como todas as outras pessoas do esquadrão eram malucas, todo mundo conhecia pracinhas que tinham enlouquecido no meio de um combate, enlouquecido no meio de uma patrulha, enlouquecido quando retornaram para a base, enlouquecido durante a folga, enlouquecido durante o primeiro mês depois de voltar para casa. Enlouquecer era parte do serviço militar, o máximo que se podia esperar é que não acontecesse perto de você, aquele tipo de loucura que fazia um homem despejar toda a sua munição em estranhos ou armar granadas na porta de privadas. Isso era loucura *de verdade*; todo o resto era meio padrão, padrão como os longos olhares vazios e os sorrisos involuntários, padrão como ponchos, 16s ou qualquer outra peça do equipamento militar. Se você queria mostrar a alguém que tinha enlouquecido, você tinha que urrar com toda a confiança do mundo: "Grite muito, o tempo todo."

Alguns só queriam mandar tudo pro inferno, animal, vegetal ou mineral. Queriam um Vietnã que coubesse nos cinzeiros de seus carros; a piada era assim: "Vamos pôr todos os aliados em navios e levá-los até o mar da China. Aí destruímos o Vietnã todo com bombardeios. E aí afundamos os navios." Muita gente sabia que o país não podia ser vencido, apenas destruído, e focaram-se nisso com espetacular concentração, sem trégua, plantando as sementes da doença, a febre do homem branco, até que ela chegasse a proporções de praga, atingindo uma pessoa em cada família, uma família em cada aldeia, uma aldeia em cada província, até que 1 milhão de pessoas morressem e muitos milhões mais fossem deixados vagando e perdidos ao fugir da epidemia.

Na cobertura do BOQ Rex em Saigon eu me deparava com uma cena mais belicosa do que um tiroteio, uns quinhentos oficiais pelo menos pregados no bar, uma névoa de conversa fiada ao redor, rostos brilhantes radiosos falando sobre guerra, homens bebendo como se estivessem indo para o *front*, talvez alguns deles estivessem mesmo indo. O resto já estava no *front*, postados em Saigon; atravessar um ano daquilo sem ser completamente esmagado já demonstrava que você tinha a disposição necessária para tomar uma posição de metralhadora com suas mãos, com certeza você não conseguiria isso no papo. Tínhamos visto um filme (*Nevada Smith*, Steve McQueen vivendo uma trama de vingança pesada, saindo completamente limpo no final mas também de certa forma vazio e velho, como se tivesse perdido sua margem de regeneração através da violência); agora havia um *show* ao vivo, Tito e suas Playgirls, *Up up and Awayeeyay in my Beaudifoo Balloooon*, um desses conjuntos filipinos que nem o USO* chegava perto, uma batida vazia, *rock and roll* mórbido como brilhantina evaporando no ar lamacento.

Cobertura do Rex, ponto zero, homens que pareciam ter sido aleitados por lobas, eles podiam morrer ali e suas mandíbulas ainda se movimentariam por mais uma boa meia hora. Era ali que eles perguntavam coisas do tipo "Você é um Pombo ou um Gavião?" e "Você prefere lutar aqui ou em Pasadena?". *Talvez a gente conseguisse vencê-los em Pasadena*, eu pensava, mas não dizia, especialmente aqui onde eles sabiam que eu sabia que eles realmente não estavam mesmo lutando contra ninguém, aquilo os tornava muito sensíveis. Naquela noite eu ouvi um coronel explicar a guerra em termos de proteína. Éramos uma nação de caçadores carnívoros altamente proteinados, enquanto o outro cara só comia arroz e umas cabeças nojentas de peixe. Nós íamos esmagar o inimigo com nossa carne; o que se poderia dizer além de "Coronel, o senhor está maluco?". Era como cair no meio de um desenho animado doido e sinistro em que só o Patolino falasse. Eu só disse alguma coisa uma vez, num reflexo espontâneo de choque, durante o Tet, quando ouvi um médico se gabando de ter recusado feridos vietnamitas em sua enfermaria. "Meu Deus", eu disse, "mas você não fez o Juramento de Hipócrates?", mas ele já tinha resposta na ponta da língua para mim. "É", ele disse. "Eu fiz o Juramento nos Estados Unidos." Celebridades do fim do mundo, proje-

* Divisão das Forças Armadas que presta serviços de apoio e entretenimento às tropas. (N. da T.)

cionistas tecnomaníacos; armas destruidoras químicas, de gases, de *laser*, sônico-elétricas, todas sendo planejadas; e, como reserva, no fundo dos seus corações, havia sempre as nucleares, eles adoravam lembrar o fato de que tínhamos algumas "bem aqui, no interior". Certa vez eu encontrei um coronel que tinha um plano para encurtar a guerra jogando piranhas nos campos de arroz do norte. Ele falava sobre peixes mas seus olhos estavam repletos de megamorte.

"Venham", o capitão disse, "vamos levar vocês pra brincar de *cowboys* e índios." Saímos andando de Song Be numa longa fila, uns cem homens talvez; rifles, automáticas pesadas, canhões, lançadores portáteis de mísseis de um só tiro, rádios, paramédicos; abrindo-se em um tipo de formação de varredura, cinco fileiras com pequenos grupos de especialistas em cada uma delas. Um helicóptero armado voou baixo dando cobertura até que chegamos a umas colinas baixas, e então mais dois helicópteros se juntaram a ele e encheram as colinas de tiros até que todos tivéssemos atravessado em segurança. Era uma operação linda. Brincamos a manhã toda até que alguém na ponta atirou em alguma coisa — um "batedor", eles acharam, mas depois não tinham certeza. Não podiam nem dizer com certeza se era de uma tribo amiga ou não, não havia marcas nas flechas dele porque sua aljava estava vazia como suas mãos e seus bolsos. O capitão pensou no assunto durante a caminhada de volta, mas quando chegou ao acampamento colocou em seu relatório: "Um VC morto"; era bom para a unidade, ele disse, e não era mau para o capitão também.

Busca e Destruição, mais *gestalt* que tática, vinda diretamente, viva e fervendo, da mente do comando. Não apenas uma caminhada e um tiroteio, na ação tinha que ser dito ao contrário, apanhe os pedaços e veja se consegue arranjar uma contagem, o patrocinador não estava pagando por civis mortos. Ostensivamente, o VC tinha uma tática semelhante chamada Achar e Matar. De qualquer jeito, éramos nós procurando por ele que procurava por nós procurando por ele, guerra numa caixa de Cracker Jack,* repetida com resultados cada vez menores.

Muita gente costumava dizer que a coisa toda ficou fodida quando eles tornaram tão fácil, para nós, atirar quanto não atirar. Nas Zonas 1 e

* Barra de pipoca doce muito popular nos Estados Unidos. (N. da T.)

2 atirar ou não atirar era "regulamento livre" para os helicópteros de artilharia, caso o alvo parasse subitamente lá embaixo, no delta a instrução era atirar se eles corriam ou "fugiam", de todo modo um dilema difícil, o que você faria? "Esportes aéreos", era como o piloto de um helicóptero de artilharia chamava essa escolha, e ele a descrevia com fervor: "Nada pode ser melhor, você está lá em cima a 2 mil, você é Deus, é só abrir a escotilha e ver a arma mijar lá embaixo, pregar essa merda nas paredes do campo de arroz, nada é melhor, dar meia-volta e ainda abater um alce."

"Lá em casa eu enchia meus próprios cartuchos para caçar", um líder de pelotão me disse. "Eu, meu pai e meus irmãos, todos juntos, fazíamos uns cem por ano. Juro por Deus, nunca vi nada como isto aqui."

E quem tinha visto? Não havia nada parecido mesmo, especialmente quando pegávamos um bando deles em campo aberto e juntos, aí a gente detonava os caras, acesso volátil de fúria, destruição enlouquecida, nem Godzilla tinha esse poder de fogo. Tínhamos até uma linguagenzinha própria para esse fogo: "explosões discretas", "sondagem", "seleção primária", "carga construtiva", mas eu nunca consegui distinguir as variedades, para mim sempre foi uma única erupção compulsiva, o Minuto Maluco que durava uma hora. Charlie escreveu mesmo o livro sobre controle de fogo, mandando uma rajada bem no coração de coisas onde cinqüenta dos nossos podiam ir e não acertar coisa alguma. Às vezes nós atirávamos tanto que era difícil saber se alguma coisa estava sendo respondida ou não. Quando era, aquilo enchia os ouvidos e a cabeça de tal modo que parecia que você estava escutando com o estômago. Um correspondente inglês que eu conhecia gravou uma fita cassete com um desses ataques pesados, ele dizia que usava a fita para seduzir garotas americanas.

Às vezes você se sentia fraco demais e não queria se meter em coisa alguma, e aquilo voltava para você como se fosse seu penúltimo fôlego. Outras vezes seu apetite por ação e seu terror atingiam um nível diferente e você saía procurando por toda parte e nada acontecia, exceto uma formiga alada voando pra dentro do seu nariz ou você pegar uma frieira no saco ou ficar acordado a noite inteira esperando a manhã chegar para se levantar e esperar de pé. Acontecesse o que acontecesse, você estava cobrindo uma guerra, e sua escolha de matéria contava tudo, e no Vietnã uma paixão dessas pela violência não passava muito tempo sem ser correspondida, algum dia ela ia chegar e beijar você todo.

"Tremendo e Balançando", era como eles diziam, grandes bolas de fogo, Contato. Depois havia você e o chão: beije-o, trepe com ele, faça seu corpo inteiro de arado, fique o mais próximo possível dele sem estar dentro dele ainda ou fazer parte dele, você tem idéia do que está voando um centímetro acima da sua cabeça? Dobre-se e submeta-se, é o chão. Estar Sob o Fogo tirava você de dentro da sua cabeça e do seu corpo também, o espaço entre sujeito e objeto que você tinha visto havia um segundo não existia mais, fechou-se num *rush* rápido de adrenalina. Impressionante, incrível, caras que praticavam esportes violentos diziam que jamais haviam sentido algo assim, a queda súbita e o vácuo de um morteiro caindo, as reservas de adrenalina que se tornavam disponíveis para você, subindo por suas veias e circulando pelo seu corpo até que você estava perdido flutuando nela, sem medo, quase aberto para a clara, orgásmica morte-por-afogamento que vinha com ela, descontraído, na verdade. A não ser, é claro, que você tivesse cagado nas calças, estivesse berrando, rezando ou cedendo um pouco que fosse ao pânico de cem canais que disparava um matraquear caótico de palavras à sua volta e às vezes direto através de você. Talvez você não conseguisse amar a guerra e odiá-la ao mesmo tempo, mas às vezes estes dois sentimentos se alternavam tão rapidamente que eles se mesclavam num disco estroboscópico que rodava até o topo da cabeça até que você estava literalmente Doidão de Guerra, como estava escrito em todos os capacetes. Sair de um porre desses podia acabar com você.

No começo de dezembro voltei da minha primeira operação com os *marines*. Eu tinha ficado horas enroscado num abrigo frágil que estava se desfazendo mais rápido do que eu, ouvindo os gemidos, grunhidos e as repetições ocas do *wump wump wump* e *dit dit dit*, ouvindo os soluços e engasgos de um garoto que tinha conseguido quebrar um dedo, pensando: "Ai meu *Deus*, essa porra tá num *loop*!", até que o fogo pesado terminou, exceto por uma coisa: na pista de aterrissagem esperando os helicópteros para Phu Bai um último morteiro caiu direto no meio de uma pilha de corpos já embrulhados em suas sacolas, criando uma porcariada que ninguém queria limpar, "um verdadeiro serviço de merda". Era depois da meia-noite quando cheguei a Saigon, vindo de Tan Son

Nhut de carona num jipe com uns policiais militares obcecados com franco-atiradores, e havia um pequeno pacote de cartas esperando por mim no hotel. Pus minha farda no vestíbulo do quarto e fechei a porta, talvez tenha até passado a chave. Eu estava em pleno *delirium tremens* da Zona 1, fígados, baços, cérebros, um dedo enegrecido e arroxeado moviam-se e espocavam à minha volta, brincavam nas paredes do chuveiro onde passei meia hora, eles estavam nos lençóis da cama mas eu não tinha medo deles, eu ria deles, o que eles podiam fazer comigo? Enchi um copo com Armagnac e enrolei um baseado, e aí comecei a ler as cartas. Uma delas contava que um amigo meu tinha se matado em Nova York. Quando apaguei as luzes e fui para a cama, fiquei deitado um bom tempo tentando me lembrar como ele era. Ele tinha se matado com pílulas, mas não importava como eu tentasse imaginá-lo, tudo o que eu via era sangue e fragmentos de ossos, não meu amigo morto. Por um breve instante consegui vê-lo, mas a essa altura tudo o que podia fazer era arquivá-lo junto com todo o resto e ir dormir.

Entre aquilo que o contato fazia com você e o quanto você ficava exausto, entre as coisas extremas que você via ou que contavam e aquilo que você, pessoalmente, perdia entre tudo o que era destruído, a guerra construía um lugar para você que era todo seu. Encontrá-lo era como escutar música esotérica, você não a ouvia de nenhum modo essencial mesmo com todas as repetições, até que sua própria respiração tivesse entrado nela e se tornado mais um instrumento, e então já não era mais música, era uma experiência. A vida-como-filme, a guerra-como-filme (de guerra), a guerra-como-vida; um processo completo se você conseguisse completá-lo, um caminho a ser viajado, bem definido mas sombrio e duro, que não se tornava mais fácil quando você sabia que era o seu próprio pé que você colocava nele, deliberadamente e — de uma forma bastante crua — conscientemente. Algumas pessoas caminhavam alguns passos por ele e davam meia-volta, aprendiam a lição, com ou sem remorso. Alguns continuavam em frente e eram simplesmente expulsos dele. Muitos iam muito mais longe do que provavelmente deveriam e então tombavam, caindo num sono ruim de dor e fúria, esperando libertação, paz, algum tipo de paz que não fosse apenas a ausência da guerra. E alguns prosseguiam até chegar a um lugar onde uma inversão da ordem esperada acontecia, uma distorção fabulosa na qual você viajava primeiro e depois partia.

Uma vez que seu corpo estava seguro, os problemas não acabavam, exatamente. Havia a terrível possibilidade de que a busca por informação, lá, se tornasse tão desgastante que o próprio desgaste se transformasse em informação. A sobrecarga era um problema desse tipo, não tão óbvio quanto um estilhaço ou impactante como uma queda de mais de 6 mil metros, talvez não te matasse ou esmagasse, mas podia torcer sua antena e fazer com que você se esborrachasse. Níveis de informação eram níveis de temor, uma vez que você os soltava não havia como recolhê-los, não dá para piscar para fazer tudo desaparecer ou rodar o filme ao contrário até sair da consciência. Quantos níveis você queria se forçar a galgar, que platô você queria alcançar antes de entrar em curto-circuito e começar a devolver mensagens sem abri-las?

Cobrir a guerra, que lance legal você arrumou, ir em busca de uma informação e pegar outra, completamente outra, capaz de travar seus olhos bem abertos, fazer a temperatura do teu sangue ir abaixo de zero, secar sua boca de tal modo que um grande gole de água desaparecia antes que você pudesse engoli-lo, fazer teu hálito ficar mais podre que gás de cadáver. Às vezes seu medo ia em direções tão loucas que você tinha que parar e prestar atenção à trajetória. Esquece o congue, as *árvores* podem te matar, o capim-de-elefante se tornou homicida, o chão que você pisava foi possuído por uma inteligência maligna, todo o seu ambiente era um banho. Entretanto, considerando onde você estava e o que estava acontecendo a tantas pessoas, era um privilégio somente ser capaz de sentir medo.

Então você aprende sobre o medo, difícil saber o que você realmente aprendeu sobre a coragem. Quantas vezes uma pessoa tinha que correr na frente de uma metralhadora até que aquilo fosse um ato de covardia? E os atos que não necessitavam de coragem para serem feitos, mas tornavam você um covarde se não os fizesse? Era difícil saber na hora, fácil de errar quando acontecia, como o erro de achar que tudo o que você precisava para testemunhar era ter olhos. Muito do que as pessoas chamavam de coragem era apenas uma energia parecida, libertada pela intensidade do momento, uma perda de consciência que fazia com que o ator disparasse; se ele sobrevivesse mais tarde, podia decidir se tinha sido valente ou apenas possuído por vida, êxtase talvez. Alguns tinham a coragem de desistir de tudo e recusavam-se a sair em campo, davam as costas e pagavam o preço imposto pelo sistema ou simplesmente sumiam, caíam fora. Muitos repórteres também, tive amigos no grupo da imprensa que saíram uma ou duas vezes e depois nunca mais. Às vezes eu achava que eles eram as pessoas mais sãs, mais sérias de todas, mas, para ser honesto, eu nunca disse isso a não ser quando tudo já estava quase no fim.

"A gente pegou um *gook* e ia esfolar o cara" (um pracinha me disse), "Quer dizer, o cara tava morto e tudo mas aí vem o tenente e diz: 'Ei, babaca, tem um repórter no TOC, o Centro de Operações Táticas, você quer que ele saia e veja isso? Pensa um pouco, usa essa merda dessa cabeça, tem lugar e hora pra tudo...'"

"Que pena que tu num tava com a gente semana passada" (um pracinha me disse, voltando de uma operação sem contato), "a gente matou tantos *gooks* que não tinha nem graça."

Seria possível que eles estivessem lá e não fossem atormentados por aquilo? Não, não era possível, de jeito nenhum, sei que eu não era o único. Onde eles estão agora? (Onde estou eu agora?) Estive o mais perto possível deles sem ser um deles, e depois fiquei o mais longe possível sem sair do planeta. Nojo é pouco para descrever o que eles me fizeram sentir, eles jogavam pessoas de helicópteros, amarravam pessoas e atiçavam os cachorros para cima delas. Brutalidade era apenas uma palavra na minha boca antes disso. Mas nojo era apenas uma cor na mandala toda, compaixão e piedade eram outras cores, não havia cor alguma deixada de fora. Acho que essas pessoas que diziam que choravam apenas pelos vietnamitas nunca choraram por ninguém de verdade se não conseguissem abraçar pelo menos um desses homens ou garotos quando eles morriam ou tinham suas vidas arrancadas deles.

Mas também é claro que nós éramos íntimos, deixa eu dizer o quanto éramos íntimos: eles eram minhas armas, eu deixei que eles fizessem tudo aquilo por mim. Nunca deixei pracinhas cavarem meus buracos ou carregarem minhas coisas, tinha sempre alguns que se ofereciam, mas os deixava fazer aquilo enquanto eu observava, talvez por conta deles, talvez não. Nós dávamos cobertura um ao outro, uma troca de serviços que funcionava bem até a noite em que escorreguei para o lado errado da matéria, apoiado nuns sacos de areia numa pista de pouso em Can Tho com uma automática calibre 30 nas mãos, dando cobertura a um grupo de quatro homens que estavam tentando voltar. Uma última história de guerra.

Na primeira noite da Ofensiva do Tet eu estava no Campo C das Forças Especiais no delta, totalmente cercados, até onde sabíamos, e com apenas más notícias chegando: de Hué, de Danang, de Qui Nhon, de Khe Sanh, de Ban Me Thuot, até de Saigon, que estava "perdida" como achávamos naquele momento, eles tinham capturado a Embaixada, Cholon. Tan Son Nhut estava em chamas, estávamos no Álamo e eu não era um repórter, era um atirador.

De manhã havia cerca de uma dúzia de vietnamitas mortos espalhados pelo campo para onde tínhamos atirado. Mandamos um caminhão para apanhá-los e levá-los embora. Tudo aconteceu tão rápido, é assim que se diz, tão rápido quanto diz qualquer pessoa que já passou por isso; estávamos sentados queimando fumo e escutando o que pensávamos ser fogos de artifício do Tet vindos da cidade, e de repente eles estavam tão próximos que não estávamos mais doidões, até que a noite toda tinha se passado e eu estava olhando para as cápsulas vazias em torno dos meus pés atrás da trincheira, dizendo a mim mesmo que nunca seria possível saber com certeza. Não me lembro de jamais ter-me sentido tão cansado, tão mudado, tão feliz.

Milhares morreram no Vietnã aquela noite, os 12 através do campo, uns cem mais ao longo da estrada entre o acampamento e o hospital de Can Tho onde trabalhei todo o dia seguinte, não mais como repórter ou atirador, mas como paramédico, sem treinamento e com medo. Quando voltamos para o acampamento naquela noite eu joguei fora a farda que tinha usado. E durante os seis anos seguintes eu os vi todos, os que realmente eu tinha visto e os que eu tinha imaginado, deles e nossos, amigos que amei e desconhecidos, figuras imóveis na dança, a velha dança. Anos pensando isso e aquilo sobre o que acontece quando você persegue uma fantasia até que ela se torna uma experiência, e aí depois você não consegue lidar com a experiência. Até que me senti como se eu também fosse apenas mais um dançarino.

Do lado de fora dizemos que os malucos acham que ouvem vozes, mas é claro que, do lado de dentro, eles ouvem. (Quem é maluco? Quem é doido?) Uma noite, como um estilhaço que demora anos para se esgueirar para fora do corpo, eu sonhei e vi um campo inteiramente povoado de mortos. Eu estava atravessando o campo com um amigo, mais que um amigo, um guia, e ele estava me fazendo abaixar e olhar para eles. Eles estavam cobertos de poeira, ensangüentados como se tivessem sido pintados por um grande pincel, alguns tinham sido projetados para fora de suas calças, exatamente como eles estavam naquele dia sendo jogados no caminhão em Can Tho, e eu disse: "Mas eu já os vi." Meu amigo não disse coisa alguma, apenas apontou e eu me inclinei novamente e dessa vez olhei para seus rostos. Nova York, 1975, quando acordei na manhã seguinte eu estava rindo.

O INFERNO É UMA MERDA

Durante as primeiras semanas da Ofensiva do Tet o toque de recolher começava no início da tarde e era imposto com rigor. Às 2h30 da tarde Saigon parecia o rolo final de *On the Beach,* uma cidade desolada com longas avenidas povoadas apenas por lixo, papéis voando, montinhos bem específicos de excremento humano, as flores mortas e os cartuchos vazios de fogos de artifício do Ano-novo lunar. Saigon já era deprimente quando estava viva, mas durante a Ofensiva tornou-se tão desolada que, de um jeito esquisito, era revigorante. As árvores ao longo das ruas principais pareciam ter sido atingidas por raios, e estava estranhamente, desconfortavelmente frio, mais um pedaço de acaso bizarro num lugar onde nada estava na estação certa. Com tanta sujeira multiplicando-se em tantas ruas e becos, temia-se uma epidemia de peste bubônica, e se havia um lugar que sugeria a peste, que exigia a peste, esse lugar era Saigon durante a Emergência. Civis americanos, engenheiros e operários de construção que estavam se dando bem aqui como nunca haviam se dado bem em casa começaram a formar grandes bandos armados, carregando 45s, submetralhadoras e Ks suecas, piores que uma gangue de *vigilantes** histéricos. Você os via às dez da manhã no terraço do Continental espe-

* Expressão vinda da conquista do Oeste americano para significar quem toma a lei nas próprias mãos, faz justiça por conta própria. (N. da T.)

rando o bar abrir, quase sem conseguir acender os próprios cigarros até que ele abrisse. As multidões na rua Tu Do pareciam uma procissão de Ensor e havia uma corrupção no ar que não tinha nada a ver com funcionários do governo levando propinas. Depois de sete da noite, quando o toque de recolher incluía americanos e era total, nada a não ser as patrulhas dos ratos brancos e os jipes da polícia militar se moviam pelas ruas, a não ser algumas crianças que corriam para cima e para baixo nos monturos de lixo empinando no vento gelado pipas feitas de jornal.

Tivemos um colapso nervoso coletivo, a compressão e o calor do contato pesado geraram essa energia até que todo americano no Vietnã teve um gostinho dela. O Vietnã era um quarto escuro repleto de objetos mortais, o VC estava em toda parte como a teia de um câncer, em vez de perder a guerra aos pedacinhos ao longo dos anos nós a perdemos rápido em uma semana. Depois disso, éramos como o personagem da mitologia *pop* das tropas, morto mas burro demais para cair. Nosso pior temor do perigo amarelo tinha-se concretizado; agora nós os víamos morrendo aos milhares por todo o país e no entanto de alguma forma eles não pareciam enfraquecidos, muito menos exaustos, como a Missão estava dizendo na altura do quarto dia. Retomamos território rapidamente, com alto custo, pânico total e muito perto da brutalidade máxima. Nossa máquina de guerra era devastadora. E versátil. Podia fazer tudo menos parar. Como disse um major americano, numa tentativa de entrar para a história: "Tivemos que destruir Ben Tre para poder salvá-la." Foi assim que a maior parte do país voltou ao que chamamos de controle, e assim permaneceu essencialmente ocupado pelo vietcongue e pelo norte até um dia, anos depois, quando não restava mais nenhum de nós.

O Conselho da Missão deu-se as mãos e atravessou para o outro lado do Espelho. A carruagem do nosso general estava flamejante, ele estava envolto em fumaça e contando histórias tão incríveis de triunfo e vitória que alguns americanos em altos postos tiveram que lhe pedir que se acalmasse e deixasse que eles falassem. Um correspondente britânico comparou a postura da Missão à do capitão do *Titanic* anunciando: "Não há razão para alarme, estamos apenas parando um instante por causa de um pouco de gelo."

Quando voltei a Saigon no quarto dia, um bocado de informação vinda do resto do país já tinha chegado, e era ruim, mesmo quando se descontavam os fiapos de rumor: como um sobre "caucasianos", obviamente americanos, lutando do lado do VC, ou o outro sobre milhares de execuções perpetradas pelos norte-vietnamitas em Hué e as "covas rasas" nas planícies próximas à cidade, ambos verdadeiros, no final. Tanto quanto as tropas e os vietnamitas, o Tet estava empurrando os correspondentes muito mais de encontro ao muro do que eles jamais haviam querido estar. Eu percebi que embora pudesse reter muito da minha infância comigo, minha juventude tinha sido extraída à força apenas nos três dias que levei para atravessar os 97 quilômetros entre Can Tho e Saigon. Em Saigon eu vi amigos pirando completamente; uns poucos foram embora, alguns se meteram na cama por dias com a exaustão da depressão profunda. Eu fui para o outro lado, ligado e agitado, até que eu estava dormindo só três horas por noite. Um amigo meu disse no *Times* que não eram os pesadelos que o perturbavam, mas o impulso de acordar e escrever uma matéria sobre eles. Um veterano que tinha feito cobertura de guerras desde os anos 1930 nos ouviu mijando e gemendo sobre como tinha sido *terrível* e bufou: "Ah, eu adoro vocês, caras. Vocês são umas gracinhas. Que porra vocês achavam que isto era?" Nós achávamos que já tínhamos passado do ponto onde toda guerra é igual a qualquer outra guerra; se apenas soubéssemos o quão mais duro ia ser, talvez tivéssemos nos sentido melhor. Depois de alguns dias o tráfego aéreo foi reaberto e fomos para Hué.

Indo para lá, éramos uns sessenta apertados num pequeno caminhão *deuce-and-a-half,* um dos oito caminhões de um comboio saindo de Phu Bai, transportando cerca de trezentos substitutos para as baixas sofridas anteriormente na luta ao sul do rio dos Perfumes. Uma tempestade violenta e negra rolava há dias, e tinha transformado a estrada do comboio num lamaçal. Fazia um frio terrível nos caminhões, e a estrada estava coberta de folhas que tinham sido arrancadas pela tempestade ou pela nossa artilharia, que havia sido intensa ao longo da estrada. Algumas casas tinham desabado completamente, e nenhuma havia sido deixada sem marcas de fragmentos de artilharia. Centenas de refugiados se apinhavam na beira da estrada enquanto passávamos, muitos deles feridos. As crianças riam e gritavam, os velhos olhavam com aquela silenciosa tolerância para o sofrimento que deixava muitos americanos desconfortáveis, e que sempre era interpretada como indiferença. Mas os homens e as mulheres mais jovens freqüentemente olhavam para nós com um desprezo muito claro, puxando suas crianças para longe dos caminhões.

Ficamos ali sentados tentando dar força uns aos outros, sorrindo diante do tempo e do desconforto, compartilhando o primeiro medo, felizes porque não éramos nem os primeiros nem os últimos do comboio. Eles vinham atacando nossos caminhões regularmente e muitos comboios tinham sido forçados a voltar. As casas por onde passávamos tão lentamente eram ótimas coberturas para franco-atiradores e um míssil B-40 podia ter transformado um dos nossos caminhões num monte de baixas. Muitos pracinhas assobiavam, e nenhum assobiava a mesma música do outro, parecia um vestiário antes de um jogo que ninguém queria jogar. Havia um *marine* negro chamado Philly Dog que tinha sido chefe de gangue em Filadélfia e estava a fim de uma briga de rua depois de seis meses na selva, ele podia mostrar a esses jogadores o que era capaz de fazer no território da rua. (Em Hué ele mostrou ser incrivelmente valioso. Eu o vi derramando umas cem rajadas calibre 30 numa fenda na parede, rindo: "Você tem que dar alguma coisa pra ganhar alguma coisa"; ele parecia ser o único homem da Companhia Delta que ainda não havia sido ferido.) E havia um correspondente dos *marines*, o sargento Dale Dye, que ficava sentado com uma comprida flor amarela enfiada no capacete, um alvo extraordinário. Ele ficava olhando para todos os lados e dizendo: "Tá certo, tá certo, tá certo, Charlie tá sabendo das coisas aqui, isso aqui vai ser *ruim*", e sorrindo na maior felicidade. Era o mesmo sorriso que vi uma semana depois quando a bala de um franco-atirador arrancou um pedaço de parede a menos de 5 centímetros acima da cabeça dele, estranho motivo para diversão, exceto para um soldado.

Todos os outros no caminhão tinham aquele olhar assombrado conquista-do-Oeste que dizia que era perfeitamente correto estar aqui onde o combate seria o pior de todos, onde você não teria metade do que iria precisar, onde era o mais frio que o Nã podia ser. Nos capacetes e na capa dos cantis eles tinham escrito nomes de outras operações, de namoradas, seus nomes de guerra (NADA VALENTE, MACACO DO MICKEY, VINGADOR V, MOE SEGURANÇA DO SERVIÇO CURTO), suas fantasias (NASCIDO PARA PERDER, NASCIDO PARA BRIGAR, NASCIDO PARA MATAR, NASCIDO PARA MORRER), a informação constante (O INFERNO É UMA MERDA, O TEMPO ESTÁ DO MEU LADO, SÓ EU E VOCÊ, MEU DEUS, CERTO?). Um garoto me chamou: "Ei, cara! Quer uma história, cara? Aí, cara, escreve isso aqui: Eu tava lá na 881, isso foi em maio, eu tava lá só andando pelo topo da colina feito um artista de cinema e esse Zip pula bem em cima de mim, mete a porra da AK-47 dele *dentro* de mim, só que ele tá *besta* do meu *sangue frio* eu consegui meter meu pente inteiro nele antes que ele conseguisse dizer obrigado pra mim. Apaguei um." Depois de 20 quilômetros desse jeito, apesar dos pesados céus escuros acima de nós, podíamos ver fumaça subindo do outro lado do rio, da cidadela de Hué.

A ponte que atravessava o canal dividindo a aldeia de An Cuu havia desabado e o setor sul de Hué tinha sido explodido a noite anterior pelo vietcongue, e a área à frente da margem distante do rio não era tida como segura, então acampamos provisoriamente na aldeia para a noite. Estava completamente deserta e nos instalamos em cabanas vazias, estendendo nossos ponchos sobre vidro quebrado e pedaços de tijolo. Ao anoitecer, quando estávamos todos esparramados pela margem do canal jantando, dois helicópteros dos *marines* vieram para cima de nós, atirando balas traçantes ao longo de todo o canal, e saímos correndo para nos proteger, mais surpresos que assustados. "Que beleza, seus filhos-da-puta, que modo lindo de achar a porra do inimigo", disse um dos pracinhas, e armou sua M-60 para o caso de eles voltarem. "Acho que a gente não tem que aturar *essa* merda", ele disse. As patrulhas foram despachadas, as sentinelas postadas e voltamos para as cabanas. Por alguma razão, não fomos nem atacados com canhões aquela noite.

De manhã atravessamos o canal numa tábua e começamos a andar na direção do interior até chegarmos aos primeiros das centenas de civis mortos que veríamos nas semanas seguintes: um velho debruçado sobre o seu chapéu de palha e uma garotinha que tinha sido atingida quando andava de bicicleta, caída ali com o braço para cima como numa reprimenda. Eles tinham estado ali por uma semana e pela primeira vez nos sentimos gratos pelo frio.

Ao longo da margem sul do rio dos Perfumes há um parque longo e gracioso que separa a avenida mais agradável de Hué, Le Loi, da beira do rio. As pessoas falavam sobre como ficavam sentadas ali vendo os *sampans* descerem o rio ou vendo as garotas subindo Le Loi de bicicleta, passando pelas *villas* das autoridades e pelos prédios de arquitetura francesa da universidade. A maioria dessas *villas* tinha sido destruída e a maior parte da universidade, danificada permanentemente. No meio da rua duas ambulâncias da Missão alemã tinham sido explodidas, e o Cercle Sportif estava coberto de buracos de bala e estilhaços. A chuva havia trazido o verde de volta, ele se estendia envolto na neblina branca e espessa. No parque propriamente dito, quatro mortos gordos e verdes jaziam em volta de uma grande gaiola toda trabalhada, dentro da qual havia um macaquinho trêmulo. Um dos correspondentes do grupo pulou por cima dos corpos para dar um pedaço de fruta para ele. (Dias depois voltei ao lugar. Os corpos tinham sumido, mas o macaco também. Naquela época havia tantos refugiados e tão pouca comida que alguém deve ter comido o macaco.) Os *marines* da 2/5 tinham assumido o controle de toda a margem sul e agora estavam se espalhando pelo oeste, lutando e abrindo um dos principais canais. Estávamos esperando notícias se os *marines* iam ou não entrar na cidadela propriamente dita, mas ninguém duvidava qual seria a decisão. Ficamos ali sentados absorvendo o horror ao ver as colunas de fumaça do outro lado do rio, recebendo tiros ocasionais de franco-atiradores, explosões infreqüentes de calibre 50, vendo os LCUs* da Marinha no rio, sendo bombardeados da muralha. Um *marine* ao meu lado estava falando que era uma puta pena, as pessoas tão pobres, as casas tão bonitinhas, eles até tinham um posto Shell ali. Ele estava olhando para as explosões negras de *napalm* e as ruínas ao longo da muralha. "Parece que a Cidade Imperial caiu na merda", ele disse.

O pátio da base americana em Hué estava cheio de poças da água da chuva e as capotas de lona dos jipes e caminhões curvavam-se sob o peso da água. Era o quinto dia de combate e todos estavam espantados como

---

* Sigla para Landing Craft Utility, tipo de barcaça anfíbia da Marinha norte-ameticana para transporte de tropas e equipamentos para desembarque. (N. da T.)

o Exército norte-vietnamita ou o congue não tinham atacado a base na primeira noite. Um grande ganso branco havia entrado na base à noite e agora suas asas estavam pesadas com o óleo que tinha se acumulado na superfície das poças. Cada vez que um veículo entrava no pátio, ele batia as asas em fúria e gritava, mas nunca saiu da base e, até onde eu sei, nunca ninguém o comeu.

Quase duzentos de nós estávamos dormindo nas duas pequenas salas que tinham sido o refeitório da base. O Exército não estava contente de ter que abrigar tantos *marines* que passavam por ali e estava absolutamente furioso com todos os correspondentes que ficavam por ali, esperando que o combate rumasse para o norte, do outro lado do rio, para a cidadela. Você tinha sorte de achar um lugar no chão para se deitar, mais sorte se achasse uma maca vazia para dormir e mais sorte ainda se a maca fosse nova. A noite inteira as poucas janelas que não estavam quebradas sacudiam com o impacto dos bombardeios aéreos, e uma bateria de canhões do lado de fora atirava incessantemente. Às duas ou três da manhã os *marines* voltavam de suas patrulhas. Eles atravessavam a sala sem se importar muito se estavam ou não pisando em alguém. Ligavam seus rádios e berravam uns para os outros do outro lado da sala. "Falando sério, será que vocês não podiam ter um pouco mais de consideração?", disse um correspondente britânico, e o riso de todos eles acordou todo mundo que já não estava de pé.

Uma manhã houve um incêndio no campo de prisioneiros do outro lado da estrada da base. Vimos a fumaça negra subindo acima do arame farpado no topo do muro em volta do campo e ouvimos fogo de armas automáticas. A prisão estava repleta de norte-vietnamitas capturados e vietcongues ou suspeitos de serem vietcongues, os guardas disseram que eles tinham começado o incêndio para encobrir uma fuga. O Exército vietnamita e alguns americanos estavam atirando às cegas nas chamas, e os corpos estavam queimando onde tombavam. Civis mortos jaziam pelas calçadas a um quarteirão da base, e o parque e o rio estavam cobertos de mortos. Fazia frio e o sol não saiu nenhum dia, mas a chuva fazia coisas nos corpos que eram de certa forma piores do que o sol poderia fazer. Foi em dias assim que percebi que o único cadáver que eu nunca teria coragem de olhar era o que eu nunca teria que ver.

Ficou frio e escuro assim pelos dez dias seguintes, e essa tristeza úmida foi o pano de fundo para todas as imagens que fizemos na cidadela. A escassa luz do sol refletia as pesadas nuvens de poeira que sopravam das ruínas do muro leste e se prendia a elas até que tudo que você via era filtrado através delas. E você via coisas de ângulos inusitados, olhadelas rápidas enquanto corria agachado, ou para cima, deitado colado no chão, ouvindo o chacoalhar duro e seco dos estilhaços ricocheteando nas ruínas ao seu redor. Com toda essa poeira flutuando em volta, o cheiro acre de cordite* ficava no ar durante muito tempo depois dos combates, e havia o gás CS que tínhamos disparado contra o Exército norte-vietnamita e que agora soprava de volta em direção às nossas posições. Era impossível respirar ar puro com tudo que estava acontecendo, e havia aquele outro cheiro que emanava dos montes de pedras fragmentadas cada vez que eram atingidas pelo bombardeio. Ele se agarrou à pele dentro das nossas narinas e se enroscou na fibra das nossas fardas, e semanas depois, a muitas milhas dali, você acordava no meio da noite e ele estava lá dentro do quarto com você. Os norte-vietnamitas tinham-se enfiado tão profundamente dentro da muralha que os ataques aéreos tinham que abri-la metro a metro, jogando *napalm* perto de nós, às vezes a 100 metros das nossas posições. Do alto do ponto mais elevado da muralha, no que havia sido uma torre, eu olhei através do fosso da cidadela e vi os norte-vietnamitas movendo-se rapidamente através das ruínas do muro oposto. Estávamos perto o suficiente para ver seus rostos. Um rifle disparou perto de mim à direita, e uma das figuras que corriam curvou-se para trás e caiu. Um franco-atirador dos *marines* se debruçou para fora de seu esconderijo e sorriu para mim.

Entre a fumaça, a neblina e a poeira que flutuava dentro da cidadela era difícil chamar de anoitecer a hora entre luz e escuridão, mas era a hora em que a maioria de nós abria suas rações C. Estávamos a meros metros do pior combate, não mais que um quarteirão de cidade vietnamita de distância, e no entanto continuavam a aparecer civis, sorrindo, dando de ombros, tentando voltar às suas casas. Os *marines* tentavam enxotá-los ameaçando-os com a ponta dos rifles, gritando "Di, di, *di*, seus putos miseráveis, vão embora, dêem o fora daqui!", e os refugiados

* Pó explosivo à base de nitroglicerina. (N. da T.)

sorriam, meio se curvando, e saíam correndo por uma das ruas devastadas. Um garoto de mais ou menos dez anos foi até os *marines* da Companhia Charlie. Ele estava rindo e balançando a cabeça de um lado para o outro de um modo esquisito. A ferocidade nos seus olhos deveria ter dito a todo mundo do que se tratava, mas nunca ocorreu a nenhum dos soldados que uma criança vietnamita também podia ter enlouquecido, e quando eles finalmente entenderam ele já estava atacando os olhos deles e rasgando suas fardas, apavorando todo mundo, deixando todo mundo muito nervoso, até que um soldado negro o agarrou por trás e segurou seu braço. "Vamos lá, meu pobre bebê, antes que um desses praças filhos-da-puta dê um tiro em você", e carregou o garoto para onde estavam os *corpsmen.**

Nos piores dias, ninguém esperava sobreviver. Desceu um desespero entre os membros dos batalhões como nenhum dos veteranos das duas guerras anteriores já tinha visto. Uma ou duas vezes, quando homens dos Serviços Fúnebres pegavam os objetos pessoais das mochilas e dos bolsos de *marines* mortos eles achavam cartas de casa que tinham sido entregues alguns dias antes e que sequer haviam sido abertas.

Estávamos evacuando alguns feridos na traseira de um caminhão de meia-tonelada, e um dos *marines* jovens começou a gritar na sua maca. O sargento segurou suas duas mãos e o *marine* continuava dizendo "Merda, sargento, não vou conseguir. Ai, porra, vou morrer, não vou?". "Não, pelo amor de Deus, você não vai morrer", o sargento disse. "Vou sim, sargento, vou sim." "Crowley", o sargento disse. "Você não tá tão ferido assim. Eu só quero que você cale a boca. Você só fez reclamar desde que a gente chegou nessa merda de Hué City." Mas o sargento não podia saber. O garoto havia sido atingido na garganta, e não dava para antecipar o que podia acontecer com esse tipo de ferimento. Ferimentos na garganta eram ruins. Todo mundo tinha medo de ferimentos na garganta.

Tivemos muita sorte com nossas conexões. Numa estação de apoio de batalhão nós pegamos um helicóptero que nos carregou, a nós e a uma dúzia de *marines* mortos, para a base em Phu Bai, e três minutos

---

* Integrantes das tropas com treinamento de primeiros socorros que trabalham em conjunto com médicos e paramédicos na primeira assistência aos feridos. (N. da T.)

depois de aterrissarmos pegamos um C-130 para Danang. Pegando carona na pista de pouso encontramos um oficial das Psyops que teve pena de nós e nos levou direto para o centro de imprensa. Quando chegamos ao portão, vimos que a rede estava armada e que o jogo diário de vôlei entre os *marines* que trabalhavam no centro de imprensa já estava rolando.

"Em que diabo de lugar vocês estavam?", um deles perguntou. Nós estávamos com uma aparência superfodida.

Dentro do refeitório estava gelado por causa do ar-condicionado. Eu me sentei a uma mesa e pedi um hambúrguer e um conhaque a uma das camponesas que trabalhavam como garçonetes. Fiquei ali sentado umas duas horas e pedi mais quatro hambúrgueres e pelo menos uma dúzia de conhaques. Não era possível, simplesmente não era possível, ter estado onde tínhamos estado e estar onde estávamos agora, tudo na mesma tarde. Um outro correspondente que tinha voltado comigo estava sentado em outra mesa, também sozinho, e olhamos um para o outro, balançamos nossas cabeças e rimos. Fui para o meu quarto, tirei minhas botas e minha farda e entrei no chuveiro. A água estava incrivelmente quente, por um momento achei que tinha enlouquecido, e me sentei no chão de concreto por um longo tempo, fazendo a barba, me ensaboando e me ensaboando de novo. Eu me vesti e voltei para o refeitório. A rede tinha sido desarmada e um dos *marines* me perguntou se eu sabia qual era o filme que iam passar aquela noite. Pedi um bife e uma outra longa série de conhaques. Quando saí, o outro correspondente ainda estava sentado sozinho. Fui para a cama e acendi um baseado. Eu ia voltar para lá na manhã seguinte, é claro. Mas por que era claro? Todas as minhas coisas estavam arrumadas, prontas para meu despertar às cinco horas. Terminei meu baseado e caí convulsivamente no sono.

No final da semana a muralha tinha custado aos *marines* aproximadamente uma baixa para cada metro tomado, um quarto delas mortos em combate. O 1/5, que ficou conhecido como o Batalhão da Cidadela, tinha estado em todas as mais duras batalhas dos *marines* nos últimos seis meses, eles tinham mesmo enfrentado as mesmas unidades norte-vietnamitas algumas semanas antes entre o passo Hai Vahn e Phu Loc, e agora três de suas companhias não tinham pessoal suficiente para serem sequer pelotões. Todos eles sabiam o quanto as coisas estavam ruins, a novidade de lutar numa cidade que já tinha virado piada, todo mundo queria sair ferido.

À noite no Posto de Comando o major que comandava o batalhão ficava sentado estudando seus mapas, o olhar vago contemplando o trapezóide da cidadela. Poderia ser uma cena numa fazenda da Normandia 25 anos atrás, com as velas ardendo sobre as mesas, garrafas de vinho tinto enfileiradas sobre prateleiras semi-arruinadas, o frio no ar, os tetos altos, a pesada elaborada cruz na parede. O major não dormia havia cinco noites, e pela quinta noite seguida ele nos assegurou que pela manhã ele ia conseguir, com certeza, o pedaço final da muralha já teria sido tomado e ele teria todos os *marines* de que necessitava. E um dos seus ajudantes, um mustangue forte de um tenente, mandava um sorriso duro, irônico, por cima do olhar do major, um sorriso que rejeitava boas notícias, era como se o ouvíssemos dizer: "O major tá por fora, e nós dois sabemos disso."

Às vezes uma companhia se via completamente cercada, e demorava horas para os *marines* conseguirem evacuar os feridos. Eu me lembro de um *marine* com um ferimento na cabeça que tinha finalmente conseguido chegar ao Posto de Comando do batalhão quando seu jipe morreu. Ele finalmente saltou do carro e começou a empurrar, sabendo que aquele era o único jeito de sair dali. A maioria dos tanques e caminhões que transportavam baixas tinha que trafegar por uma longa estrada reta sem proteção chamada Beco do Morteiro. Cada tanque dos *marines* que já tinha passado por lá havia sido atingido pelo menos uma vez. Uma epifania de Hué está na maravilhosa foto de John Olson para a *Life*, os feridos da Companhia Delta sendo amontoados às pressas num tanque. Às vezes, a caminho da estação de socorro os gravemente feridos começavam a ficar com aquela cor ruim, aquele cinza-azulado de barriga de peixe que era uma promessa de morte e vinha subindo do peito até tomar todo o rosto. Um *marine* tinha sido atingido no pescoço e durante todo o trajeto os *corpsmen* massagearam seu peito. Quando finalmente chegaram à estação, contudo, ele estava tão mal que o médico o rejeitou na triagem, e foi cuidar de outros que ele achava que ainda podiam ser salvos, e quando o puseram no saco verde de borracha havia alguma chance de ele ainda estar clinicamente vivo. O médico nunca tivera que fazer escolhas assim antes, e ele não estava conseguindo se acostumar. Quando as coisas se acalmavam, ele saía para respirar um pouco, mas lá fora não era muito melhor. Os corpos estavam empilhados todos juntos e sempre havia uma pequena multidão de soldados do Exército vietnamita por perto olhando, fascinada com a morte como todos os vietnamitas. Como eles não sabiam o que mais fazer e sem saber como seria interpretado pelos *marines*, eles sorriam para os corpos, e aconteceram alguns incidentes feios. Os *marines* encarregados dos corpos estavam sobrecarregados e estressados e tornaram-se irritadiços, rasgando pacotes de corpos com raiva, cortando as mochilas com baionetas, jogando os corpos nos sacos verdes. Um dos *marines* mortos estava rígido e eles não estavam conseguindo fazê-lo caber no saco. "Merda", um deles disse, "esse puto tinha pés grandes. Esse puto num tinha pés grandes?", enquanto finalmente conseguia forçar suas pernas para dentro. No posto havia o *marine* de aparência mais jovem que eu já tinha visto. Ele tinha sido atingido no joelho por um grande estilhaço, e não tinha a menor idéia do que iam fazer com ele, agora que estava ferido. Ele estava deitado numa maca enquanto o médico explicava como ele ia ser mandado de helicóptero para o hospital de Phu Bai e depois de avião até Danang e finalmente mandado de volta para os Estados Unidos, certamente até o final do seu período de serviço militar. No começo o garoto tinha certeza de que o médico estava de brincadeira com ele, depois começou a acreditar, e depois compreendeu plenamente que era verdade, ele ia embora, ele não conseguia parar de chorar, e lágrimas enormes escorriam para dentro de suas orelhas.

Foi aí que eu comecei a reconhecer cada baixa, me lembrar de conversas que tinha tido dias e mesmo horas antes, e foi aí que parti, num helicóptero de evacuação com um tenente coberto de bandagens ensangüentadas. Ele havia sido atingido nas duas pernas, nos dois braços, no peito e na cabeça, suas orelhas e seus olhos estavam cheios de sangue coagulado e ele pediu ao fotógrafo para tirar uma foto dele para mandar para a esposa.

A essa altura a batalha de Hué estava quase terminada. A Cav estava atacando o canto noroeste da cidadela, e elementos da 101ª tinham vindo através do que havia sido uma rota de suprimentos dos norte-vietnamitas. (Em cinco dias esses grupamentos perderam mais homens que os *mari-*

nes em três semanas.) *Marines* vietnamitas e algumas tropas da 1ª Divisão do Exército vietnamita estavam empurrando os norte-vietnamitas que restavam na direção da muralha. A bandeira do Vietnã do Norte que havia tremulado durante tanto tempo sobre o muro sul foi cortada e retirada, e a bandeira americana foi hasteada em seu lugar. Dois dias depois, os Hoc Bao, *rangers* vietnamitas, entraram furiosamente no Palácio Imperial, mas não havia mais ninguém do Exército norte-vietnamita lá dentro. Exceto alguns mortos no fosso, todos os corpos tinham sido enterrados. Logo que chegara a Hué, o Exército norte-vietnamita tinha-se sentado à mesa de banquetes oferecidos pela população. Antes de partirem, eles haviam peneirado toda a vegetação comestível que flutuava na superfície do fosso. Setenta por cento da antes bela cidade vietnamita tinham sido destruídos e se a paisagem parecia desolada, imagine como eram os vultos nessa paisagem.

Houve duas cerimônias para marcar a expulsão do Exército norte-vietnamita, as duas com hasteamento de bandeiras. Na margem sul do rio dos Perfumes, duzentos refugiados de um dos campos foram recrutados para ficarem de pé, tristes e silenciosos debaixo da chuva, e verem subir a bandeira do Governo do Vietnã. Mas a corda se rompeu e a multidão, achando que o vietcongue tinha atirado, saiu correndo em pânico. (Não havia chuva nas matérias que saíram nos jornais de Saigon, nem problemas com a corda, e a entusiasmada multidão tinha milhares de pessoas.) Quanto à outra cerimônia, a cidadela ainda era considerada insegura pela maioria das pessoas, e quando a bandeira finalmente subiu lá, não havia ninguém para ver, a não ser um punhado de tropas vietnamitas.

O major Trong sacolejava no assento do seu jipe enquanto passava pelas ruas cobertas de detritos de Hué. Seu rosto parecia completamente sem expressão enquanto passávamos pelas multidões de vietnamitas tropeçando sobre as vigas caídas e tijolos pulverizados de suas casas, mas os olhos dele estavam cobertos por óculos escuros e era impossível saber o que ele estava sentindo. Ele não parecia um vitorioso, era tão pequeno e frágil no seu assento que eu tinha medo que fosse voar para fora do jipe. Seu motorista era um sargento chamado Dang, um dos maiores vietnamitas que eu já tinha visto, e o inglês dele era melhor que o do major. O jipe empacava às vezes em pilhas de entulho, e Dang se virava para nós e sorria pedindo desculpas. Estávamos a caminho do Palácio Imperial.

Um mês antes, a área do Palácio estava coberta de corpos de dúzias de soldados norte-vietnamitas mortos e os restos fumegantes de três semanas de sítio e defesa. Houve uma certa relutância em bombardear o Palácio, mas muito do bombardeio nas proximidades tinha causado danos sérios, e também tinha havido algum tiroteio. As grandes urnas de bronze estavam amassadas, sem possibilidade de restauro, e a chuva caía através de um buraco no teto da sala do trono, ensopando os dois pequenos tronos onde a antiga realeza annamesa havia se sentado. No grande salão (grande levando em conta a escala vietnamita), o trabalho em laca vermelha que encimava as paredes estava seriamente danificado, e uma pesada poeira cobria tudo. A coroa que encimava o portão principal tinha caído e no jardim os galhos quebrados das árvores *cay-dai* eram como gigantescos insetos calcinados pelo fogo, frágeis, delicados, mortos. Havia um rumor naquela época de que o Palácio estava sendo defendido por uma unidade de estudantes voluntários que haviam interpretado a invasão como um sinal e corrido para se juntarem aos norte-vietnamitas. (Outro rumor dessa época, sobre as 5 mil "covas rasas" próximas da cidade, contendo os corpos de civis executados pelos norte-vietnamitas, acaba de ser confirmado como verdadeiro.)

Mas quando os muros foram tomados e entrou-se na área, não havia mais ninguém dentro, apenas os mortos. Eles flutuavam no fosso e se empilhavam como lixo em todos os caminhos. Os *marines* chegaram e aí latas vazias de ração e folhas enlameadas da *Stars and Stripes* juntaram-se ao lixo. Um *marine* gordo foi fotografado mijando na boca aberta e travada de um soldado norte-vietnamita em decomposição.

"Ruim", disse o major Trong. "Ruim. Luta aqui muito dura, muito ruim."

Eu estava conversando com o sargento Dang sobre o Palácio e a linhagem de imperadores. Quando paramos da última vez aos pés de uma das pontes do fosso, eu estava perguntando a ele o nome do último imperador que havia ocupado o trono. Ele sorriu e deu de ombros, não tanto como se não soubesse, mais como se não fizesse diferença.

"Major Trong é imperador agora", ele disse, e disparou com o jipe para dentro do jardim do Palácio.

KHE SANH

1

Nos piores dias do auge do ataque inimigo no final do inverno de 1968 havia um jovem *marine* em Khe Sanh que já tinha servido todo o seu tempo no Vietnã. Quase cinco dos seus 13 meses de serviço tinham sido passados ali na Base de Combate de Khe Sanh com a 26ª dos *marines*, que desde a primavera anterior estava chegando ao nível de regimento completo e em breve de regimento reforçado. Ele ainda se lembrava dos dias, não muito tempo atrás, em que os membros da 26ª se consideravam sortudos de estarem ali, quando os caras diziam que aquilo era como uma recompensa por seja lá o que fosse que suas tropas tinham passado. No caso do *marine* em questão, a recompensa era por uma emboscada acontecida na estrada de Cam Lo a Con Thien, onde sua unidade tinha sofrido baixas da ordem de 40%, e onde ele mesmo tinha sido atingido por estilhaços no peito e nos braços. (Ah, ele diria, ele tinha visto muita merda nesta guerra.) Isso era quando Con Thien era o nome que todo mundo conhecia, muito antes que Khe Sanh tivesse tomado a proporção de um campo sitiado e se instalado como uma obsessão no coração do Comando, muito antes que um único tiro tivesse caído dentro do perímetro para levar embora seus amigos e fazer de seu sono algo indistinguível do acordar. Ele se lembrava de quando havia tempo para brincar nos riachos abaixo do platô da base, quando todo o assunto de conversa do pessoal eram os seis diferentes tons de verde cobrindo as colinas em volta, quando ele e seus amigos viviam como seres humanos, acima do chão, na luz, e não como animais tão loucos que começaram a tomar pílulas para Controle de Diarréia para reduzir ao mínimo possível suas idas desprotegidas às latrinas. E neste último dia do seu serviço ele podia dizer que tinha passado por tudo e se saído bastante bem.

Ele era um louro alto de Michigan, tinha talvez vinte anos, embora fosse difícil adivinhar as idades dos *marines* de Khe Sanh, uma vez que nada parecido com juventude permanecia muito tempo em seus rostos. Eram os olhos: porque eles estavam sempre cansados, enfurecidos ou simplesmente vazios, eles nunca tinham coisa alguma a ver com o que o resto do rosto estava fazendo, e davam a todos o ar de fadiga extrema e até mesmo uma loucura oblíqua. (E idade. Se você pegar uma dessas fotos de pelotões da Guerra Civil e cobrir tudo menos os olhos, não vai haver diferença entre um homem de cinqüenta anos e um garoto de 13.) Esse *marine*, por exemplo, estava sempre sorrindo. Era o tipo de sorriso que chegava bem perto da gargalhada aguda, mas seus olhos não demonstravam nem alegria nem vergonha nem nervosismo. Era um pouco louco, mas na maior parte do tempo era apenas esotérico do mesmo modo como a maioria dos *marines* com menos de 25 anos se tornam esotéricos depois de alguns meses na Zona 1. Naquele rosto jovem e banal, o sorriso parecia vir de alguma sabedoria antiga e dizia "Eu vou dizer por que estou sorrindo, mas vai fazer você ficar louco".

Ele tinha o nome MARLENE tatuado na parte de cima do braço e no capacete havia o nome JUDY, e ele disse: "É, bom, Judy sabe tudo sobre Marlene. Tá legal, num tem problema." Na parte de trás da capa do seu cantil ele tinha escrito, certa vez: *É, mesmo que eu ande pelo vale da Sombra da Morte eu não terei medo do Mal porque eu sou o filho-da-puta mais cruel que existe no vale*, mas depois ele tinha tentado, sem muito sucesso, raspar fora, porque, ele explicou, tudo quanto era sujeito na DMZ tinha isso escrito nos cantis deles. E aí ele sorria.

Ele estava sorrindo neste último dia do serviço militar. Seu equipamento estava arrumado, seus papéis estavam em ordem, seu saco de viagem pronto, e ele estava ocupado com todos aqueles detalhes de última hora de uma viagem de volta para casa, os tapas nas costas e as brincadeiras, as piadas com o Velho ("Olha lá, você vai sentir saudade deste lugar."

"Sim, senhor. Uau!"); a troca de endereços; as lembranças estranhas, fragmentadas, cuspidas depois de silêncios desajeitados. Ele tinha alguns baseados sobrando, embrulhados num saco plástico (ele não os tinha fumado ainda porque, como a maioria dos *marines* de Khe Sanh, ele estava esperando um ataque de Infantaria, e não queria estar doidão quando isso acontecesse), ele os deu ao seu melhor amigo, ou melhor, ao seu melhor amigo que tinha sobrevivido. Seu amigo mais antigo tinha sido feito em pedaços em janeiro, no mesmo dia em que o paiol de munição tinha sido atingido. Ele sempre ficava se perguntando se Gunny, o sargento armeiro, sabia sobre o fumacê. Depois de três guerras, Gunny provavelmente não se importava; além do mais, todo mundo sabia que Gunny gostava de uns baratos. Quando ele passou pelo *bunker* todos se despediram, e depois não havia mais o que fazer com a manhã a não ser ficar entrando e saindo do *bunker* para olhar o céu, voltando depois, a cada vez, para dizer que eventualmente limparia o bastante para uns dez aviões aterrissarem. Ao meio-dia os adeuses e os boas-sortes e os lembre-se-de-mim já tinham se estendido demais por horas a fio, e o sol começou a aparecer através da neblina. Ele pegou seu saco de viagem e uma pequena bolsa AWOL* e começou a andar na direção da pista de pouso e da trincheira pequena e profunda na extremidade da pista.

Khe Sanh era um lugar péssimo, mas a pista de pouso era o pior lugar do mundo. Era o que Khe Sanh tinha no lugar de um disco de sucção, o objeto exato e previsível de canhões e disparadores de mísseis escondidos nas colinas à sua volta, o alvo seguro dos grandes canhões russos e chineses instalados na encosta da serra CoRoc, a 11 quilômetros da fronteira laosiana. Os ataques não eram ao acaso, e todo mundo queria ficar bem longe deles. Se o vento estava soprando da direção certa, era possível ouvir os calibres 50 do Exército norte-vietnamita começando a disparar na entrada do vale cada vez que um avião iniciava sua aproximação da pista, e a primeira artilharia chegava sempre segundos antes do pouso. Se você estava ali esperando para ser levado, não havia nada a fazer a não ser se enfiar na trincheira e se fazer pequeno, e se você estava no avião que pousava, não havia nada a fazer, nada mesmo.

---

* AWOL é a sigla para Ausente sem Permissão, mas uma bolsa Awol é o modo coloquial de descrever bagagem de mão, uma pequena valise na qual os soldados mantinham objetos de uso pessoal. (N. da T.)

Havia sempre pedaços de um ou outro tipo de avião empilhados perto da pista, e às vezes o estrago obrigava a fechar a pista durante horas enquanto os Seabees* e o11º de Engenharia se incumbiam da desobstrução. Era tão ruim, tão previsivelmente ruim, que a Força Aérea parou de usar seu melhor equipamento de transporte, o C-130, e se restringia aos menores e mais manobráveis C-123. Sempre que possível, as cargas eram jogadas de pára-quedas de 500 metros de altura, pára-quedas bonitinhos azuis e amarelos, um *show*, caindo do céu por todo o perímetro. Mas, obviamente, passageiros tinham que ser desembarcados ou apanhados no solo. Em geral eles eram substitutos, caras indo para ou voltando da folga, especialistas de um ou de outro tipo, mais raramente alguns chefes (a maioria do pessoal de divisão para cima tomava suas próprias providências para ir a Khe Sanh) e muitos correspondentes. Enquanto os passageiros que lotavam o avião iam ficando tensos, suando e fazendo a corrida para a trincheira repetidas vezes na sua imaginação, esperando a porta do compartimento de carga se abrir, uns dez ou cinqüenta *marines* e correspondentes se agachavam na trincheira, movendo os lábios inutilmente para impedir que ficassem secos, e então, exatamente ao mesmo tempo, todos corriam, colidiam, se atropelavam, trocando de lugar uns com os outros. Se o fogo era particularmente pesado, os rostos todos se distorciam no modo mais simples do pânico, os olhos ficando cada vez maiores, como os olhos de cavalos presos em um incêndio. O que você via era um borrão translúcido, sensível apenas no centro imediato, como uma fotografia elegantemente distorcida do Carnaval, e de relance você captava um rosto, um fragmento de bala envolto em fagulhas brancas, um pedaço de equipamento de algum modo suspenso no ar, uma nuvem de fumaça, e você se movia em volta das tripulações que seguravam as pesadas cordas da carga, por cima de cachorros farejadores, por cima dos sacos com corpos que sempre estavam jogados de qualquer jeito não muito longe da pista, cobertos por moscas. E as pessoas ainda estariam se esfalfando para entrar ou sair enquanto o avião dava a volta lentamente para começar a taxiar antes da decolagem mais acelerada que a aeronave pudesse fazer. Se você estava a bordo, aquele primeiro momento era um êxtase. Ficávamos todos ali sentados com sorrisos vazios e exaustos, co-

---

* Jargão para pessoal da engenharia e construção. (N. da T.)

bertos com a impossível poeira vermelha de laterite, poeira como escamas, sentindo o delicioso pós-frio do medo, aquela rápida convulsão de segurança. Não havia sensação melhor no mundo todo do que estar no ar saindo de Khe Sanh.

Naquela derradeira manhã o jovem *marine* pegou uma carona da sua companhia que o deixou a 50 metros da pista. Quando começou a caminhar, ele ouviu o som distante do C-123 se aproximando, e foi só isso que ele ouviu. Havia um teto de uns 30 metros, assustador, descendo sobre ele. A não ser pelo ruído dos motores que se aproximavam, tudo mais estava quieto. Se tivesse havido mais alguma coisa, um disparo que fosse, ele talvez estivesse bem, mas naquele silêncio o som dos seus próprios pés na terra era aterrorizador para ele. Mais tarde ele disse que foi isso que o fez parar. Ele largou seu saco de viagem e olhou em torno. Ele viu o avião, seu avião, quando ele tocou no solo, e então ele começou a correr pulando por cima de uns sacos de areia jogados na beira da estrada. Ele se jogou no chão imóvel e ficou ouvindo seu avião mudar a marcha e decolar, ficou ouvindo até que não havia mais nada para se ouvir. Nem um único tiro tinha sido disparado.

De volta ao *bunker* houve alguma surpresa ao vê-lo de volta, mas ninguém disse coisa alguma. Todo mundo pode perder um avião. Gunny bateu nas suas costas e lhe desejou uma viagem melhor da próxima vez. Naquela tarde ele foi levado de jipe até o Charlie Med, o destacamento médico de Khe Sanh que tinha sido construído insanamente perto da pista, mas não conseguiu passar da barricada de sacos de areia do lado de fora e chegar até a sala de triagem.

"Ah, essa não, seu bunda mole", Gunny disse quando ele voltou para a tropa. Mas ficou olhando para ele por um longo tempo dessa vez.

"Bom", o garoto disse. "Bom..."

No dia seguinte dois dos seus amigos foram com ele até a beirada da pista e o colocaram na trincheira. ("Adeus", disse Gunny. "E isto é uma ordem.") Quando voltaram, eles disseram que dessa vez ele tinha ido embora mesmo. Uma hora depois ele apareceu de volta na estrada, sorrindo. Ele ainda estava lá da primeira vez que saí de Khe Sanh, e embora eventualmente ele tenha acabado por sair de lá, nunca se pôde ter certeza.

Coisas estranhas assim acontecem quase no final dos tempos de serviço. É a Síndrome do Serviço Curto. Nas cabeças dos homens que realmente estão na guerra por um ano, todo serviço termina cedo. Ninguém espera muito de um homem quando ele tem apenas mais uma ou duas semanas a servir. Ele se torna um *freak* da sorte, um colecionador de sinais de azar, o adivinho de todo tipo de mau augúrio. Se ele tem imaginação ou experiência de guerra, vai preconizar sua própria morte mil vezes por dia, mas ele sempre terá o bastante para fazer a única coisa que importa: Ir Embora.

Havia uma outra coisa acontecendo com o jovem *marine*, e Gunny sabia o que era. Nessa guerra eles chamaram de "reação aguda ao meio ambiente", mas o Vietnã gerou um jargão de tão delicado vocabulário que freqüentemente é impossível saber ainda que remotamente qual é a coisa que está sendo descrita. A maioria dos americanos prefere ouvir que seu filho está sofrendo de reação aguda ao meio ambiente do que ouvir que ele tem trauma de guerra porque eles não podem lidar com os fatos do trauma de guerra tanto quanto não poderiam com a realidade do que aconteceu a esse garoto durante seus cinco meses em Khe Sanh.

Digamos que suas pernas não estavam funcionando direito. Era claramente um problema médico e o sargento ia ter que tomar as devidas providências. Mas quando eu fui embora o garoto ainda estava lá, sorrindo e dizendo: "Cara, quando eu chegar em casa vai ser o máximo."

2

O terreno acima da Zona 2, ao longo da fronteira laosiana e para dentro da DMZ, era raramente chamado de as serras pelos americanos. Tinha sido um expediente militar impor um novo conjunto de referências sobre a essência mais antiga e mais verdadeira do Vietnã, uma imposição que começou com a divisão de um país em dois e continuou — tinha sua lógica — com a subseqüente divisão do Vietnã do Sul em quatro regiões táticas claramente definidas. Havia sido uma das exigências da guerra, e se efetivamente obliterou algumas das distinções geográficas mais óbvias, por outro lado tornou a comunicação mais clara, pelo menos entre os membros da Missão e os muitos componentes do Comando de Assistência Militar no Vietnã, o fabuloso MACV. Para dar um exemplo geográfico, o delta do Vietnã compreende a planície dos Juncos e envolve o rio Saigon, mas em todos os mapas e no fundo de todas as cabeças espertas ele acabou na divisória do mapa entre as Zonas 3 e 4. Do mesmo modo, as serras ficaram confinadas à Zona 2, terminando abruptamente na linha que foi traçada imediatamente abaixo da cidade costeira de Chu Lai; tudo entre isso e a DMZ era simplesmente Zona 1. Todo *briefing* sobre ações pelo país, em todos os níveis, acabava soando como uma Lista de Definições, e a linguagem era usada como um cosmético, mas do tipo que diminuía a beleza. Como a maior parte do jornalismo da guerra era cercado por esta linguagem ou emanava do ponto de vista da guerra implícito nestes termos, era tão impossível saber como era o Vietnã lendo a maior parte das matérias de jornal quanto saber como ele cheirava. Essas serras não desapareciam simplesmente na fronteira da zona tática, mas iam a vida toda até um pedaço do Vietnã do Norte que os pilotos da Marinha chamavam de Sovaco, encontrando-se com uma cadeia de montanhas com o maravilhoso nome de cordilheira Annamesa, que se estendia por quase 3 mil quilômetros do Sovaco até um ponto logo abaixo de Pleiku, atravessando a maior parte do norte, através da DMZ, através do remoto (para eles) vale de A Shau e através de uma raiz de serra que um dia tinha sido a Base Marine de Combate Khe Sanh. E uma vez que o território que elas atravessavam era muito especial, com evocações especiais, minha insistência em nele colocar Khe Sanh é muito mais que alguma recôndita nota ao pé de página da história desse triste lugar e dos modos como tantos americanos ali sofreram sua parte da guerra.

Porque as serras do Vietnã são apavorantes, insuportavelmente apavorantes, inacreditavelmente apavorantes. Elas são uma mistura de vagas cadeias de montanhas, um emaranhado de vales, ravinas cobertas de selva e planícies abruptas onde as aldeias dos *montagnards* se concentram, tornam-se mais raras e finalmente desaparecem quando o terreno se torna mais íngreme. Em todos os seus componentes tribais, os *montagnards* são a mais primitiva e misteriosa das populações vietnamitas, uma população que sempre confundiu os americanos até mesmo em seus segmentos mais ocidentalizados. Falando estritamente, os *montagnards* não eram de forma alguma vietnamitas de verdade, certamente não vietnamitas *do sul*, mas uma espécie de aborígine annamês melhorado e semi-esclarecido, que muitas vezes vivia nu e pensativamente silencioso em suas aldeias. A maioria dos vietnamitas e dos *montagnards* considerava uns aos outros inferiores, e embora muitos *montagnards* tenham ido trabalhar como mercenários para as Forças Especiais americanas, essa antiga inimizade étnica freqüentemente atrasou os esforços dos aliados. Muitos americanos os consideravam nômades, mas a guerra teve mais a ver com isso do que qualquer coisa em seus temperamentos. Nós queimamos as plantações deles com *napalm* e arrasamos suas aldeias, e depois nos admiramos com a inquietude de seu espírito. A nudez deles, seus corpos pintados, sua recalcitrância, sua compostura silenciosa diante de estranhos, sua selvageria benigna e sua feiúra total e espantosa se combinaram para fazer com que muitos americanos que foram forçados a se associar a eles se sentissem desconfortáveis depois de algum tempo. Parecia coerente, lógico, que eles vivessem nas serras, entre uma tríplice abóboda de árvores, onde neblinas súbitas e adversas provocavam sustos sinistros, onde o calor diurno e o frio da noite te mantinham sempre no limite, onde os silêncios eram interrompidos apenas pelo bufar do gado ou o ruído do rotor dos helicópteros, o único som que conheço que é, ao mesmo tempo, nítido e surdo. A crença puritana de que Satanás vivia na Natureza poderia ter surgido aqui, onde até mesmo nos picos mais frios e puros das montanhas podia-se sentir cheiro de selva e aquela tensão entre gênesis e podridão que todas as selvas produzem. É cenário para histórias de fantasmas, e para os americanos foi o cenário de algumas das piores surpresas da guerra. As batalhas de Ia Drang do final de 1965 foram as primeiras e as piores dessas surpresas. Elas marcaram a primeira aparição em massa de tropas regulares do Vietnã do Norte no sul e ninguém que estava lá na época jamais esquecerá o horror de tudo ou, até hoje, superar a autoconfiança e a sofisticação com que batalhões inteiros acabaram enredando os americanos numa guerra. Alguns correspondentes, alguns soldados de volta para uma segunda ou terceira rotação de serviço ainda tremem incontrolavelmente quando se recordam: posições improvisadas defendidas até o último homem e então tomadas; americanos e norte-vietnamitas rígidos em seu abraço de morte, os olhos escancarados, os dentes de fora ou enterrados profundamente na carne inimiga; o número de helicópteros abatidos (missão de socorro após missão de socorro após missão de socorro...); o equipamento do Exército do Vietnã do Norte que incluía os primeiros rifles de assalto AK-47, os primeiros canhões RPG-7, as centenas de lápides de alumínio. Não, muitos dos que viram isso, mesmo os mais duros, não gostavam nem de falar a respeito. A melhor de nossas divisões, a 1ª Cavalaria do Ar, foi massacrada em Ia Drang naquele outono, e embora o número oficial de mortos tenha sido em torno de trezentos, nunca encontrei alguém que tenha estado lá, inclusive oficiais da Cav, que não coloque o total em pelo menos três ou quatro vezes esse número.

Existe um ponto de vista que diz que os Estados Unidos se envolveram na Guerra do Vietnã, descontando compromissos e interesses, simplesmente porque pensaram que seria fácil. Mas depois de Ia Drang essa arrogância começou a cair cada vez pior sobre os ombros do Comando; nunca desapareceu. Depois de Ia Drang nunca mais houve uma verdadeira guerra de guerrilha, exceto no Delta, e o velho estratagema de Giap de interditar o sul através das serras, cortando o país em dois, acabou sendo levado a sério, até mesmo de forma obsessiva, por muitos americanos influentes.

Ah, aquele terreno! A absurda, enlouquecedora estranheza dele! Quando a horrenda batalha de Dak To acabou no topo da Colina 875, anunciamos que 4 mil deles haviam sido mortos; tinha sido matança pura, nossas perdas eram sérias, mas claramente era outra vitória americana. Mas quando se chegou ao topo da colina, o número de norte-vietnamitas encontrados foi quatro. Quatro. É claro que muitos mais morreram, centenas mais, mas os corpos chutados, contados, fotografados e enterrados eram quatro. Onde, coronel? E como, e por quê? Assustador. Tudo lá em cima era assustador, e seria desse jeito mesmo se não houvesse guerra. Você estava lá num lugar onde não deveria estar, onde teria que pagar pelas coisas que via de relance, e onde também teria que pagar pelas coisas que não via de relance, um lugar onde eles não brincavam de mistério mas matavam direto se você passasse do limite. As vilas tinham nomes que deixavam uma sensação espessa e fria nos ossos: Kontum, Dak Mat Lop, Dak Roman Peng, Poli Klang, Buon Blech, Pleiku, Pleime,

Plei Vi Drin. Só de passar por essas vilas ou estar baseado em algum lugar acima delas deixava a pessoa meio doida, e toda vez que eu me via caído morto em algum lugar, era sempre lá em cima nas serras. Era o bastante para fazer um comandante americano cair de joelhos e suplicar: "Ó Deus! Pelo menos uma vez, faça com que seja a nosso favor. Temos a força, dê-nos os termos!" Nem mesmo a Cav, com seu estilo, coragem e mobilidade, foi capaz de conquistar a face irremovível das serras. Eles mataram um monte de comunistas, mas isso foi tudo que eles fizeram, porque o número de comunistas mortos queria dizer nada, mudou nada.

Sean Flynn, fotógrafo e *connoisseur* da Guerra do Vietnã, me contou que uma vez ele estava com um comandante de batalhão no ponto estratégico de uma base de artilharia lá em cima. Ao anoitecer, aquelas neblinas medonhas subindo do chão do vale, engolindo a luz. O coronel apertou os olhos inspecionando a distância por um longo tempo. Então ele apontou lentamente com sua mão para a linha da selva, através das colinas e despenhadeiros que iam dar no Camboja (o Santuário!). "Flynn", ele disse. "Em algum lugar por lá... está *toda a 1ª Divisão do Exército do Vietnã do Norte*."

Ah, querido Deus, ao menos uma vez!

3

Em Algum Lugar por Lá, na linha de tiro da artilharia da Base de Combate de Khe Sanh, num raio de cerca de 30 quilômetros, um dia de marcha, em "posição de ataque", escondidos, silenciosos e ameaçadoras, estavam cinco divisões completas dos regulares do Vietnã do Norte. Esta era a situação nas semanas finais de 1967:

Em algum lugar para o sudoeste estava a 304ª Divisão NVA. Ao sul (em algum lugar) estava a 320ª. A 325C tinha sido posicionada de forma desconhecida no noroeste, e a 324B (causa de grande alarme entre os conhecedores das divisões inimigas) estava em algum lugar a nordeste. Havia também uma divisão não identificada pouco além da fronteira laosiana, com a artilharia encravada tão profundamente nas encostas das montanhas que nem os nossos B-52s podiam danificá-la. Todo esse terreno, toda essa cobertura, serrania após serrania, despenhadeiros assassinos e gargantas, tudo coberto por uma floresta com uma abóbada tripla e espessa neblina de monções. E divisões inteiras estavam dentro disso tudo.

A Inteligência dos *marines* (Vejo muitas pegadas de cascos entrando, mas nenhuma saindo) apoiada nas descobertas feitas pelas cada vez mais freqüentes missões de reconhecimento da Força Aérea, vinha observando e avaliando com alarme o crescimento das tropas, desde a primavera. Khe Sanh sempre estivera perto das principais rotas de infiltração, "sentada em cima" delas, como dizia a Missão. Aquele platô pequeno mas definitivo, erguendo-se abruptamente da base das montanhas que separavam o Laos do Vietnã, sempre tivera grande valor desde que os vietnamitas estiveram em guerra. As rotas usadas agora pelo NVA já haviam sido usadas vinte anos antes pelo Viet Minh. O valor de Khe Sanh para os americanos pode ser medido pelo fato de que, apesar da conhecida infiltração em toda a sua volta, por anos nós a mantivemos com nada além de um Time A das Forças Especiais; menos de uma dúzia de americanos e cerca de quatrocentas tropas locais, entre vietnamitas e *montagnards*. Quando as Forças Especiais se instalaram lá em 1962, eles construíram sua sede, banheiros, clube e defesas em cima de *bunkers* que tinham sido deixados pelos franceses. As colunas que se infiltravam simplesmente desviavam suas rotas 1 quilômetro e pouco da posição central de Khe Sanh. Os Boinas-verdes mantinham patrulhas regulares e extremamente cautelosas. Como estavam sempre cercados pelos infiltradores, Khe Sanh não era o posto mais confortável do Vietnã, mas raramente havia algo além de uma emboscada ao acaso ou o ataque ocasional de canhão que era padrão para todo Time A em qualquer lugar do país. Se o NVA tivesse considerado Khe Sanh taticamente crucial ou mesmo importante, poderia tê-la tomado a qualquer momento. E se nós tivéssemos pensado que ela era algo mais que um posto avançado qualquer — não se pode ter infiltradores para lá e para cá sem pôr alguém para vigiar —, nós poderíamos ter criado uma base importante lá. Ninguém constrói bases como os americanos.

Ao longo de patrulhas de rotina no começo da primavera de 1966, as Forças Especiais reportaram o que parecia ser um aumento significativo no número de tropas inimigas na área imediata de Khe Sanh, e um batalhão de *marines* foi enviado para reforçar as patrulhas. Um ano depois, em abril e maio de 1967, durante operações grandes mas rotineiras de Busca-e-destruição, os *marines* encontraram e combateram unidades de norte-vietnamitas no nível de batalhões controlando os topos das colinas 881 norte e sul, e muitas pessoas morreram em ambos os lados. As batalhas se tornaram as mais sangrentas da primavera. As colinas foram tomadas e, semanas depois, abandonadas. Os *marines* que poderiam ter mantido as colinas (Que lugar melhor para observar infiltrações do que com a vantagem de 881 metros de altura?) foram em vez disso mandados para Khe Sanh, onde o 1º e o 3º Batalhões do 26º Regimento dos *Marines* estavam em rotação, aumentando a pressão sobre o NVA, na esperança de, se não empurrá-los para fora da área, pelo menos forçar seus movimentos a assumirem padrões previsíveis. O 26º, um regimento híbrido, era formado da TAOR, a Área de Responsabilidade Tática, uma designação numérica que permaneceu no papel mesmo depois que o real comando do regimento tornou-se responsabilidade da 3ª Divisão dos *Marines*, estacionada em Dong Ha, perto da DMZ.

Quando o verão chegou, tornou-se óbvio que as batalhas pela posse da 881 norte e sul tinham envolvido um número relativamente pequeno das tropas inimigas que se acreditavam estar na área. As patrulhas aumentaram (agora elas eram consideradas as mais perigosas na Zona 1) e elementos adicionais da 26ª dos *marines* foram trasportados pelo ar para o que agora era chamada de Base de Combate Khe Sanh. Os *seabees* construíram uma pista de pouso de 600 metros de extensão. Foram construídos um bar-choperia e um clube com ar-condicionado para os oficiais, e o comando do regimento instalou seu Centro de Operações Táticas no maior dos *bunkers* abandonados pelos franceses. Entretanto, Khe Sanh continuou sendo apenas uma preocupação mediana e particular dos *marines*. Alguns veteranos da imprensa sabiam a respeito da base e sobre o vilarejo com cerca de cem *montagnards* que ficava a uns 6 quilômetros ao sul. Foi apenas em novembro, quando o regimento tinha crescido para o *status* de completo e a seguir reforçado (6 mil *marines*, sem contar com as unidades do 9º Regimento dos *Marines*), com 600 *rangers* vietnamitas, dois destacamentos de *seabees*, um esquadrão de helicópteros, um pequeno Grupo de Forças Especiais, que os *marines* começaram a "espalhar" a extraordinária história de que a expansão da base tinha atraído números incríveis de tropas inimigas para a região.

Foi mais ou menos nessa época que exemplares da edição britânica — um livrinho vermelho de capa mole — de *A Batalha de Dienbienphu,* de Jules Roy, começaram a aparecer em todos os lugares onde a imprensa do Vietnã se reunia. Elas eram vistas no terraço do Hotel Continental, no Restaurante L'Amiral e no Aterbea, no 8º Porto Aéreo de Tan Son Nhut, no Centro de Imprensa de Danang, operado pelos *marines*, e na grande sala de *briefings* do JUSPAO, o Escritório Conjunto de Assuntos Públicos dos Estados Unidos em Saigon, onde toda tarde, às 4h45, porta-vozes realizavam um *briefing* diário da guerra que era coloquialmente chamado de "As Maluquices das Cinco da Tarde", uma versão orwelliana dos eventos do dia pelo ponto de vista da Missão. (Era bem linhadura.) Os que conseguiam achar cópias estavam lendo o livro de Bernard Fall sobre Dien Bien Phu, *O Inferno num Lugar Muito Pequeno,* que muitos consideram o melhor livro, mais forte em tática, mais direto ao assunto, sem a fofoca de alto nível que tornava o livro de Roy tão dramático. E quando os primeiros *briefings* dos *marines* sobre Khe Sanh ocorreram no quartel-general dos *marines* em Danang ou Dong Hua, o nome Dien Bien Phu se insinuou como um fantasma sem educação alardeando más notícias. Os *marines* que tinham que falar com a imprensa consideravam referências ao antigo desastre francês irritantes e até insultuosas. A maior parte não tinha interesse em responder perguntas a respeito, e o restante não estava preparado. Quanto mais irritados eles ficavam, mais a imprensa insistia no fator irritante. Por um tempo, parecia que nada que acontecesse na área durante aquelas semanas era tão emocionante e sinistro quanto a memória de Dien Bien Phu. E, verdade seja dita, os paralelos com Khe Sanh eram notáveis.

Para começar, a proporção entre atacantes e defensores era praticamente a mesma, oito a um. O terreno era assombrosamente semelhante, embora Khe Sanh fosse apenas 3 quilômetros quadrados dentro de seu perímetro, em contraste com a vastidão de Dien Bien Phu. As condições meteorológicas também eram as mesmas, com as monções favorecendo os atacantes ao manter a nível mínimo a atividade aérea americana. Agora Khe Sanh estava cercada como Dien Bien Phu tinha estado, e enquanto os primeiros ataques de março de 1964 tinham sido lançados das trincheiras Viet Minh, o NVA já havia começado a cavar uma rede de trincheiras que, muito em breve, estaria a cerca de 90 metros do arame farpado dos *marines*. Dien Bien Phu tinha sido a obra-mestra do general Van Nguyen Giap; rumores que escapavam da Inteligência americana sugeriam que Giap em pessoa estava comandando a operação de Khe Sanh de um posto em algum lugar da DMZ. Considerando que muitos oficiais dos *marines* não compreendiam, para início de conversa, o que estávamos fazendo em Khe Sanh, as repetidas evocações de Dien Bien Phu eram mesmo enervantes. Mas também, naquilo que os porta-vozes gostavam de chamar "o nosso lado da lista", havia algumas diferenças importantes.

A base de Khe Sanh era elevada, embora muito pouco, num platô que dificultaria um ataque por terra e daria aos *marines* uma suave vantagem para atirar. Os *marines* também podiam contar com uma força maciça de reação, ou pelo menos esperar que tivessem. Para fins de publicação, esta força consistia na 1ª Divisão Aérea da Cavalaria, e elementos da 101ª de Pára-quedistas, mas na realidade ela tinha um número total de quase um quarto de milhão de homens, homens em bases de apoio na DMZ, homens de planejamento em Saigon (e Washington) e, acima de tudo, pilotos e tripulações em quartéis-generais tão distantes quanto Udorn, Guam e Okinawa, homens cujas energias e atenções estavam fixadas quase que exclusivamente em missões ligadas a Khe Sanh. Apoio aéreo era tudo, a pedra de toque de todas as nossas esperanças em Khe Sanh, e sabíamos que, uma vez que as monções passassem, seria facílimo jogar dezenas de milhares de toneladas de explosivos pesados e *napalm* em volta de toda a base, abastecê-la sem esforço, dar cobertura e reforços aos *marines*.

Era um conforto, todo esse poder, precisão e influência finamente engrenada. Significava muito para milhares de *marines* em Khe Sanh, para o comando, para os correspondentes que passavam alguns dias e noites na base, para os oficiais do Pentágono. Era isso que permitia a todos nós dormir um pouco mais tranqüilamente: cabos e o general Westmoreland, eu e o presidente, os paramédicos da Marinha e os pais de todos os garotos do lado de dentro daquele arame farpado. Nós só precisávamos nos preocupar com o fato de Khe Sanh estar em enorme desvantagem em número de tropas e inteiramente cercada; isso, e saber que todas as rotas de evacuação, inclusive a vital rota 9, eram inteiramente controladas pelo NVA, e as monções ainda iam durar pelo menos mais seis semanas.

Uma piada andava circulando: "Qual a diferença entre os *marines* e os escoteiros?" "Os líderes dos escoteiros são adultos." Que curtição!, diziam os pracinhas curtindo demais, desde que não ouvissem a piada contada por pessoas de fora, por "pessoal não-essencial" como Exército e Força Aérea. Para eles, a piada só era boa se mantivesse aquele toque de mistério fraternal. E que fraternidade! Se a guerra na Zona 1 era considerada uma especialização entre os correspondentes, não era porque fosse inerentemente diferente como guerra, mas porque era travada quase que exclusivamente por *marines*, cujas idiossincrasias a maioria dos repórteres considerava intoleráveis e até criminosas. (Houve uma semana durante a guerra, uma semana, em que o Exército teve mais homens mortos em combate, proporcionalmente, do que os *marines*, e os porta-vozes do Exército mal conseguiam disfarçar seu orgulho, seu absoluto deleite.) E diante de alguma nova variação de antigos desastres dos *marines*, não importava se você conhecia dúzias de oficiais excelentes, excelentes. Alguma coisa sempre dava errado em algum lugar, de algum modo. Era sempre algo vago, inexplicável, com gosto de má sorte, e os resultados sempre eram reduzidos ao seu elemento mais básico — o *marine* morto. A crença de que um *marine* era melhor do que dez *slopes** fazia com que esquadrões de *marines* fossem jogados de encontro a conhecidos pelotões NVA, pelotões contra companhias e assim por diante, até que batalhões inteiros se viam encurralados e isolados. A crença era imortal, mas os soldados, não, e os *marines* começaram a ser chamados por muitos de o melhor instrumento já inventado para matar jovens americanos. Havia uma fartura de histórias sobre esquadrões inteiros sendo aniquilados (seus corpos mutilados enfureciam tanto os *marines* que eles lançavam "patru-

---

* Gíria pejorativa para vietnamita. (N. da T.)

lhas de vingança" que freqüentemente terminavam do mesmo modo), companhias com baixas da ordem de 75%, *marines* emboscando *marines*, artilharia e ataques aéreos sendo chamados para atacar nossas próprias posições, tudo ao longo de operações Busca-e-destruição de rotina. E você sabia que, mais ou cedo ou mais tarde, se saísse com eles o bastante, isso ia acabar acontecendo com você.

E os próprios soldados sabiam: a loucura, a amargura, o horror e a predestinação de tudo. Eles sacavam tudo isso, e mais: eles saboreavam tudo isso! Não era mais louco do que tudo o que já estava rolando, e freqüentemente tinha sua própria lógica distorcida. "Coma a maçã, fodam-se os *marines*",* eles diziam, e escreviam em seus capacetes e coletes a prova de balas para que seus oficiais vissem. (Um garoto tatuou a frase em seu ombro.) E às vezes eles olhavam para você e riam silenciosa e longamente, riam deles mesmos e de você por estar com eles quando você não tinha obrigação alguma de estar. E o que podia ser mais engraçado, de verdade, considerando tudo o que um garoto de 18 anos podia aprender em um mês patrulhando a Z?** Essa era a piada guardada na parte mais profunda do mais negro grão de medo, e você podia morrer rindo. Eles tinham até composto uma canção, uma carta para a mãe de um *marine* morto, que era mais ou menos assim: "Que bosta, que bosta, apagaram teu garoto, mas também, que merda, ele era só um pracinha..." Eles já tinham sido muito massacrados, muito desmoralizados, seu segredo os brutalizava e os entristecia e, freqüentemente, os tornava lindos. Não era preciso idade, experiência ou educação para que eles soubessem exatamente onde residia a verdadeira violência.

E eles eram matadores. Claro que eram; o que todos esperavam que eles fossem? Isso os absorvia, habitava neles, os tornava mais fortes do modo como vítimas são fortes, tornava-os repletos da dupla obsessão de Morte e Paz, fixava-se neles de modo que eles nunca, nunca mais poderiam falar levianamente sobre A Pior Coisa do Mundo. Se você apren-

---

* A expressão literal em inglês — "Eat the apple, fuck the Corps" — é um trocadilho com uma expressão comum nos Estados Unidos, "Coma a maçã, guarde o caroço"/"Eat the apple, keep the core". *Core* e *corps* soam idênticos. (N. da T.)

** Forma reduzida da sigla DMZ. (N. da T.)

desse pelo menos isto a respeito deles, nunca mais estaria contente (do jeito infeliz-alegre que se tem ao cobrir uma guerra) com outras tropas. E, naturalmente, os pobres infelizes eram famosos em todo o Vietnã. Se você passasse algum tempo com eles e depois se juntasse a uma tropa do Exército, digamos a 4ª ou a 25ª Divisão, ouviria isto:

"Onde você esteve? Você sumiu."

"Lá na Zona 1."

"Com os *marines*?"

"É o que tem lá, num é?"

"Bom, tudo o que posso dizer é Boa Sorte! *Marines*. É foda."

"Khe Sanh é a âncora ocidental de nossa defesa", o general comandante declarou.

"Quem disse isso?", retrucou um dos anjos examinadores.

"Bom... todo mundo!"

Marine algum diria isso, nem mesmo aqueles oficiais que acreditavam nisso taticamente, do mesmo modo como *marine* algum chamaria de "sítio" o que aconteceu lá por 66 dias. Estes eram conceitos do MACV, que às vezes eram adotados pela imprensa, e enfureciam os *marines*. Desde que a 26ª dos *marines* conseguisse manter um batalhão do lado de fora do arame farpado (a guarnição em Keshanville tinha batido em retirada e a cidade bombardeada até o chão, mas *marines* ainda patrulhavam além do perímetro e viviam nas colinas próximas), desde que os aviões pudessem abastecer a base, não podia ser um sítio. *Marines* podiam ser cercados, mas não sitiados. Seja qual for o nome escolhido, na altura da Ofensiva do Tet, uma semana depois do começo do bombardeio de Khe Sanh, parecia que ambos os lados tinham-se envolvido em tal escalada que a batalha era inevitável. Ninguém que eu conhecia duvidava que ia acontecer, provavelmente na forma de um ataque maciço por terra, e que quando viesse seria terrível e grande.

Taticamente, seu valor era tido como tão grande que o general Westmoreland podia anunciar que a Ofensiva do Tet era meramente a Fase 2 de uma brilhante estratégia de Giap. A Fase 1 tinha sido revelada nas escaramuças entre Loc Ninh e Dak To. A Fase 3 ("a cumeeira", como o general a chamava) seria Khe Sanh. Parece impossível que alguém, em algum momento, mesmo no caos do Tet, tenha realmente considerado algo tão monumental (e decisivo?) como aquela ofensiva um simples preâmbulo para algo tão insignificante quanto Khe Sanh, mas tudo isto está registrado.

E a essa altura Khe Sanh era famosa, um dos raros nomes de lugar no Vietnã reconhecido pelo público americano. "Khe Sanh" queria dizer "sítio", queria dizer "*marines* cercados" e "defensores heróicos". Podia ser facilmente compreendido por leitores de jornal, exalava Glória, Guerra e Mortos Honrados. Parecia fazer sentido. Era legal. Dava para imaginar a ansiedade que aquilo causava ao comandante-em-chefe. Lyndon Johnson tinha dito claramente, ele não queria "outra porcaria de Dinbinfú", e fez algo sem precedentes na história das guerras. Os chefes do Estado-maior foram chamados e obrigados a assinar uma declaração, "para a tranqüilidade do público", afirmando que Khe Sanh podia e devia ser mantida a todo custo. (Aparentemente, *Coriolano* não era uma obra obrigatória na Point.* Oficiais em serviço, até mesmo soldados sem ambições de carreira, sentiram a indignidade profissional da jogada do presidente, falavam sobre ela como algo vergonhoso.) Talvez Khe Sanh pudesse ser defendida, talvez não; o presidente agora tinha sua declaração, e ela estava claramente assinada. Se Khe Sanh resistisse, ele provavelmente estaria disponível para uma foto do sorriso de vitória. Se caísse, não seria culpa dele.

Mais que quaisquer outros americanos no Vietnã, os defensores de Khe Sanh eram reféns, quase 8 mil americanos e vietnamitas que recebiam suas ordens não do comandante do regimento no TOC, não do general Cushman em Danang nem do general Westmoreland em Saigon, mas de uma fonte que um oficial da Inteligência que conheci sempre chamava de "O Centro da Cidade". Eles eram obrigados a sentar e esperar, e *marines* em defesa são como anticristos durante as vésperas. De algum modo, cavar parecia algo delicado, lutar de dentro de um buraco era como lutar de joelhos. ("Cavar", disse o general Cushman, "não é coisa para *marines*.") A maioria das defesas contra a artilharia tinha sido inteiramente construída ou substancialmente reforçada depois que o bombardeio mais pesado já havia começado, quando a Ofensiva do Tet obrigou a um desvio das rotas aéreas e Khe Sanh ficou ainda mais isolada. Elas tinham sido feitas com restos, e de forma tão desordenada

* Referência a West Point, a mais famosa academia militar norte-americana. (N. da T.)

que as linhas de sacos de areia tinham um traçado sensual, plástico, estendendo-se para dentro da luz filtrada pela neblina e pela poeira, as formas tornando-se mais vagas na distância. Se todo arame farpado e todos os sacos de areia fossem removidos, Khe Sanh iria parecer com uma dessas favelas dos vales colombianos, onde a maldade é o fator determinante, cujo desespero é tão palpável que dias depois que se vai embora ainda se sente um tipo de vergonha emprestada pela miséria que se encontrou. Em Khe Sanh a maioria dos *bunkers* era nada mais que barracos com cobertura inadequada, e não dava para acreditar que americanos estivessem vivendo dessa forma, mesmo no meio de uma guerra. As defesas eram um escândalo, e em toda parte podia-se sentir o fedor azedo de coisa gasta e ultrapassada que seguia os *marines* por todo o Vietnã. Se eles não conseguiam ouvir seus próprios mortos de Con Thien, há meros três meses, como poderíamos esperar que ouvissem os mortos de Dien Bien Phu?

Nenhum tiro tinha caído dentro do perímetro. As encostas cobertas de floresta que subiam do vale da base ainda não haviam sido destruídas pelo fogo e cobertas por pára-quedas que pareciam mortalhas infantis. Seis tons de verde, seu filho-da-puta, me diz se isso não é uma coisa linda. Não havia montes de fardas camufladas em pedaços, ensopadas de sangue, do lado de fora da sala de triagem, e as cercas de arame não estavam carregadas de mortos a cada amanhecer. Nada disso tinha acontecido ainda quando Khe Sanh foi perdida para sempre como elemento tático. É impossível fixar o momento exato em que isso aconteceu, ou realmente saber por quê. Tudo o que é certo é que Khe Sanh havia-se tornado a paixão, o falso objeto de amor no coração do comando. Não se pode nem mesmo dizer em que direção viajou a paixão. Teria ela seguido da mais imunda trincheira no ponto 0 e seguido para fora, através da Zona 1 até Saigon e adiante (levando consigo o verdadeiro perímetro) até as esferas mais abstratas do Pentágono? Ou nasceu nessas mesmas salas do Pentágono onde seis anos de fracassos tinham tornado o ar irrespirável, onde o otimismo não surgia de coisa alguma que fosse viável, apenas surgia e surgia, e foi a vida toda até Saigon, onde foi empacotada e despachada para o norte para dar aos soldados algum tipo de motivo para o que estava prestes a acontecer com eles? Em linhas gerais, a promessa era deliciosa: Vitória! A visão de quase 40 mil deles lá em campo aberto, lutando segundo nossos termos, lutando enfim como homens, lutando para nada. Haveria uma batalha, uma batalha muito bem organizada onde ele seria morto em grandes números, morto por atacado, e se matássemos bastante dele, talvez ele fosse embora. Diante de tal promessa, a questão da derrota não poderia sequer ser considerada, não mais que a questão de se, depois do Tet, Khe Sanh não tinha se tornado militarmente pouco aconselhável ou até mesmo absurda. Uma vez que tudo se encaixou, Khe Sanh se tornou como o jarro plantado do poema de Wallace Stevens.* Dominou tudo.

4

Quando penso sobre ela rapidamente, ao ver o nome em algum lugar ou quando alguém me pergunta como era, vejo um pedaço de terra plano, acinzentado, estendendo-se numa planície uniforme até que a borda, a média distância, assume as formas e cores de colinas cobertas de florestas. Eu tinha a mais estranha, mais sensacional ilusão lá, olhando para aquelas colinas e pensando sobre a morte e o mistério que estavam nelas. Eu via o que realmente via: a base no chão onde eu estava, figuras se movendo através dele, helicópteros se erguendo do campo perto da pista, e as colinas em volta. Mas, ao mesmo tempo, via outra coisa: o chão, as tropas e eu mesmo, tudo do ponto de vista das colinas. Era uma visão dupla que aconteceu comigo mais de uma vez lá. E na minha cabeça, tocando uma vez atrás da outra, a letra incrivelmente sinistra da canção que todos nós tínhamos ouvido pela primeira vez apenas alguns dias antes. "A Viagem Mágica e Misteriosa está esperando para te levar", prometia ela, "Está vindo para te levar, está morrendo de vontade de te levar..." Aquela era uma canção sobre Khe Sanh; nós sabíamos disso na época, e ainda me parece que é. Dentro do abrigo um dos praças dizia coisas terríveis durante o sono, rindo um riso ruim e depois ficando mais silencioso do que é possível mesmo num sono profundo antes de começar tudo de novo, e era mais horrível lá do que em qualquer outro lugar. Eu me levantei e fui para fora, e fiquei parado fumando um cigarro, vigian-

* Menção ao poema *Anedocte of the Jar*, de Wallace Stevens. (N. da T.)

do as colinas, procurando um sinal e esperando que nenhum viesse porque, puta merda, o que poderia ser revelado além de medo? Três da manhã e meu sangue está íntimo com o frio, anfitrião dele, e em plena consciência, aliás. Do centro da Terra vem um tremor que sacode tudo, percorrendo minhas pernas e meu corpo, fazendo minha cabeça tremer, mas ninguém acorda no *bunker*. Nós os chamamos de "Arco de Luz", ele os chama de "Trovão Viajante", e era incessante durante a noite. As bombas eram largadas a 5 mil metros de altitude e os aviões davam meia-volta e retornavam a Udorn ou Guam. O amanhecer parece que dura até o final da manhã, o sol se põe às quatro horas. Tudo o que vejo é através de fumaça, tudo está em chamas. Não importa que a memória distorça; cada imagem, cada som vem de dentro da fumaça e do cheiro de coisas sendo queimadas.

Alguns deles, como a fumaça de uma explosão no ar, vem limpo e a uma distância confortável. Outros transbordam de grandes latas de merda sendo queimada com diesel, e fica, fica, tomando conta da garganta até que você se acostuma. Lá na pista um avião de combustível foi abatido, e ninguém que tenha ouvido isso pode parar de tremer durante uma hora. (O que é que te acordou?... O que é que te acordou?) Uma imagem aparece, absolutamente imóvel por um momento, e depois retoma o movimento que tinha: um tablete de combustão queimando em alta intensidade, coberto por um fogareirinho enegrecido que um *marine* tinha feito para mim usando uma pequena lata de sobremesa da caixa de rações. Nessa estreita faixa de luz eu posso ver os contornos de alguns *marines*, todos nós num *bunker* que rapidamente se enche com o cheiro acre do tablete, contentes porque as rações serão quentes esta noite, contentes porque sabemos como este *bunker* é seguro e porque temos ao mesmo tempo privacidade e comunhão, e achamos uma porção de coisas para nos fazer rir. Eu trouxe os tabletes comigo, roubados de um ajudante-de-ordens de um coronel em Dong Ha, um babaca metido, e esses caras estão sem eles há dias, semanas. Eu também tenho uma garrafa. ("Cara, você é bem-vindo aqui. Você é *muito* bem-vindo aqui. Vamos esperar pelo Gunny.") O bife com batatas, as almôndegas e feijões, o presunto com ervilhas, todas essas delícias serão quentes hoje à noite e de todo modo quem dá alguma importância à porra do dia de amanhã? Agora, em algum lugar acima do chão, em plena luz da tarde, há caixa de embalagens de rações C de um metro e meio de altura, o papelão queimado em volta dos arames que a mantinham fechada, as latas e pacotes jogados pelo chão em toda volta, e em cima dela há o corpo de um jovem *ranger* do Exército vietnamita que tinha acabado de vir para a Bravo Recon* para tentar conseguir algumas latas de comida americana. Se ele tivesse conseguido, voltaria para a companhia como celebridade, mas não foi o que aconteceu. Três tiros tinham sido disparados muito rapidamente, e não tinham morto ou ferido *marine* algum, e agora dois cabos estavam discutindo. Um quer pôr o corpo do *ranger* morto num saco verde próprio para isso, e o outro só quer cobrir o corpo de algum jeito, de qualquer jeito e jogá-lo de volta no acampamento dos *dinks*. Ele está emputecido. "A gente vive dizendo pra esses merdas ficarem com as porras das tropas deles", ele repete sem parar. Incêndios devoram tudo. Há incêndios à noite, as árvores nas encostas das colinas a quilômetros de distância explodindo em fumaça, queimando. No final da manhã o sol queima o restante do frio e a neblina da madrugada, tornando a base visível do alto até o final da tarde, quando o frio e a neblina retornam. Então é noite novamente, e o céu além do perímetro ocidental está queimando com bombas de magnésio sendo jogadas lentamente. Pilhas de equipamentos estão pegando fogo, apavorantes em sua massa gigantesca, pontiaguda e negra, formas pré-históricas em chamas como a cauda de um C-130 espetado no ar, metal morto entrevisto através da fumaça cinza-azulado. Meu Deus, se é isso que acontece com metal, o que acontecerá comigo? E então alguma coisa bem perto de mim está queimando, bem acima da minha cabeça, a capa de lona molhada dos sacos de areia no topo da trincheira. É uma trincheira pequena, e muitos de nós entraram nela às pressas. No lado mais distante de mim há um garoto bem moço que foi atingido na garganta, e ele está fazendo ruídos como um bebê quando está tentando tomar fôlego para um bom grito. Estávamos no chão quando as rajadas chegaram, e um *marine* perto da trincheira tinha sido atingido em cheio nas pernas e pélvis. Eu meio que o carreguei para a trincheira comigo. A trincheira estava tão lotada que eu não pude evitar de me encostar um pouco nele, e ele ficava dizendo "Seu filho-da-puta, seu veado", até que alguém disse a ele que eu não era um

* Companhia de reconhecimento. (N. da T.)

soldado, mas um repórter. Então ele começou a dizer, baixinho: "Cuidado, moço. Por favor, cuidado." Ele tinha sido ferido antes e sabia o quanto ia começar a doer em alguns minutos. As pessoas eram estraçalhadas das maneiras mais horríveis lá, e as coisas estavam sempre em chamas. Lá em cima na estrada que contornava o TOC havia uma lixeira onde eles queimavam os equipamentos e uniformes que ninguém mais queria. No topo da pilha eu vi uma jaqueta à prova de bala tão esfarrapada que ninguém jamais ia querê-la de novo. Nas costas, seu dono havia listado seus meses de serviço no Vietnã. *Março, Abril, Maio* (cada mês escrito numa letra trêmula, hesitante), *Junho, Julho, Agosto, Setembro, Otublo, Novemblo, Dezemblo, Janiero, Feivereiro,* a lista terminava ali como um relógio atingido por uma bala. Um jipe chegou à lixeira e um *marine* saltou carregando bem longe de si uma jaqueta de farda toda embrulhada. Ele tinha um ar muito sério e assustado. Um cara da sua companhia, um cara que ele não conhecia, havia sido feito em pedaços por uma explosão bem ao lado dele, por cima dele todo. Ele me mostrou a farda e eu acreditei nele: "Não dá pra lavar, não é?", eu disse. Ele parecia que ia chorar quando jogou a farda na lixeira. "Cara", ele disse, "você podia pegar e esfregar esta farda por um milhão de anos *e nada ia acontecer.*"

Vejo uma estrada. Está cheia de marcas deixadas pelos pneus de caminhões e jipes, mas com as chuvas elas nunca secam e na beira da estrada está uma peça de uniforme que deve valer uns 2 dólares, um poncho que tinha sido usado para cobrir um *marine* morto, um poncho encharcado de sangue, duro de lama, secando ao vento. Ele foi parar todo amassado na margem da estrada como uma horrível bola listrada. O vento não o move, apenas faz tremular as poças de água e sangue. Estou andando pela estrada com dois pracinhas negros, e um deles dá um chute forte e fútil no poncho. "Calma aí, cara", o outro diz, sem que nada se altere em seu rosto, sem nem mesmo olhar para trás. "Tu tá enfiando o pé na bandeira americana."

Na madrugada no dia 7 de fevereiro aconteceu uma coisa tão horrível no setor de Khe Sanh que até aqueles de nós que estavam em Hué quando ouvimos as notícias tivemos que, por um momento, abrir mão do nosso próprio medo e desespero para reconhecer o horror e a ele pagar algum tributo. Era como se o pior pesadelo que qualquer um de nós jamais tivera sobre a guerra tivesse se tornado realidade; ele antecipava pesadelos tão vis que poderiam arrancar você tremendo do seu sono. Ninguém que ouvia as notícias era capaz de dar aquele sorriso amargo e secreto dos sobreviventes que era uma espécie de reflexo condicionado a qualquer desastre. Era horrendo demais até mesmo para isso.

Cinco quilômetros a sudoeste da Base de Combate de Khe Sanh, acima do rio que forma a fronteira com o Laos, havia um Campo A das Forças Especiais. Era chamado Langvei, um nome emprestado ao vilarejo *montagnard* das proximidades que, um ano atrás, tinha sido bombardeado por engano pela Força Aérea. O campo era maior e mais bem construído que a maioria dos campos das Forças Especiais. Estava instalado em duas colinas gêmeas a 700 metros de distância uma da outra, e os *bunkers* vitais que abrigavam a maior parte das tropas ficavam na colina mais perto do rio. Era operado por 24 americanos e mais de quatrocentos soldados vietnamitas. Seus *bunkers* eram espessos, sólidos, com 1 metro de concreto reforçado no teto, aparentemente impenetráveis. E em algum momento depois da meia-noite os norte-vietamitas vieram e o tomaram. Eles o tomaram com um estilo que havia sido visto apenas uma única vez antes, em Ia Drang, atacando com armas e táticas que ninguém imaginava que eles tivessem. Nove tanques leves, os T-34s e T-76s soviéticos, vieram do leste e do oeste, cercando o campo tão rapidamente que o primeiro ruído foi tido pelos americanos com um defeito no gerador. *Satchel charges,** torpedos *bangalore,*** gás lacrimogêneo e — horror inefável — *napalm* foram jogados pelas aberturas de metralhadora e janelas de ventilação dos *bunkers*. Foi preciso muito pouco tempo. Um coronel americano que tinha vindo numa visita de inspeção a Langvei foi visto atacando os tanques apenas com granadas de mão até ser derrubado. (Ele sobreviveu. A palavra "milagre" não chega nem perto.) Entre dez e 15 americanos e cerca de trezentos locais foram mortos. Os sobreviventes viajaram a noite toda, a maioria deles a pé através de posições do NVA (alguns foram resgatados por helicópteros mais tarde),

---

* Tipo de explosivo portátil obtido ao encher uma bolsa (*satchel*) com TNT ou C4, um detonador, e um pavio. (N. da T.)

** Tipo de arma explosiva criada durante a Primeira Grande Guerra e que é feita enchendo-se um longo tubo ou cano com cargas explosivas. (N. da T.)

chegando a Khe Sanh depois do amanhecer, e disseram que alguns deles tinham enlouquecido. Ao mesmo tempo em que Langvei estava sendo tomado, Khe Sanh estava recebendo a barragem de artilharia mais pesada da guerra; 1.500 salvas naquela noite, seis salvas a cada minuto por mais minutos que qualquer pessoa é capaz de conseguir contar.

Os *marines* de Khe Sanh viram a chegada dos sobreviventes de Langvei. Eles viram os sobreviventes e ouviram, mantendo os visitantes a distância a força de rifles, o relato deles de como tinha sido lá em cima no campo, viram seus rostos e seus olhares vagos, e falaram baixinho entre si sobre tudo aquilo. Meu Deus, eles tinham tanques. Tanques!... Depois de Langvei, como era possível olhar para a cerca de arame à noite sem ouvir o ruído das lagartas chegando? Como era possível patrulhar na escuridão sem lembrar cada história ouvida sobre os fantasmagóricos helicópteros inimigos voando sobre os limites da Z? Sobre as trilhas abertas no fundo do vale de A Shau, largas o bastante para deixar passar caminhões? Sobre o fanatismo completo dos atacantes, inteiramente dopados (com certeza eles fumam algum bagulho que os deixa doidos), que corriam empurrando civis à sua frente como escudos vivos, que se acorrentavam a suas metralhadoras e morriam ali mesmo, recusando-se a falhar, que Não Tinham Respeito Pela Vida Humana?

Oficialmente, os *marines* admitiram nenhuma conexão entre o ataque a Langvei e Khe Sanh. Confidencialmente, disseram uma coisa horrível sobre Langvei ter sido uma isca — uma isca que os pobres infelizes, desesperados, engoliram, exatamente como esperávamos que fizessem. Mas todo mundo sabia mais que isso, muito mais, e os majores e coronéis que tinham que falar a respeito com os repórteres obtinham apenas um silêncio constrangedor como reação. Ninguém queria tocar no assunto, ninguém tocava no assunto, mas havia uma pergunta que tinha tudo no mundo a ver com Khe Sanh depois da queda de Langvei. Eu queria tanto fazê-la que minha hesitação me deixou doido por vários meses. Coronel (eu queria perguntar), isto é puramente hipotético, espero que o senhor compreenda. Mas e se todos esses *gooks* que o senhor acha que estão lá fora *realmente* estiverem lá fora? E se eles atacaram antes que monções sejam sopradas para o sul, em alguma noite cheia de neblina quando nossos aviões simplesmente não conseguiram chegar lá em cima? E se eles realmente quiserem Khe Sanh, quiserem Khe Sanh tanto que estão dispostos a manobrar através de cercas triplas de arame farpado, e arame-navalha alemão também; sobre barricadas formadas por seus próprios mortos (uma tática, coronel, usada pelo seu *gook* da Coréia), vindo em ondas, ondas *humanas*, em tal quantidade que os canos dos nossos calibre 50 vão derreter de tanto calor e todos os M-16 vão engasgar, até que toda a morte em todas as minas Claymore das nossas defesas tenha sido gasta e absorvida? E se eles continuarem vindo, movendo-se na direção do centro da base que já estava tão arrasada pela artilharia deles que aquelas trincheirinhas de merda e aqueles *bunkers* que os *seus marines*, meio que construíram são inúteis, vindo enquanto os primeiros MIGs e IL-28s que já vimos nesta guerra bombardeiam o TOC e a pista de aterrissagem, a tenda médica e a torre de controle (Exército do Povo porra nenhuma, não é, coronel?), vindo para cima de vocês em grupos de 20 mil, 40 mil? E se eles passarem por cima de cada barricada que pusemos no caminho deles... matando qualquer coisa viva que esteja defendendo ou em retirada... e tomarem Khe Sanh?

Aconteciam umas coisas estranhas. Certa manhã, no auge das monções, o sol nasceu brilhante e ficou assim o dia todo. Os céus do começo da manhã estavam um azul limpo, brilhante, a única vez antes de abril que alguém tinha visto uma coisa dessas em Khe Sanh, e em vez de sair tiritando de seus *bunkers*, os pracinhas tiraram a roupa até ficarem apenas de botas, calças e coletes à prova de bala; bíceps, tríceps e tatuagens estavam por todo lado no café-da-manhã. Provavelmente porque o NVA sabia que a vigilância e os bombardeiros americanos estariam em estado de alerta total numa manhã como essa, quase não houve artilharia, e todos nós sabíamos que isso era uma certeza. Por algumas poucas horas houve um clima de trégua em Khe Sanh. Eu me lembro de cruzar na estrada com um capelão chamado Stubbe e ver o incrível prazer dele com o milagre daquela manhã. As colinas não pareciam as mesmas colinas que tinham inspirado tanto medo na noite anterior e em todos os dias e noites antes disso. Na luz da manhãzinha elas pareciam nítidas e serenas, como se você pudesse pegar umas maçãs e um livro e ir lá passear numa tarde qualquer.

Eu estava andando sozinho pela área do 1º Batalhão. Era um pouco antes de oito da manhã, e enquanto eu caminhava podia ouvir alguém andando atrás de mim, cantando. No início eu não conseguia ouvir o que era, apenas que era uma única frase curta sendo cantada repetidas vezes a intervalos curtos, e que toda vez uma outra pessoa ria e dizia ao cantor para calar a boca. Eu diminuí o passo e deixei que eles me alcançassem.

"'Eu preferia ser uma salsicha Oscar Mayer'",* a voz estava cantando. Soava muito triste e solitária.

É claro que eu me virei. Eram dois deles, um grande negro com um bigode espesso que se curvava sobre os cantos da boca, um bigode malvado e significativo que teria funcionado se houvesse algum sinal, ainda que minúsculo, de maldade naquele rosto. Ele devia ter mais de 2 metros de altura e era maciço como um *quarterback*.** Ele carregava uma AK-47. O outro *marine* era branco, e se eu o tivesse visto primeiro pelas costas, diria que ele tinha uns 11 anos de idade. Os *marines* devem ter um mínimo de estatura mandatória; seja qual for, não entendo como ele conseguiu. Idade é uma coisa, mas como mentir a respeito da altura? Era ele quem estava cantando, e agora ele ria porque tinha me feito virar. Seu nome era Mayhew, estava escrito em enormes letras vermelhas na frente do seu capacete: MAYHEW — *Pode crer!* Eu estava andando com minha jaqueta à prova de bala aberta, uma coisa idiota de se fazer até numa manhã como esta, e eles podiam ver a credencial costurada acima do bolso esquerdo no meu peito, com o nome da minha revista escrito.

"Correspondente?", disse o negro.

Mayhew só riu. "'Eu preferia seeeer... Uma saaalsiiichaaa... Oscar Mayer...'", ele cantou. "Pode escrever isso aí, cara, diz pra eles que fui eu quem disse."

"Não liga pra ele", o negro disse. "Esse é o Mayhew. É um puta de um maluco, né, Mayhew?"

"Tomara que sim", disse Mayhew. "'Eu preferia ser uma salsicha Oscar Mayer.'"

Ele era jovem, 19 anos, ele me diria depois, e estava tentando deixar o bigode crescer. Tudo o que ele havia conseguido até então eram alguns

---

* Citação de um *jingle* muito popular para a marca de salsicha mais consumida nos Estados Unidos. (N. da T.)

** Posição-chave no futebol americano. (N. da T.)

raros fiapos louros transparentes espalhados em intervalos irregulares sobre seu lábio superior, e você só conseguia vê-los se a luz fosse boa. O negro era Day Tripper. Estava no capacete dele ao lado de DETROIT CITY. E na parte de trás, onde a maioria dos caras apenas lista os meses do seu serviço militar, ele tinha desenhado um calendário completo no qual cada dia servido estava marcado com um X. Ambos eram da Companhia Hotel do 2º Batalhão, enfiada nas trincheiras do perímetro norte, mas eles estavam aproveitando o dia para visitar um amigo, um artilheiro de canhões da 1/26.

"Se o tenente souber disso, ele num vai gostar", disse Day Tripper.

"O tenente que se foda", Mayhew disse. "Você se lembra da outra vez, ele não é muito nervoso não."

"Tá bom, ele é nervoso o bastante pra *te* meter no rabo."

"Tá legal, que é que ele vai fazer comigo? Me mandar pro Vietnã?"

Passamos pelo posto de comando do batalhão, com quase 2 metros de sacos de areia em frente, alcançamos um grande círculo de sacos de areia, o poço de canhões, e descemos nele. No centro havia um grande canhão 402, e a parte de dentro do poço estava completamente abarrotada de munição, empilhada do chão até um pouco abaixo dos sacos de areia. Um *marine* estava espichado na poeira com um gibi de guerra jogado na cara.

"Ei, cadê o Evans?", Mayhew disse. "Você conhece um cara chamado Evans?"

O *marine* tirou o gibi do rosto e olhou para cima. Ele estava dormindo.

"Merda", ele disse. "Por um segundo eu pensei que fosse o Velho. Desculpe."

"Tamos procurando um cara chamado Evans", Mayhew disse. "Você conhece?"

"Hum... não... Acho que não. Sou bem novo aqui."

Ele parecia novo mesmo. Era o tipo do garoto que ia para o ginásio da escola fazer umas cestas durante meia hora antes que o time de basquete chegasse para treinar, ainda não era bom o bastante para entrar para o time mas tinha determinação.

"O resto do pessoal vai estar aqui embaixo daqui a pouquinho. Vocês podem esperar se quiserem." Ele olhou para toda aquela munição. "Talvez não seja muito legal", ele disse, sorrindo. "Mas vocês podem, se quiserem."

Mayhew desabotoou um dos bolsos da perna da calça de sua farda e tirou uma lata de bolachas e pasta de queijo *cheddar*. Ele tirou um abridor de lata P-38 que estava preso numa tira em volta de seu capacete e se sentou.

"Já que a gente vai esperar, é melhor comer alguma merda. Se a gente tá com fome não é tão ruim assim. Eu daria meu colhão esquerdo por uma lata de fruta agora."

Eu sempre pilhava umas frutas das retaguardas para levar comigo, e tinha algumas na minha mochila. "Que tipo você quer?", eu perguntei.

"Qualquer tipo é bom", ele disse. "Salada de frutas é muito bom."

"Não, cara", disse Day Tripper. "Pêssego, *baby*, pêssego. Toda aquela calda, cara. Aquilo é que é merda legal."

"Então pega aí, Mayhew", eu disse, jogando uma lata de salada de frutas para ele. Dei uma lata de pêssegos para Day Tripper e guardei uma lata para mim.

Conversamos enquanto comíamos. Mayhew me contou sobre o pai dele, que "foi apagado" na Coréia, e sobre a mãe, que trabalhava numa loja de departamentos em Kansas City. Depois ele começou a falar sobre Day Tripper, que ganhou o apelido porque tinha medo da noite — não da escuridão, mas da noite — e não ligava que as pessoas soubessem disso. Ele era capaz de fazer qualquer coisa à luz do dia, mas se houvesse algum jeito que ele pudesse arranjar, gostava de estar bem fundo no seu *bunker* ao anoitecer. Ele estava sempre se oferecendo como voluntário para as mais perigosas patrulhas diurnas, só para garantir estar de volta ao pôr-do-sol. (Isso foi antes que as patrulhas diurnas, aliás, todas as patrulhas de Khe Sanh, fossem desativadas.) Muitos caras brancos, especialmente os oficiais júnior que queriam ser *cool*, viviam se chegando em Day Tripper, falando de sua cidade natal, que eles chamavam de Dodge City ou Motown, e rindo. ("Por que eles acham que tem alguma coisa especial sobre Detroit?", ele disse. "Num tem nada de especial, nem nada de engraçado também.") Ele era um negão cruel que, de alguma forma, não tinha dado muito certo, porque não importava o quanto ele fazia cara de mau, sempre algo gentil aparecia no seu rosto. Ele me contou que conhecia caras de Detroit que estavam levando canhões de volta para casa, dividindo-os em pedaços, de forma que cada um ficasse com uma parte em sua sacola de viagem e montando tudo de novo quando estavam de volta na área. "Você está vendo aquele 402 ali?", ele disse. "Olha, aquilo ali pode destruir uma delegacia de polícia pra você. Não preciso desse tipo de agito. Mas talvez ano que vem eu vá precisar."

Como todo americano no Vietnã, ele tinha uma obsessão com o Tempo. (Ninguém falava em quando-essa-droga-de-guerra-acabar. Só "Quanto tempo mais você ainda tem?") A obsessão de Day Tripper, comparada com a maioria dos outros, podia ser vista no calendário do seu capacete. Nenhum metafísico jamais estudou o Tempo como ele fazia, todos os seus componentes e implicações, segundo por segundo, suas gradações e movimentos. O fluxo contínuo do Tempo-espaço, Tempo-como-matéria, o Tempo agostiniano: tudo isso teria sido moleza para Day Tripper, cujas células cerebrais eram organizadas como jóias no mais preciso dos cronômetros. Ele tinha presumido que os correspondentes estavam no Vietnã porque *tinham* que estar lá. Quando ele descobriu que eu tinha pedido para vir, quase deixou os pêssegos caírem no chão.

"Peeeeeeera aí... Peeeeeera aí só um pouquinho", ele disse. "Quer dizer que tu não *tem* que estar aqui? E tu tá *aqui*?"

Eu fiz que sim com a cabeça.

"Bom, eles têm que tá te pagando uma grana boa."

"Você ia ficar deprimido se eu contasse."

Ele abanou a cabeça.

"Olha, cara, ninguém *tem* a grana que seria preciso pra eu vir pra cá se eu não tivesse que vir pra cá."

"Cascata", Mayhew disse. "Day Tripper adora isto aqui. Ele tá com pouco tempo agora, mas vai voltar, não vai, Day Tripper?"

"Merda, era mais fácil minha mamãe vir pra cá fazer serviço militar do que eu voltar pra esta porra."

Mais quatro *marines* entraram no poço.

"Cadê o Evans?", Mayhew perguntou. "Algum de vocês conhece o Evans?"

Um dos artilheiros se aproximou.

"Evans tá lá em Danang", ele disse. "Ele se fodeu um pouquinho na outra noite."

"É mesmo?", Mayhew disse. "Evans tá ferido?"

"Tá muito ferido?", Day Tripper perguntou.

"Não o bastante", um dos artilheiros disse rindo. "Ele vai voltar em dez dias. Foi só um lance nas pernas."

"Ele é sortudo mesmo", outro homem disse. "Essa mesma salva matou um outro cara."

"É", alguém disse. "O Greene foi morto." Ele não estava falando conosco, mas com a equipe, que já o conhecia. "Cês se lembram do Greene?" Todos fizeram que "sim" com a cabeça.

"Uau, Greene", ele disse. "Greene já tava transado pra ir embora. Ele tava batendo punheta trinta vezes por dia, aquele puto, e eles já tinham arrumado um lance médico pra ele sair. Sartar."

"Puta que pariu", o outro disse. "Trinta vezes por dia. Que *nojo*, cara. Aquele puto tinha as calças todas meladas de porra, aquele merda do Greene. Ele tava sentado ali do lado de fora da porta do major esperando pra falar sobre esse lance de ir pra casa, e quando o major saiu pra falar com ele, ele já tava batendo punheta. E aí ele se explode todo na noite antes de ir embora."

"Viu?", Day Tripper disse em voz baixa para Mayhew. "Viu o que acontece quando se bate punheta?"

Um Chinook com 13 metros de comprimento e rotores na frente e atrás estava pousado na pista perto de Charlie Med, parecendo uma enorme besta nojenta rolando na lama, soprando rajadas amargas de poeira, pedregulhos e entulho ao redor até 100 metros de distância. Em toda parte dentro desse círculo de vento os homens se contorciam e se agachavam, protegendo os pescoços contra a violência do vendaval. O vento dessas hélices podia ter força suficiente para jogar você no chão, arrancar papéis de suas mãos, levantar no ar pedaços de asfalto pesando quase 50 quilos. Mas na maior parte do tempo eram os fragmentos pontiagudos, a poeira áspera, a água lamacenta e mijada, e você adquiria um sexto sentido em saber quando aquilo ia chegar até você, aprendia a voltar apenas as costas ou o capacete na direção do vento. O Chinook tinha voado com a escotilha traseira aberta e um atirador com uma metralhadora calibre 50 deitado de bruços de tocaia na beira da escotilha. Nem ele nem os artilheiros nas portas descansavam até que o helicóptero tocasse a pista. Então eles relaxavam, os canos das grandes armas caindo como pesos mortos em seus suportes. Um bando de *marines* apareceu na beira da pista e correu para o helicóptero, através do anel de vento áspero e imundo, na direção da calma do centro. Três salvas de morteiro vieram a intervalos de três segundos, todas atingindo uma mesma área de 200 metros na pista. Ninguém parou em volta do helicóptero. O barulho do Chinook abafava o ruído dos tiros, mas podíamos ver as bolas de fumaça branca voando da pista e os homens ainda estavam correndo na direção do helicóptero. Quatro macas cheias foram carregadas às pressas da traseira do Chinook até a tenda médica. Alguns feridos que podiam caminhar saíram e foram para a tenda. Alguns andavam lentamente, sem ajuda, outros se moviam hesitantemente, um era apoiado por dois *marines*. As macas foram esvaziadas, mandadas de volta e carregadas com quatro figuras cobertas por ponchos que foram colocadas no chão perto dos sacos de areia diante da tenda. Então o Chinook empinou subitamente, tombou horrivelmente para baixo, recobrou o vôo e rumou para noroeste, na direção das colinas.

"São da um-nove", Mayhew disse. "Aposto o que quiser."

Quatro quilômetros a noroeste de Khe Sanh estava a Colina 861, o posto avançado mais atingido depois de Langvei, e parecia lógico que o 1º Batalhão do 9º Regimento dos *Marines* tivesse sido escolhido para defendê-la. Alguns acreditavam que se tivessem colocado apenas tropas da 1/9 nela, a 861 jamais teria sido atingida. De todas as tropas sem sorte do Vietnã, esta era considerada a mais marcada, marcada desde seus dias de Busca-e-destruição anteriores a Khe Sanh, conhecida por uma trajetória de emboscada e confusão e por um índice de baixas que era o mais alto de qualquer tropa em toda a guerra. Esse é o tipo de reputação que mais profundamente cria raízes entre os homens da própria tropa, e quando se estava com eles dava para perceber um sentimento de terror que vinha de algo mais terrível que uma falta coletiva de sorte. Todas as probabilidades pareciam de alguma forma ter sido reduzidas drasticamente, e as estimativas de sobrevivência individual revisadas horrivelmente para baixo. Uma tarde com a 1/9 era o bastante para dar um nó nos nervos por dias, porque bastava alguns minutos lá em cima com eles para ver o pior: os tropeços, os movimentos mais simples do caminhar subitamente contorcidos por espamos, bocas secas e ásperas como areia segundos depois de beberem, os sorrisos vagos de quem havia desistido de absolutamente tudo. A Colina 861 era o lar do olhar perdido a mil quilômetros de distância, e eu rezava feito um louco para que um helicóptero viesse me pegar para voar por cima de uma troca de tiros ou aterrissar comigo no meio de uma barragem de canhões no campo de Khe Sanh — tanto faz! Qualquer coisa era melhor que aquilo.

Uma noite, pouco depois do ataque a Langvei, um pelotão inteiro da 1/9 caiu numa emboscada durante uma patrulha e foi dizimado por completo. A Colina 861 tinha sido atacada repetidamente, certa vez por três dias durante uma incursão no perímetro que se tornou um sítio que *era mesmo* um sítio. Por motivos que ninguém sabe ao certo, os helicópteros dos *marines* se recusavam a voar em missão para lá, e a 1/9 se viu sem apoio, reabastecimento e evacuação médica. Era muito ruim, e eles tinham que passar por isso de qualquer jeito, sozinhos. (As histórias desse tempo se tornaram parte das piores lendas dos *marines*; a história de um *marine* dando um tiro de misericórdia num companheiro ferido porque era impossível ter cuidados médicos, ou a história do que fizeram com um prisioneiro do NVA que eles levaram para longe da cerca de arame — histórias assim. Algumas delas podem até ser verdadeiras.) A velha hostilidade entre o praça de Infantaria e o *marine* do Ar tornou-se real na 861: quando o pior já tinha passado e o primeiro Ch-34 finalmente apareceu em cima da colina, o artilheiro da porta foi atingido por fogo inimigo vindo do solo e caiu do helicóptero. Foi uma queda de mais de 60 metros, e alguns *marines* no chão aplaudiram quando ele caiu.

Mayhew, Day Tripper e eu estávamos andando perto da tenda de triagem de Charlie Med. Apesar de todos os estilhaços que já tinham caído dentro daquela tenda, não haviam descoberto um modo de protegê-la. A pilha de sacos de areia do lado de fora tinha pouco mais de metro e meio de altura, e a parte de cima ficava completamente exposta. Por isso os praças temiam até mesmo a menos grave das feridas sérias o bastante para mandá-los De Volta para Casa. Alguém saiu da tenda e tirou fotografias dos quatro *marines* mortos. O vento do Chinook tinha arrancado os ponchos de dois deles, e um não tinha mais rosto algum. Um capelão católico chegou de bicicleta e entrou na tenda. Um *marine* saiu e ficou de pé perto da entrada algum tempo, com um cigarro apagado pendurado na boca. Ele não tinha colete à prova de bala nem capacete. Deixou o cigarro cair da boca, andou alguns passos até os sacos de areia e sentou-se com as pernas dobradas e a cabeça entre os joelhos. Ele jogou um braço mole por sobre a cabeça e começou a afagar a nuca, balançando a cabeça de um lado para o outro, como se estivesse sentindo uma dor profundíssima. Ele não estava ferido.

Estávamos ali porque eu tinha que passar por aquele caminho para ir ao meu *bunker*, onde precisava pegar algumas coisas para levar para a Companhia Hotel à noite. Day Tripper não estava gostando do caminho. Ele olhou para os corpos e para mim. Era aquele olhar que dizia: "Viu? Viu o que isso faz?" Eu já tinha visto esse olhar tantas vezes nos últimos meses que já devia saber fazê-lo também, e nenhum de nós dois disse coisa alguma. Era como se ele estivesse caminhando sozinho agora, e ele ia cantando numa voz estranha e quieta. "'Quando você for a São Francisco'", ele cantava. "'Use flores nos cabelos.'"*

Passamos pela torre de controle, aquele alvo que já vinha com sua própria mira, tão proeminente e vulnerável que ir lá em cima era pior do que ter que correr na frente de uma metralhadora disparando. Duas delas já tinham sido atingidas, e os sacos de areia empilhados dos lados não pareciam fazer diferença alguma. Andamos pelos prédios imundos da administração e pelos *bunkers*, um grupo de "capas duras" com tetos de metal amassados, o TOC, as latrinas do comando e o *bunker* do correio. Havia também o bar-choperia, agora sem teto, e o clube dos oficiais, em ruínas e abandonado. O *bunker* dos *seabees* era um pouco mais adiante na estrada.

Esse não era como os outros abrigos. Era o lugar mais profundo, mais seguro, mais limpo de Khe Sanh, com 2 metros de madeira, metal e sacos de areia por cima, e fartamente iluminado por dentro. Os praças chamavam o lugar de Alamo Hilton e achavam que era coisa de veado, mas quase todos os correspondentes que vinham a Khe Sanh tentavam conseguir uma cama nele. Uma garrafa de uísque ou uma caixa de cerveja era o suficiente para conseguir algumas noites, e uma vez que você se tornava amigo da casa, presentes assim eram apenas lembranças, e profundamente apreciadas. Os *marines* tinham organizado um "centro" de imprensa muito, muito perto da pista de aterrissagem, e era tão perigoso

* Citação da canção *San Francisco,* de John Phillips, cantada por Scott McKenzie, um dos grandes sucessos da época e hino do movimento *hippie.* (N. da T.)

que muitos repórteres achavam que fazia parte de uma conspiração para matar pelo menos alguns de nós. O "centro" não passava de um buraco estreito, infestado de ratos, com uma cobertura fragílima, e um dia, quando estava vazio, um disparo de uma 152 acabou com um pedaço dele.

Fui ao *bunker* dos *seabees*, peguei uma garrafa de Scotch e uma jaqueta camuflada e disse a um dos *seabees* que podia dar minha cama para quem precisasse dela naquela noite.

"Você não está brabo conosco, né?", ele disse.

"Não, não é nada disso. Vejo vocês amanhã."

"*Okei*", ele disse quando eu saía. "Se você acredita nisso."

Quando nós três estávamos caminhando para as posições da 2/26, duas baterias de artilharia dos *marines* começaram a disparar 105s e 155s do outro lado da base. Toda vez que uma salva era disparada, eu dava um pequeno pulo, e Mayhew ria.

"Esses tiros são nossos", ele disse.

Day Tripper foi o primeiro a ouvir o assobio grave e escorregadio dos outros canhões.

"*Isso* num é nosso não", ele disse, e nós saímos correndo para a curta trincheira a alguns metros de distância.

"Isso num é nosso", Mayhew disse.

"Mas o que é que eu acabei de dizer?", Day Tripper berrou, e nós chegamos à trincheira justo quando um morteiro aterrissou em algum lugar entre o acampamento da 37ª dos Rangers do Exército vietnamita e o paiol de munição. Era uma salva pesada, muitos tiros mais, mas nós não os contamos.

"Era mesmo uma manhã tão bonita", Day Tripper disse. "Cara, por que eles num podem nos deixar em paz só dessa vez?"

"Porque eles num são pagos pra nos deixar em paz", Mayhew disse, rindo. "Além do mais, eles fazem isso porque sabem como isso fode contigo."

"Vai me dizer que tu num tá morto de medo!"

"Tu nunca vai *me* ver com medo, seu puto."

"Ah, é? Três noites atrás tu tava chamando tua *mamãe* quando esses putos tavam atirando na nossa cerca."

"Puta cascaaaaata! Eu nunca vou levar tiro no Vietnã."

"Ah é? *Okei*, por que não, seu puto?"

"Porque", Mayhew disse, "ele não existe." Era uma piada velha, mas dessa vez ele não estava rindo.

A essa altura a trincheira cercava quase que inteiramente o campo. A maior parte do perímetro norte era defendida pelo 2º Batalhão do 26º Regimento de Marines, e a Companhia Hotel também estava nesse setor. Na parte mais a oeste ela estava em oposição à trincheira norte-vietnamita que terminava a apenas 300 metros dela. Mais para o leste ela ficava acima de um rio estreito, e além disso era a Colina 950, 3 quilômetros para o norte, controlada pelo NVA, e cujo cume mais elevado era exatamente paralelo à pista de aterrissagem de Khe Sanh. Os *bunkers* e as trincheiras de conexão ficavam numa inclinação que subia da margem do rio, e as colinas começavam uns 200 metros da margem mais distante. A 200 metros de distância, de frente para as trincheiras dos *marines*, havia um franco-atirador do NVA com uma metralhadora calibre 50 que atirava nos *marines* através de um buraco mínimo. Durante o dia ele atirava em qualquer coisa que aparecia acima dos sacos de areia, e à noite atirava em qualquer luz que visse. Você podia vê-lo claramente da trincheira, e se estivesse olhando através da mira de um rifle de franco-atirador dos *marines*, dava até mesmo para ver o rosto dele. Os *marines* atiravam sobre sua posição com canhões e rifles de precisão, ele se escondia no seu buraco e esperava. Helicópteros de artilharia atiravam nele com mísseis, e quando terminavam ele vinha à superfície novamente e recomeçava a atirar. Finalmente, decidiram usar *napalm*, e por dez minutos o ar acima do buraquinho ficou laranja e preto com o ataque, enquanto o chão à sua volta era calcinado, e tudo que fosse vivo, exterminado. Quando tudo passou, o franco-atirador reapareceu e disparou um único tiro, e os *marines* nas trincheiras aplaudiram. Eles lhe deram o apelido de Luke, o Gook, e depois disso ninguém queria que alguma coisa acontecesse com ele.

Mayhew tinha um amigo chamado Orrin que era de algum lugar no Tennessee, das montanhas de lá onde sua família tinha três pequenos caminhões e operava um serviço de mudanças de curta distância. Na manhã em que Mayhew e Day Tripper tinham ido ao 1/26 procurando Evans, Orrin tinha recebido uma carta da esposa. A carta dizia que a gravidez dela não estava de sete meses, como ele acreditava, mas apenas de cinco. Isso fazia toda a diferença do mundo para Orrin. Ela havia se sentido tão mal o tempo todo (ela dizia na carta) que tinha ido procurar o pastor, e o pastor a convencera de que a Verdade era o caminho de Deus para uma consciência tranqüila. Ela não ia dizer quem era o pai (e, Benzinho, não tente nunca, nunca me fazer contar) exceto que era alguém muito conhecido de Orrin.

Quando voltamos para a companhia, Orrin estava sentado em cima dos sacos de areia, sozinho e exposto, olhando para as colinas e para Luke, o Gook. Ele tinha o rosto rechonchudo de um menino manhoso, com os olhos sempre apertados de um jeito mesquinho e uma boca carnuda que se abria num sorriso entediado seguido por um riso seco e mudo. Era o rosto de alguém capaz de caçar durante todo o inverno só para deixar a carne apodrecer depois, o rosto de uma aberração cruel do sul. Ele só ficava lá sentado, mexendo no pino de uma 45 que ele tinha acabado de limpar. Ninguém na trincheira chegava perto dele ou dizia alguma coisa, a não ser uns berros de "Desce daí, Orrin. Vão te apagar com certeza, seu puto". Finalmente, o sargento armeiro apareceu e disse: "Se você não tirar a bunda dessa beirada eu mesmo vou te dar um tiro."

"Escuta só", disse Mayhew. "Talvez seja melhor você ir ver o capelão."

"Bom mesmo", Orrin disse. "O que é que o veado vai fazer pra me ajudar?"

"Quem sabe ele te dá uma licença de emergência."

"Não", alguém disse. "Tem que ter morte na família pra sair desse jeito."

"Ah, mas não se preocupe", Orrin disse. "Vai morrer alguém na minha família. Basta só eu chegar em casa." E aí ele riu.

Era um riso horrível, muito calmo e intenso, e foi isso que fez com que todo mundo que estava escutando acreditasse em Orrin. Depois disso, ele era o pracinha maluco que ia sobreviver à guerra só para poder voltar para casa e matar a mulher. Aquilo o tornou especial dentro da companhia. Muitos caras começaram a acreditar que agora ele era sortudo, que nada podia acontecer com ele, e ficavam o mais próximo possível dele. Eu mesmo senti um pouco disso, o bastante para ficar feliz de estar no mesmo abrigo que ele aquela noite. Aquilo fazia sentido. Eu também acreditava naquilo, e seria uma grande surpresa para mim, mais tarde, se descobrisse que alguma coisa tinha acontecido com ele. Mas isso era o tipo de coisa que você raramente ouvia depois de ter deixado uma tropa, o tipo de coisa que você evitava ouvir se pudesse. Talvez ele tenha sido morto ou talvez tenha mudado de idéia, mas eu duvido. Quando me lembrava de Orrin, tudo o que eu pensava era que ia haver um assassinato no Tennessee.

Certa vez, numa folga de dois dias em Danang, Mayhew tinha ido além dos limites permitidos, procurando maconha e um colchão inflável no mercado negro. Ele não conseguiu a maconha e ficou mortalmente apavorado quando comprou o colchão. Ele me disse que nada do que jamais tinha acontecido em Khe Sanh tinha-lhe dado tanto medo quanto o que sentiu naquele dia. Não sei o que lhe contaram sobre o que a polícia militar ia fazer com ele se o pegassem no mercado, mas do jeito como contava, tinha sido a melhor aventura que ele tinha vivido desde o dia, dois anos atrás, em que um guarda florestal havia usado um helicóptero para enxotar a ele e a um amigo da floresta depois que a estação de caça ao cervo tinha terminado. Estávamos sentados no *bunker* de oito lugares, úmido e apertado, onde Mayhew e Day Tripper dormiam. Mayhew estava tentando me fazer usar o colchão para dormir à noite e eu tinha recusado. Ele disse que se eu não fosse dormir nele, ele ia pegá-lo e jogá-lo lá fora dentro de uma trincheira e largá-lo lá até de manhã. Eu disse que se quisesse um colchão inflável eu teria conseguido um em Danang, e a polícia militar não ia nem me importunar. Falei que gostava de dormir no chão, era um bom treinamento. Ele disse que isso tudo era mentira (ele estava certo) e jurou por Deus que o colchão ia ficar lá fora a noite inteira junto com o lixo que sempre se aglomera no fundo das trincheiras. Então ficou com um ar muito misterioso e disse para eu pensar no assunto enquanto ele dava uma saída. Day Tripper tentou descobrir onde ele estava indo, mas Mayhew se recusou a dizer.

Durante esses breves momentos em que o chão à sua volta não estava rugindo, quando não havia bombardeios nas colinas, nem artilharia nossa ou inimiga no perímetro, dava para ficar sentado dentro de um *bunker* ouvindo os ratos correrem pelo chão. Muitos ratos tinham sido mortos a tiros, com veneno, em ratoeiras ou pelo golpe certeiro de uma botina de combate, e eles viviam nos *bunkers* também. O lugar cheirava a urina, suor muito, muito antigo, ração C podre, lona mofada e lixo particular, e aquela mistura de outros cheiros que era específica de zonas de combate. Muitos de nós acreditávamos que dava para sentir o cheiro da exaustão e do medo, e que certos sonhos exalavam odores próprios. (Parecíamos ciganos de Hemingway nesses assuntos. Não importava quanto vento um helicóptero provocava ao aterrissar, dava sempre para saber quando havia sacos com corpos na pista de aterrissagem, e as tendas dos *lurps* tinham um cheiro diferente de todas as outras tendas do Vietnã.) Esse *bunker* era pelo menos tão ruim quanto qualquer outro em que eu já havia estado, e tive engulhos uma vez, a primeira em que entrei nele. Como quase não havia luz, você tinha que imaginar o que estava cheirando, e isso meio que se tornava um passatempo. Eu não tinha notado o quanto Day Tripper era preto até entramos no *bunker*.

"Tá fedendo *mesmo* aqui dentro", ele disse. "Eu tenho que pegá um desodorante mais... eficiente."

Ele fez uma pausa.

"Se rolar qualquer merda esta noite, tu fica comigo. Tu vai tê sorte se o Mayhew não te confundir com um Zip* e te estourar a cabeça. Ele fica meio doido às vezes."

"Você acha que vamos ser atingidos?"

Ele deu de ombros. "Ele pode tentar uma infiltração. Ele fez isso contra a gente três noites atrás e matou um garoto. Matou um Mano.

"Mas esse *bunker* aqui é legal. Levamos umas merdas aqui em cima. Caiu umas poeiras na cabeça da gente mas tamu legal."

"Vocês estão dormindo com as jaquetas à prova de bala?"

"Tem uns que sim. Eu não. Mayhew, puto maluco, dorme peladão. Ele é durão, o putinho, o gavião tá lá fora e ele tá aqui peladão."

"O que é isso? Isso do gavião?"

"Quer dizer que é um filho-da-puta beeeeem ruim."

Já fazia uma hora que Mayhew tinha ido embora, e quando Day Tripper e eu saímos para as tábuas feitas de caixote de munição que faziam de chão da trincheira, nós o vimos falando com uns praças. Ele começou a andar na nossa direção, rindo, parecia um menininho vestido na farda de

---

* Termo derrogatório para vietnamitas. (N. da T.)

combate de um adulto, engolido pela jaqueta à prova de bala, e os pracinhas começaram a cantar atrás dele. "Mayhew é um *lifer...*[*] Viva ele."

"Ei, Day Tripper!", ele chamou. "Ei, ouviu isso, filho-da-puta?"

"Ouvi *o quê*?"

"Fui lá e prorroguei."

O sorriso sumiu do rosto de Day Tripper. Por um segundo ele parecia não ter compreendido, e depois parecia furioso, perigoso até.

"Diz de novo."

"*Yeah*", Mayhew disse. "Acabei de falar com o Velho sobre isso."

"Hum-hum. E tu prorrogou por quanto tempo?"

"Só mais quatro meses."

"Só mais quatro meses. Que legal, Jim."

"Ei, cara..."

"Num fala mais comigo, Jim."

"Ah, pera aí, Day Tripper, não seja cabeça-dura. Isso me deixa dar baixa três meses mais cedo."

"Tá legal, Jim."

"Aí, cara, num me chama disso não." Ele me olhou. "Toda vez que ele tá puto, ele me chama assim. Escuta, seu puto, eu dou baixa *dos marines* mais cedo. E tenho licença pra ir pra casa. O Velho disse que eu posso ir mês que vem."

"Tu num tá falando comigo. Num tô ouvindo porra nenhuma que tu tá dizendo, Jim."

"Aí..."

"Tu é só mais um pracinha burro. Pra quê que eu vou falá contigo? Parece que tu nunca ouviu porra nenhuma que eu te falei. Nem uma palavra. E eu sei... aí, cara, eu *sei* que tu já assinou aquele papel."

Mayhew não disse nada. Era difícil crer que os dois tinham mais ou menos a mesma idade.

"Que é que eu vou fazer contigo, seu puto idiota? Por que... por que tu num sai correndo e se joga naquele arame ali? Deixa eles te moerem de tiro e acaba logo com isso. Olha aqui, cara, taqui uma granada. Por que tu não vai pra privada e tira o pino e se deita em cima?"

"Num acredito, cara, são só quatro meses!"

---

* *Lifer*, ou "para a vida toda", era o termo que designava os soldados de carreira ou qualquer um que optasse por permanecer engajado em vez de cumprir os 13 meses mandatórios do serviço militar obrigatório que cabiam aos *short-timers* ou *shorties*. (N. da T.)

"Quatro meses? *Baby*, quatro *segundos* neste puteiro vão acabar contigo. E isso depois do que rolou com teu papai e tudo. E tu não *aprendeu.* Tu é o pracinha mais infeliz, mais *infeliz* que eu já vi. Não, cara, *o mais infeliz*! Porra, Mayhew, cara. Tô com pena de ti."

"Day Tripper? Ei, vai dar tudo certo. Sabe?"

"Claro, *baby*. Só num fala comigo agora. Vai limpar teu rifle. Escreve pra tua mamãe. *Qualquer coisa.* Fala comigo depois."

"Podemos fumar uma bostinha."

"*Okei, baby.* Mais tarde." Ele voltou para o *bunker* e se deitou. Mayhew tirou o capacete e riscou alguma coisa que estava escrita no lado. Era *20 de Abril* e *DEMAIS*!

Às vezes você saía do *bunker* sem noção alguma de tempo, e já estava escuro lá fora. O lado mais distante das colinas em volta do vale onde ficava a base estava brilhando, mas não dava para ver a fonte de luz, e parecia uma cidade à noite vista de muito longe. Projéteis de iluminação estavam caindo em volta das bordas do perímetro, envolvendo a encosta que subia do pé de serra numa luz branca e morta. Havia dúzias deles às vezes, deixando um rastro intenso de fumaça, deixando cair fagulhas brancas coruscantes, e parecia que tudo ao seu alcance se tornava imóvel, como figuras numa brincadeira de estátua. Havia o resfolegar mudo das salvas de iluminação disparadas de canhões de 60mm do lado de dentro da cerca, caindo num brilho de magnésio sobre as trincheiras do NVA por alguns segundos, deixando ver a silhueta achatada e esgarçada das árvores de mogno, dando à paisagem uma claridade mórbida e morrendo aos poucos. Dava para ver as explosões dos canhões, alaranjadas e repletas de fumaça acinzentada, acima do topo das árvores a 3,4 quilômetros de distância, e artilharia pesada das bases de apoio ao longo da DMZ, do Campo Carrol ao Rockpile, dirigida contra supostos movimentos de tropas ou posições de lança-mísseis e canhões do NVA. De vez em quando — creio que eu vi acontecer apenas três ou quatro vezes no total — havia uma explosão secundária, quando um estoque de munição do NVA era atingido diretamente. E era lindo à noite. Até mesmo o fogo inimigo era lindo à noite, lindo e profundamente aterrorizante.

Eu me lembrei de como um piloto de um Phantom tinha falado sobre como eram lindos os mísseis terra-ar quando eles iam subindo até o avião para matá-lo, e me lembrei de como eu mesmo achava graciosas as balas traçantes calibre 50, curvando-se tão agilmente, um sonho, tão distante de qualquer coisa que poderia fazer mal a uma pessoa. Aquilo podia fazer você sentir uma serenidade total, uma elevação acima da morte, mas não durava muito tempo. Uma rajada que fosse atingindo qualquer lugar do helicóptero trazia você de volta, lábios mordidos, punhos cerrados e tudo mais, e aí você sabia onde estava. O fogo inimigo em Khe Sanh era diferente. A maioria das vezes não dava para ver. Você sabia se ouvisse uma, a primeira, que você estava a salvo, ou pelo menos salvo daquela vez. Se você ainda estava de pé querendo ver alguma coisa depois disso, você merecia qualquer coisa que acontecesse.

À noite os ataques aéreos e a artilharia eram mais pesados, porque era quando sabíamos que o NVA estava em cima do chão e se movendo. À noite você podia se deitar nuns sacos de areia e ver os C-47s armados com Vulcans fazendo seu trabalho. O C-47 era um helicóptero militar padrão, mas muitos carregavam armas calibre 20 e 762 em suas portas, Mike-Mikes* que podiam disparar trezentos tiros por segundo, estilo Gatling,** "um tiro em cada centímetro quadrado de um campo de futebol em menos de um minuto", como diziam seus folhetos de propaganda. Seu apelido era Puff o Dragão Mágico,*** mas os *marines* eram mais espertos: eles o chamavam de Spooky.**** Cada quinta rajada era uma traçante, e quando Spooky estava trabalhando, tudo parava enquanto aquele rio de vermelho violento escorregava pelo céu negro. Se você estivesse olhando de uma grande distância, o rio de luz parecia secar entre as explosões, desaparecendo lentamente do ar até o chão como a cauda de um cometa, o som das metralhadoras sumindo também alguns segundos depois. Se você visse de perto, não dava para acreditar que alguém tivesse coragem de enfrentar aquilo noite após noite, semana após semana, e você cultivava um respeito pelo vietcongue e pelo NVA, que estavam agachados debaixo daquilo todas as noites há meses. Era aterrorizador,

---

* Gíria para munição de metralhadora de 20mm. (N. da T.)

** Richard Gatling foi o inventor da metralhadora durante a Guerra Civil norte-americana. Diz-se que uma arma atira "em estilo Gatling" quando seu cano é giratório. (N. da T.)

*** Em referência a um sucesso de meados dos anos 60, a canção *Puff The Magic Dragon*, do grupo *folk* Peter, Paul and Mary. (N. da T.)

**** Expressão que quer dizer fantasmagórico, apavorante, perturbador, assustador. (N. da T.)

pior que qualquer coisa que o Senhor jamais despejou sobre o Egito, e à noite ouvia-se os *marines* falando, observando, gritando "Toma essa!", até que eles ficavam quietos e alguém dizia "Spooky sabe das coisas". As noites eram muito bonitas. De noite era quando você realmente tinha menos razões para ter medo e quando você tinha mais medo. De noite você fazia umas contas muito ruins.

Porque, de verdade, que escolha era aquela; que prodígio de coisas para temer! O momento em que você compreendia isso, compreendia de verdade, a ansiedade desaparecia instantaneamente. A ansiedade era um luxo, uma piada para a qual você não tinha espaço uma vez que aprendia a variedade de mortes e mutilações que a guerra oferecia. Alguns temiam ferimentos na cabeça, outros tinham pavor de ferimentos no peito ou no estômago, todos temiam o ferimento dos ferimentos, O Ferimento. Os caras rezavam e rezavam — Só entre eu e você, Deus, tá certo? —, ofereciam qualquer coisa, se ao menos eles fossem poupados disso: leve minhas pernas, leve minhas mãos, leve meus olhos, leve a porra da minha *vida*, Seu Puto, mas, por favor, por favor, por favor, não leve *estes aqui*. Cada vez que uma rajada atingia um grupo, todo mundo se esquecia das próximas salvas e dava um pulo para trás, arrancando as calças, para verificar, rindo histericamente, aliviados, mesmo que suas pernas estivessem em frangalhos, seus joelhos arrancados fora, eles se mantinham de pé somente graças à sensação de alívio, e o choque, gratidão e adrenalina.

Havia escolhas por toda parte, mas nunca eram escolhas que você esperava ter que fazer. Havia até uma pequena oportunidade para um estilo pessoal ao reconhecer aquilo que você temia acima de qualquer outra coisa. Você podia morrer num impacto súbito, sangrento e flamejante, se o seu helicóptero caísse ao solo como um peso morto, você podia voar em pedaços de forma que todas as suas partes jamais seriam reunidas, você podia levar um tiro limpo nos pulmões e ir embora ouvindo o borbulhar de sua derradeira respiração, você podia morrer nos estágios terminais da malária com aquele suave ruído nos ouvidos, e isso podia acontecer depois de meses de tiroteios, canhões e metralhadoras. Muitos, demais, escaparam só para isso, e você sempre esperava que nenhuma ironia marcasse seu desenlace. Você podia acabar num buraco em algum lugar com uma estaca atravessando seu corpo, tudo parado para sempre a não ser um ou dois movimentos, puramente involuntários, como se você pudesse chutar tudo e voltar. Você podia cair duro, morto, obrigando os paramédicos a passar meia hora procurando o buraco que te matou, ficando cada vez mais apavorados à medida que procuravam. Você podia levar um tiro, pisar numa mina, ser atingido por uma granada, um míssil, uma bala de canhão, por um franco-atirador ou ser explodido em todas as direções de tal forma que seus restos teriam que ser colocados num poncho e levados para os Serviços Funerários, fim de papo. Era quase maravilhoso.

E à noite tudo isso parecia mais possível. À noite em Khe Sanh, esperando, pensando em todas as possibilidades (alguns diziam que eram 40 mil), pensando que eles podem realmente tentar, você ficava acordado. Se eles fizessem, quando eles fizessem, era indiferente estar no melhor *bunker* da DMZ, ser jovem e cheio de planos, ser amado, ser um não-combatente, um observador. Porque, se acontecesse, seria um banho de sangue, uma chacina, e credenciais não seriam verificadas. (As únicas palavras em vietnamita que muitos de nós sabíamos eram *Bao Chi! Bao Chi!* — Jornalista! Jornalista!, ou até mesmo *Bao Chi Fap!* — Jornalista francês!, o que era o mesmo que gritar "Não atire! Não atire!") Você aprendia a amar sua vida, a amar e respeitar o simples fato de estar vivo, mas freqüentemente você se tornava descuidado do jeito como sonâmbulos são descuidados. Ser "bom" queria dizer permanecer vivo, e às vezes bastava prestar atenção suficiente a qualquer momento. Não era de admirar que todo mundo ficasse obcecado com sorte, que você podia acordar às quatro da manhã numa determinada manhã e *saber* que amanhã ia finalmente acontecer, você podia parar de se preocupar e ficar ali deitado, suando o suor mais frio que já tinha sentido.

Mas uma vez que as coisas já estavam acontecendo, tudo era diferente. Você era igual a todo mundo, não conseguia nem piscar nem cuspir. Tudo voltava do mesmo jeito toda vez, temido e bem-vindo, colhões e entranhas dando um nó ao mesmo tempo, os sentidos operando como luzes estroboscópicas, em queda livre até o absolutamente essencial e depois voando para cima num *rush* de foco, como a primeira batida forte de viagem depois de ter tomado uma infusão de psilocybina, alcançando aquele ponto de calma e jorrando toda a alegria e todo o terror jamais conhecidos, *jamais* conhecidos por *qualquer* pessoa que *já* tenha vivido, indizível em seu brilho fulminante, tocando todas as extremidades e passando, como se tivesse sido controlado por algo do lado de fora, por algum deus ou pela lua. Todas as vezes você ficava tão exaurido depois, tão vazio de tudo a não ser estar vivo que não conseguia se lembrar de coisa alguma, a não ser saber que era parecido com uma outra coisa que você já tinha sentido uma vez antes. Permanecia obscuro por um longo tempo, mas depois de vezes suficientes a memória começava a tomar forma e substância e finalmente se revelava numa tarde durante um intervalo do combate. Era a sensação que você tivera quando era muito, muito mais jovem e estava despindo uma menina pela primeira vez.

O lampião estivera abaixado até a luz mínima por uma hora, e agora tinha sido apagado de vez. Um tenente entrou e piscou uma lanterna forte várias vezes, rapidamente, procurando alguém que devia estar de sentinela na cerca. Então a porta de lona se fechou, escondendo a luminosidade dos fogos de sinalização entre as trincheiras deles e as nossas e havia apenas pontas de cigarros acesas e a luz do rádio de Mayhew.

"Vamos falar sobre balas traçantes", o locutor estava dizendo. "Claro que é divertido atirar com elas. Elas iluminam o céu! Mas você sabia que balas traçantes deixam *resíduos* no cano da sua arma? *Resíduos* que muitas vezes levam a *problemas* e até mesmo *falhas*..."

"Ei Mayhew, desliga essa porra!"

"Logo depois do Noticiário Esportivo", Mayhew disse. Ele estava nu, sentado na cama e curvado sobre o rádio como se a luz e a voz fossem milagres para ele. Ele estava limpando o rosto com um lenço pré-umidificado.

"Está provado!", alguém disse. "Você pode pôr um Chevy num Ford e um Ford num Chevy e os dois vão andar mais rápido. Está provado!"

Estávamos todos prontos para dormir. Mayhew era o único sem as botinas. Dois *marines* que eu não conhecia antes deste anoitecer tinham ido procurar e voltado com uma maca extra para eu dormir, dando-a para mim sem sequer me olhar, como quem diz: Merda, não é nada, a gente *gosta* de andar do lado de cima. Eles viviam fazendo esse tipo de coisa para você, do jeito como Mayhew tinha tentado me dar o colchão dele, do jeito como pracinhas em Hué tinham tentado me dar os capacetes e coletes à prova de balas deles porque eu tinha aparecido por lá sem os meus. Se você rasgasse seu uniforme no arame farpado ou tentando se arrastar pelo chão para se proteger, em minutos teria um novo e nunca saberia de onde tinha vindo. Eles sempre tomavam conta de você.

"... Então, da próxima vez", o locutor disse, "*pense* a respeito. *Talvez* isso salve sua vida." Uma outra voz apareceu: "Muito bem, continuando com nossa programação de Sons Fabulosos dos Anos 60, a AFVN, Rede das Forças Armadas no Vietnã, apresenta, para todos vocês na 1ª e na 44ª, especialmente para o Soul Brother no Almoxarifado, Otis Redding — o *imortal* Otis Redding — cantando *Dock of the Bay.*"

"Isso aí, cara", Day Tripper disse.

"Escuta só", um dos *marines* disse. "Quando se pensa em todos os caras nesta porra desta guerra, as baixas num querem dizer porra nenhuma. *Nada!* Porra, as chances são melhores aqui que numa *freeway* em LA."

"Que fria!", murmurei para mim mesmo.

Mayhew imediatamente reagiu. "Ei, cara, tu tá com frio? Por que num disse antes? Toma aqui, minha velha me mandou isto aqui. Eu quase nem usei." Não consegui dizer uma palavra, ele me jogou alguma coisa quadrada e prateada que parecia papel crepom nas minhas mãos. Era um cobertor térmico.

"Tua velha", Day Tripper disse.

"É, minha mãe."

"A mamãe do Mayhew." Day Tripper disse. "Que mais tua mãezinha te mandou, seu Punheteiro?"

"Bom, ela me mandou aqueles biscoitos de Natal que tu devorou antes que eu tirasse a porra do papel."

Day Tripper riu e acendeu outro cigarro.

"Cara", Mayhew disse. "Tô com um tesão..." Esperamos pela continuação da frase, mas era só isso.

"Ei, Mayhew", alguém disse, "tu já trepou alguma vez? A primeira vez não conta."

"Ah, sim", Day Tripper disse. "Mayhew se deu bem lá em China Beach com um broto que trabalha nos puteiros por lá, ela *adora* o Mayhew. Não é?"

"Positivo", Mayhew disse. Ele estava sorrindo de lado a lado como uma caricatura antiga. "Ela adora."

"Mentira", Orrin disse. "Não tem uma puta Slope em toda esta merda de país que goste."

"Tá certo, Jim", Mayhew disse, e Day Tripper começou a rir.

O rádio mandou um alerta dramatizado sobre a importância de não perder contracheques e recibos de câmbio, e o *disc jockey* voltou ao ar. "Esta agora é um pedido de Paul Linha-dura e o Time do Fogo e para nosso CO maneiro, Fred o Cabeça..."

"Ei, Mayhew, aumenta isso aí. Aumenta mesmo."

"Ei, veado, tu acabou de mandar eu desligar."

"Peraí, cara, essa música é demais."

Mayhew aumentou o volume. Não estava alto demais, mas o som encheu o *bunker*. Era uma canção que estava tocando muito naquele inverno:

Alguma coisa está acontecendo aqui
O que é ninguém sabe ao certo
Tem um homem com uma arma ali
Me dizendo para ter cuidado
Acho que está na hora de parar, crianças
Que som é esse?
Veja todo mundo o que está rolando...

"Sabe o que eu ouvi na cabana do capitão?", Mayhew disse. "Um garoto me contou que a Cav tá vindo."

"Tá bom", alguém disse. "Eles tão vindo amanhã."

"A que *horas* amanhã?"

"Tá certo", Mayhew disse. "Não precisa acreditar em mim. O garoto é funcionário. Ele esteve no TOC ontem e ouviu eles falando."

"Que é que a Cav vai fazer aqui? Transformar isto aqui numa porra de um estacionamemto de helicópteros?"

Os *marines* não gostavam da Cav, a 1ª Divisão de Cavalaria (Aérea), eles gostavam deles ainda menos do que gostavam do resto do Exército, e ao mesmo tempo membros da Cav estavam começando a achar que sua única missão no Vietnã era resgatar *marines* em apuros. Eles tinham vindo socorrer *marines* uma dúzia de vezes nos últimos seis meses, e da última vez, na batalha de Hué, tinham sofrido quase tantas baixas quanto os *marines*. Corriam rumores sobre uma operação de socorro a Khe Sanh desde fevereiro, e a esta altura eles eram levados tão a sério quanto os boatos sobre ataques em datas precisas, consideradas significativas para os norte-vietnamitas (13 de março, aniversário dos ataques iniciais a Dien Bien Phu, era a única na qual alguém acreditava. Ninguém queria estar nem perto de Khe Sanh naquele dia e, até onde eu sei, o único correspondente que ficou lá o tempo todo foi John Wheeler, da Associated Press.) Se os rumores eram sobre um ataque, todos optavam por ignorá-los. Se fossem sobre socorro, não importa o quão improváveis eles parecessem, os *marines* os abraçavam privadamente enquanto debochavam deles em público.

"Cara, num vai ter nenhuma Cav nem *perto* deste puto aqui."

"*Okei*, eu nem ligo", Mayhew disse." Só tô dizendo o que o garoto me contou."

"Brigado, Mayhew. Agora cala essa porra dessa boca e vê se dorme."

Foi o que fizemos. Às vezes dormir em Khe Sanh era feito dormir depois de alguns cachimbos de ópio, um flutuar e se perder durante o qual sua mente continuava funcionando, de forma que você podia se perguntar se estava dormindo mesmo enquanto dormia, registrando cada ruído na superfície, cada explosão e cada tremor correndo pela terra, catalogando as especificidades de cada um sem jamais acordar. *Marines* dormiam de olhos abertos, com os joelhos dobrados e rígidos, às vezes cochilando em pé como que atingidos por um encantamento. Dormir aqui não dava prazer, nem descanso real. Era uma coisa útil, impedia que você desmoronasse, do mesmo modo como as rações C frias e cheias de gordura impediam que você morresse de fome. Naquela noite, provavelmente enquanto dormia, ouvi o som de armas automáticas disparando lá fora. Não tive sensação alguma de acordar, apenas de, subitamente, ver três cigarros brilhando no escuro sem recordar como eles tinham sido acesos.

"Infiltração", Mayhew disse. Ele estava inclinado sobre mim, completamente vestido de novo, seu rosto quase tocando o meu, e por um segundo tive a impressão de que ele podia ter corrido para me dar cobertura de algum possível fogo inimigo. (Não teria sido a primeira vez que um pracinha fazia isso.) Todo mundo estava acordado, todos os nossos forros de poncho tinham sido afastados, eu estendi a mão para pegar meus óculos e meu capacete e percebi que já estava com eles. Day Tripper estava nos olhando. Mayhew estava sorrindo.

"Escuta só esse puto, escuta só, esse puto vai derreter o cano com certeza."

Era uma metralhadora M-60 e não estava atirando em salvas, mas de um modo louco, contínuo. O atirador devia ter visto alguma coisa;

talvez estivesse dando cobertura a alguma patrulha de *marines* tentando voltar pela cerca de arame, talvez fosse uma infiltração de três ou quatro homens que tinha sido rastreada pelos sinalizadores, alguma coisa de pé ou se movendo, um infiltrador ou um rato, mas soava como se o atirador estivesse tentando deter uma divisão inteira. Não consegui saber se houve ou não uma resposta, e então, abruptamente, os disparos cessaram.

"Vamo ver", Mayhew disse, pegando seu rifle.

"Num vai lá fora se metê nisso", Day Tripper disse. "Se eles quiserem a gente, eles mandam buscar. Porra de Mayhew."

"Cara, tá tudo acabado. Escuta só. Vamo lá", ele me disse. "Vamo vê se a gente consegue uma matéria pra você."

"Espera só um segundo." Pus minha jaqueta à prova de balas e saímos do *bunker*, Day Tripper balançando a cabeça e dizendo: "Porra de Mayhew..."

Antes, o som parecia estar vindo de algum lugar exatamente acima do *bunker*, mas os *marines* de vigia disseram que tinha sido numa posição 40 metros abaixo na trincheira. Andamos naquela direção no escuro, figuras aparecendo e desaparecendo na neblina à nossa volta, presenças estranhas, flutuantes; parecia uma longa caminhada e de repente o capacete de Mayhew se chocou com o de outra pessoa.

"Olha pra que porra de lugar você vai", ele disse.

"Você quis dizer 'Olha pra que porra de lugar você vai, *senhor*'." Era um tenente, e ele estava rindo.

"Desculpe, senhor."

"Mayhew?"

"Sim, senhor."

"Que porra você está fazendo aqui?"

"A gente ouviu uma merda aí."

"Quem é este homem? Onde está o rifle dele?"

"Ele é um repórter, senhor."

"Ah... Oi."

"Oi", eu disse.

"Bom", disse o tenente. "Você perdeu a melhor parte. Você devia ter estado aqui cinco minutos atrás. Pegamos três deles ali no primeiro arame farpado."

"O que eles estavam tentando fazer?", eu perguntei.

"Não sei. Talvez cortar o arame. Talvez colocar uma mina, roubar nossos explosivos, jogar granadas, encher nosso saco, não sei. E agora não vou saber mesmo."

Ouvimos então o que a princípio parecia uma garotinha chorando, um gemido contido, delicado, e enquanto escutávamos ele se tornou mais alto e mais intenso, enchendo-se de dor até se transformar num berro penetrante. Nós três olhamos uns para os outros, podíamos quase sentir cada um de nós tremendo. Era terrível, absorvendo qualquer outro som vindo da escuridão. Seja lá quem fosse, estava muito além de se importar com qualquer outra coisa a não ser o que o estava fazendo gritar. Houve um *pop* surdo acima de nós e um tiro de iluminação veio caindo sonolentamente em cima do arame.

"Um *slope*", disse Mayhew. "Tô vendo ele ali, tá vendo, no arame ali."

Eu não conseguia ver coisa alguma, não havia movimento algum, e os gritos tinham parado. À medida que a luz foi morrendo, os soluços recomeçaram e aumentaram rapidamente, até se transformarem novamente num urro.

Um *marine* passou raspando por nós. Tinha um bigode e um pedaço de seda camuflada de pára-quedas amarrado como uma bandana em volta do pescoço, e nos quadris ele carregava um coldre com um lançador de granadas M-79. Por um segundo achei que ele era uma alucinação minha. Não o ouvi se aproximar, e agora eu tentava identificar de onde ele tinha vindo, mas não conseguia. O M-79 havia sido cortado pela metade e montado com uma coronha especial. Era, obviamente, um objeto muito amado; podia-se ver o carinho com que era tratado pela quantidade de luz vinda dos sinalizadores que se refletia na coronha dele. O *marine* parecia sério, seriíssimo, e sua mão direita estava pousada no coldre, esperando. Os gritos tinham parado de novo.

"Esperem", ele disse. "Vou dar um jeito nesse puto."

Sua mão estava agora na coronha da arma. Os soluços recomeçaram, e os gritos; agora já sabíamos a seqüência, o norte-vietnamita estava gritando a mesma coisa seguidamente, e não precisávamos de um tradutor para saber o que era.

"Apaga esse puto", o *marine* disse como que para si mesmo. Ele sacou a arma, abriu o tambor e introduziu uma munição que parecia uma enorme bala inchada, o tempo todo prestando grande atenção aos gritos. Ele colocou a M-79 sobre seu antebraço esquerdo e fez a mira durante um segundo antes de disparar. Houve um *flash* gigantesco na cerca a 200 metros, uma chuva de fagulhas alaranjadas, e então tudo ficou silencioso, com exceção do ronco de algumas bombas explodindo a quilômetros de distância e o som do M-79 sendo aberto, fechado e recolocado no coldre. Nada mudou no rosto do *marine*, nada, e ele moveu-se de volta para a escuridão.

"Toma essa", Mayhew disse baixinho. "Cara, tu *viu* isso?"

E eu disse, Sim (mentindo), era demais mesmo, incrível.

O tenente disse que esperava que eu conseguisse umas boas matérias aqui. Ele me disse para ir com calma e sumiu. Mayhew olhou para a cerca de novo, mas o silêncio no terreno à nossa frente estava falando tudo para ele, agora. Seus dedos ficaram frouxos, tocando seu rosto, e ele parecia um garoto vendo um filme de terror. Eu cutuquei seu braço e voltamos para o *bunker* para um pouco mais daquele sono.

5

Nos níveis mais altos do comando, a situação de Khe Sahn estava sendo vista com grande otimismo, o mesmo tipo de otimismo que tinha nos sustentado através do Tet, sorrindo diante do caos. Isso freqüentemente causava desentendimentos entre a imprensa e oficiais graduados dos *marines*, particularmente quando levava ao anúncio de baixas leves quando, na verdade, elas tinham sido pesadas, ataques e emboscadas sendo descritos como jogos táticos temporários, e um condições meteorológicas nojentas sendo caracterizadas como boas e até excelentes. Era difícil estar ali no agradável calor da costa de Danang e ouvir de um PIO* que a DMZ, de onde você tinha acabado de chegar, também estava assim quente, especialmente quando nem mesmo um chuveiro quente e uma troca de roupas haviam conseguido remover do seu traseiro o frio úmido acumulado ao longo de três dias. Você não precisa ser um estrategista experiente para saber quando sua bunda está gelada.

* Sigla para Public Information Officer, oficial encarregado das relações com a mídia e com o público. (N. da T.)

Entrevistas com o comandante do 26º Regimento dos *Marines*, coronel David Lowds, pareciam revelar um homem completamente insensível à gravidade de sua posição, mas Lowds era um homem enganosamente complicado com o dom (como diziam alguns dos oficiais do seu *staff*) de "sacanear a imprensa". Ele podia parecer um homem humilde, discreto, distraído e até burro (alguns repórteres, privadamente, se referiam a ele como "O Leão de Khe Sanh"), como se tivesse sido escolhido exatamente por essas qualidades por algum comandante cínico que precisasse de um testa-de-ferro para suas decisões. Quando confrontado com as reduzidas chances de uma defesa bem-sucedida de Khe Sanh, ele dizia coisas do tipo "Não faço planos baseado em reforços" ou "Não estou preocupado, tenho *marines*". Ele era um homem pequeno, com olhos vagos, úmidos e uma característica notável: um bigode espesso, escrupulosamente bem-cuidado.

Sua professada ignorância de Dien Bien Phu deixava os jornalistas malucos, mas era uma desculpa. Lowds sabia muito bem sobre Dien Bien Phu e o que tinha acontecido lá, sabia mais que a maior parte de seus entrevistadores. Quando o encontrei pela primeira vez, eu trazia para Khe Sahn uma mensagem, velha já de duas semanas, de seu genro, um capitão dos *marines* que eu havia conhecido em Hué. Ele tinha sido ferido gravemente num combate ao longo dos canais a sudoeste da cidadela, e a mensagem era pouco mais que saudações pessoais. Sendo um coronel no comando de um regimento, é claro que Lowds tinha todas as informações mais recentes sobre a situação do capitão, mas ele parecia contente em poder conversar com alguém que tinha estado lá, que havia visto seu genro. Ele tinha orgulho de seu genro e ficou muito comovido pela lembrança. Também estava ficando cansado de repórteres e das críticas implícitas na maioria das perguntas que eles lhe faziam, e sem querer senti compaixão por ele. Algumas práticas e atitudes em Khe Sanh estavam contribuindo para as mortes dos pracinhas, mas eu duvidava que o coronel fosse o autor delas. Ele era um tipo de pracinha também, há muito tempo ele estava lá, e você podia ver isso no rosto dele. As matérias publicadas a seu respeito nunca se incomodaram em mencionar sua coragem pessoal ou o cuidado extremo e especial com que ele arriscava as vidas de seus homens.

Não, para encontrar o verdadeiro otimismo desmiolado, do tipo que rejeitava os fatos e matava pracinhas por atacado e provocava em você acessos de fúria louca e inútil, era preciso viajar para fora de Khe

Sanh. O moral dos homens de Khe Sanh era bom (eles estavam sobrevivendo, a maioria deles; estavam se virando), mas isso não dava a general algum o direito de dizer que eles estavam ansiosos para lutar, ávidos pelo ataque iminente. Durante uma viagem de cinco dias pela DMZ, do final de fevereiro ao começo de março, esse era o único tipo de conversa da qual qualquer um deles era capaz. "Excelente", "muito bom", "excepcional", "de primeira categoria": esse tipo de conversa chovia sobre você até dar vontade de pegar uma ou outra cabeça grisalha de corte reco e esmagá-la contra o mapa tático mais próximo.

Nessa viagem eu estava com Karsten Prager da *Time*. Prager tinha trinta e poucos anos e vinha cobrindo a guerra, em diversos períodos, havia mais de três anos. Era um alemão que tinha ido estudar numa universidade americana e havia perdido todos os vestígios de seu sotaque original. Em vez disso ele falava com a áspera e abrupta cadência das docas do Brooklyn. Uma vez eu lhe perguntei como tinha conseguido estar falando inglês a tão pouco tempo e já ter perdido o sotaque. Ele respondeu (com um pesado sotaque do Brooklyn): "É que eu tenho um ouvido ótimo pra línguas." Ele tinha um olhar duro e esperto que combinava com sua voz e um desprezo pelas bravatas do comando que podia ser perturbador em entrevistas.

Voamos juntos de Quang Tri para Camp Carrol na DMZ, parando em cada uma das bases de artilharia que tinham sido montadas ou adaptadas para dar apoio a Khe Sanh. Voamos em velhos helicópteros dos *marines*, H-34s desajeitados (que se dane a tal da fadiga de metal, nós decidimos; o 34 tinha muita raça), sobre as frias, devastadas colinas envoltas em neblina, as mesmas colinas que tinham sido atingidas por mais de 70 milhões de quilos de explosivos em ataques de B-52s nas três semanas anteriores, terreno como a superfície da Lua, coberto de crateras e buracos e cheio de artilheiros norte-vietnamitas. Baseado em experiências passadas e nas estimativas de nossos meteorologistas, as monções deviam estar chegando ao fim, sendo sopradas para o sul, limpando os céus da DMZ e aquecendo as colinas, mas não era isso que estava acontecendo, as monções ainda estavam lá ("O tempo?", disse um coronoel. "O tempo está cada vez mais favorável."), estávamos gelados, mal conseguíamos mijar naquelas bases no topo das colinas, e o teto de vôo estava sempre baixo antes do meio-dia e depois das três da tarde. Na última parte da viagem, voando para Dong Ha, a barra de alumínio que segurava os assentos se quebrou, jogando-nos no chão e fazendo exatamente o mesmo ruído de um tiro calibre 50 atingindo o helicóptero, dando-nos um tremendo susto e depois razão para uma gargalhada maravilhosa. Umas duas vezes os pilotos acharam ter visto movimentação no topo das colinas e nós tivemos que descer, voando em círculos cinco ou seis vezes, até que estávamos gemendo e rindo com medo e frio. O chefe da tripulação era um jovem *marine* que andava pelo helicóptero sem uma linha de segurança presa ao seu macacão de vôo, tão confortável com o balanço e o sacolejo da aeronave que nem dava para parar e ficar admirando sua ousadia; você ia direto para sua elegância e seu controle fáceis, admirando-se enquanto ele se agachava ao lado da porta aberta para consertar os assentos quebrados com um alicate e um pedaço de arame. A 457 metros de altitude ele ficava ali diante da porta por onde entrava um verdadeiro vendaval (Será que ele já tinha pensado em pular para fora? Quantas vezes?), as mãos pousadas naturalmente nos quadris como se estivesse simplesmente na esquina de uma rua qualquer, esperando. Ele sabia que ele era bom naquilo, que era um artista, sabia que a gente estava curtindo, mas não fazia aquilo para nós de jeito nenhum; era para si mesmo, particular, ele era o homem que jamais cairia do raio do helicóptero.

Em Dong Ha, depois de dias sem tomar banho, fazer a barba ou trocar de farda, fomos para o quartel-general da 3ª Divisão dos *Marines*, onde Prager pediu uma entrevista imediata com o comandante, general Tompkins. O ajudante do general era um cara ríspido, um primeiro-tenente polido, barbeado e esfregado até emitir um brilho fosco, e ele olhou para nós dois sem acreditar. A antipatia inicial foi mútua, e pensei que não íamos passar dali, mas um momento depois ele nos levou relutantemente ao escritório do general.

O general Tompkins estava sentado atrás de sua mesa vestido num agasalho verde-oliva, e nos deu um sorriso que nos fez sentir vagamente lunáticos, ali em pé sujos, barbados, em nossas fardas esfrangalhadas. Quando o tenente saiu da sala, foi como se uma grande porta tivesse sido fechada impedindo a entrada do frio, e o general nos pediu para sentar. Apesar de sua saúde sólida e seu rosto rijo marcado pelo tempo, ele me fez lembrar Everett Dirksen.* Era alguma coisa travessa e divertida em

* Senador republicano (1896-1969), um dos responsáveis pela Lei dos Direitos Civis de 1964. (N. da T.)

seu sorriso, uma inteligência espreitando por seus olhos, um timbre áspero e doce em sua voz, cada frase sendo dita deliberada e definitivamente. Atrás dele havia várias bandeiras em seus mastros, e cobrindo toda a extensão de uma parede, um extraordinário mapa em relevo da DMZ, com várias seções cobertas, ocultas aos olhos do pessoal não-autorizado.

Nós nos sentamos, o general nos ofereceu cigarros (um maço cada) e Prager começou com suas perguntas. Eram coisas que eu já tinha ouvido antes, a síntese de tudo o que Prager havia apurado nos últimos quatro dias. Nunca entendi qual a utilidade de se perguntar coisas sérias a generais; eles eram autoridades também, e as respostas eram quase sempre o que se esperava que elas seriam. Eu meio que ouvia, prestando atenção ocasionalmente, e Prager começou com uma pergunta longa e complicada sobre variantes meteorológicas, capacidade de vôo, elevação e alcance de nossos canhões, os grandes canhões do general, problemas de abastecimento e de reforços e (desculpe) retirada e evacuação. O general juntou as pontas dos dedos das mãos enquanto a pergunta se desenrolava, sorriu e balançou a cabeça quando ela chegou ao terceiro minuto, parecia impressionado com o conhecimento que Prager tinha da situação e finalmente, quando a pergunta terminou, colocou as mãos sobre a mesa. Estava sorrindo.

"O quê?", ele disse.

Prager e eu olhamos um para o outro rapidamente.

"Vocês me desculpem, rapazes, sou um pouco surdo. Nem sempre entendo tudo."

Então Prager repetiu tudo, falando de um modo artificialmente alto, e minha atenção voltou-se para o mapa, para dentro mesmo do mapa, de modo que o som da artilharia para além das janelas do general, o cheiro de merda sendo queimada e lona molhada que o vento frio trazia levassem minha cabeça de volta a Khe Sanh por um momento.

Pensei nos praças que tinham se sentado num círculo uma noite com um violão cantando *Where Have All the Flowers Gone?** Jack Laurence da CBS News perguntou a eles se sabiam o que a música representava para muitas pessoas, e eles disseram Sim, sim, eles sabiam. Pensei no grafiti

* Canção composta pelo artista *folk* Pete Seeger em 1956, depois de ter sido levado ao Comitê de Atividades Antiamericanas. Nos anos 1960, tornou-se um dos hinos do movimento contra a Guerra do Vietnã. (N. da T.)

que John Wheeler tinha achado lá na parede de uma latrina, "Acho que estou me apaixonando por Jake", e sobre os pracinhas que tinham saído correndo pela trincheira para achar uma maca onde eu pudesse dormir, sobre o cobertor térmico de Mayhew, sobre o garoto que tinha mandado uma orelha de *gook* numa carta para sua namorada e não conseguia entender por que ela havia parado de escrever para ele. Pensei nos 13 batalhões de *marines* em manobras por toda a Z e na brutalidade e doçura que eles continham, todas as diferentes maneiras que eles tinham de dizer "Obrigado", mesmo achando que você era um maluco de estar ali. Pensei nos *marines* de Khe Sanh nesta noite: seria mais ou menos a 45ª noite de bombardeio inimigo, nem o Dilúvio tinha durado tanto. Prager ainda estava falando e o general ainda estava abanando a cabeça e tocando as pontas dos dedos umas nas outras e a pergunta estava quase terminada. "General", Prager disse, "o que eu quero saber é, *e se* ele resolver atacar Khe Sanh e, ao mesmo tempo, ele atacar cada uma das bases que os *marines* armaram na DMZ como apoio a Khe Sanh?"

E eu pensei, Por favor, general, diga "Deus me livre!". Deixe suas mãos se erguerem, deixe que tremores em seus ombros sacudam seu corpo exíguo e rijo. Lembre-se de Langvei. Lembre-se de Mayhew.

O general sorriu, o grande caçador antecipando uma boa presa, além de qualquer dúvida. "*Isso*... é *exatamente*... o que.. *nós queremos*... que ele faça", ele disse.

Nós agradecemos pelo seu tempo e por seus cigarros e saímos para procurar um lugar para dormir naquela noite.

Na tarde do dia em que voltamos a Danang houve uma importante coletiva no centro de imprensa operado pelos *marines* e controlado pelos *marines*, um pequeno conjunto de prédios perto do rio onde a maioria dos correspondentes ficava quando estavam cobrindo a Zona 1. Um general-de-brigada da 3 MAF, quartel-general dos *marines*, estava vindo para dar um *briefing* sobre tudo o que estava acontecendo na DMZ e em Khe Sanh. O coronel encarregado de "relações com a imprensa" estava visivelmente nervoso, o refeitório estava sendo arrumado para o evento, microfones sendo montados, cadeiras colocadas nos lugares, material impresso sendo organizado. Esses *briefings* oficiais normalmente faziam para a percepção da guerra a mesma coisa que os foguetes de iluminação faziam com a visão noturna, mas este era supostamente algo especial, e vieram correspondentes de toda a Zona 1 só para estar ali. Entre nós estava Peter Braestrup do *Washington Post*, que tinha sido do *New York Times*. Ele estava cobrindo a guerra há quase três anos. Ele tinha sido capitão dos *marines* na Coréia; ex-*marines* são como ex-católicos ou policiais federais de folga, e Braestrup ainda tinha os *marines* como uma das principais preocupações de sua vida. Ele estava se tornando cada vez mais amargo diante da falta de trincheiras em Khe Sanh, de sua chocante falta de defesas contra a artilharia inimiga. Ele ficou sentado em silêncio enquanto o coronel apresentava o general e o *briefing* começou.

O tempo estava ótimo: "O sol aparece em Khe Sanh toda manhã às dez horas." (Um gemido coletivo percorreu as fileiras de jornalistas sentados.) "Tenho o prazer de informar a vocês que a rota 9 está aberta e completamente acessível." (O senhor passaria pela rota 9 para ir a Khe Sanh, general? Aposto que não.)

"E sobre os *marines* de Khe Sanh?", alguém perguntou.

"Que bom que chegamos a este assunto", o general disse. "Estive em Khe Sanh durante várias horas esta manhã, e gostaria de dizer a vocês que esses *marines* estão *limpos*."

Um silêncio estranho se fez. Todos nós sabíamos que tínhamos ouvido aquilo, o homem tinha dito que os *marines* de Khe Sanh estavam limpos. ("Limpos? Ele disse 'limpos', não disse?"), mas nenhum de nós conseguia imaginar o que ele queria dizer com isso.

"Sim, eles estão tomando banho ou se lavando muito bem a cada dois dias. Eles estão fazendo a barba todos os dias, todo dia. O humor deles está ótimo, o ânimo está alto, o moral está excelnte e há um brilho nos olhos deles."

Braestrup se levantou.

"General."

"Peter?"

"General, o que dizer das defesas em Khe Sanh? Por exemplo, vocês construíram aquele maravilhoso clube dos oficiais com ar-condicionado, e ele agora está em ruínas. Vocês construíram um bar lá e *isso* foi feito em pedaços." Ele tinha começado a falar calmamente, mas agora estava tendo dificuldade em manter a raiva longe da voz. "Vocês têm um destacamento médico que é uma desgraça, ao lado da pista, exposto a centenas de tiros por dia, sem cobertura alguma. Vocês têm homens que estão na base desde julho, vocês estão esperando um ataque desde novembro, eles estão mandando fogo pesado de artilharia desde janeiro. General, por que esses *marines* ainda não *construíram trincheiras*?

A sala ficou em silêncio. Braestrup tinha um sorriso furioso no rosto quando se sentou. Quando a pergunta começou, o coronel tinha dado um pulo para um lado da cadeira, como se tivesse sido atingido. Agora ele estava tentando pôr sua cara na frente da do general para poder lhe dar um olhar que dizia: "Está vendo, general? Está vendo o tipo de babacas com quem tenho que trabalhar todos os dias?" Braestrup continuava a olhar diretamente para o general, esperando uma resposta — a pergunta não havia sido retórica —, e ela não ia demorar.

"Peter", disse o general. "Acho que você está querendo bater num prego pequenino com um martelo grande demais."

6

O artilheiro da porta estava inclinado para fora, olhando para baixo, e começou a rir. Ele escreveu um bilhete e passou para mim. Estava escrito: "Nós metemo bronca mermo nessas colina."

As monções estavam terminando, o calor pesado estava voltando à Zona 1 e a provação de Khe Sanh estava quase no fim. Voando através dos limites mais a oeste da DMZ, dava para ler a história daquele inverno terrível apenas com um olhar para as colinas.

Durante a maior parte do tempo em que os norte-vietnamitas controlaram a rota 9 e mantiveram os *marines* isolados em Khe Sanh, tudo o que qualquer pessoa conseguia ver das colinas era o pouco que uma brecha na neblina permitia, um território desolado, frio, hostil, todas as cores desbotadas na monção sem chuva e obscurecidas pela névoa. Agora elas estavam brilhantes e voluptuosas na luz da nova primavera.

Freqüentemente ouvia-se os *marines* falando como essas colinas deviam ter sido bonitas, mas nesta primavera elas não eram bonitas. Em outra época elas haviam sido os campos de caça dos imperadores annameses. Tigres, cervos e esquilos voadores tinham vivido nelas. Eu costumava imaginar como teria sido uma caçada real, mas só conseguia vê-la como uma história infantil oriental: um quadro imaginário de imperador e imperatriz, príncipes e princesas, favoritos da corte e emissários, todos engalanados para a caçada; figuras esguias numa tapeçaria, a promessa de caçadas sem sangue, uma festa serena que incluía namoros a cavalo e uma presa sorridente. E mesmo agora podia-se ouvir os *marines* comparando essas colinas com as colinas em volta de suas casas, falando como seria um prazer caçar nelas alguma outra coisa que não seres humanos.

Mas na maior parte do tempo, eu acho, os *marines* odiavam essas colinas; não ocasionalmente, como muitos de nós as odiavam, mas constantemente, como uma maldição. Era melhor lutar nas florestas ou nas planícies ressecadas ao longo do rio Cua Viet do que nessas colinas. Eu ouvi um soldado chamá-las certa vez de "zangadas", algo que ele provavelmente ouviu num filme ou série de TV, mas do ponto de vista dele estava certo, a palavra era boa. Portanto, quando nós as dizimamos, destruímos, queimamos porções delas de forma que nada mais nelas vivesse, os *marines* devem ter-se sentido muito bem, com uma leve sensação de poder. Eles tinham caminhado por essas colinas até que suas pernas estivessem em agonia, tinham sido emboscados e retalhados em suas trilhas, encurralados em seus cumes desertos, caídos no chão sob fogo, agarrando-se na folhagem que nelas crescia, chorado sozinhos repletos de medo, exaustão e vergonha, sabendo o tipo de terror que a noite sempre lhes trazia, e agora, em abril, alguma coisa parecida com vingança tinha sido alcançada.

Nunca anunciamos uma política de terra devastada; nunca anunciamos política alguma além de achar e destruir o inimigo, e fomos em frente do modo mais óbvio possível. Usamos o que tínhamos disponível, jogando o maior volume de explosivos na história de todas as guerras em toda a extensão do terreno numa área de 48 quilômetros a partir de Khe Sanh. Usando técnicas de bombardeio de saturação, jogamos mais de 110 mil toneladas de bombas nessas colinas durante as 11 semanas de isolamento de Khe Sanh. As colinas menores foram literalmente viradas pelo avesso, as mais íngremes tornaram-se sem rosto e sem contorno, e as maiores foram deixadas com cicatrizes e crateras de tais proporções que um observador vindo de alguma cultura remota poderia ver nelas a obsessão e regularidade ritual dos símbolos religiosos, o negror do centro emanando raios de terra brilhante e revirada em toda a superfície da circunferência; formas como representações astecas do sol, sugerindo que seus criadores tinham sido homens com enorme reverência pela Natureza.

Certa vez, numa viagem de Chinook de Cam Lo para Dong Ha, eu me sentei ao lado de um *marine* que tirou uma Bíblia de sua sacola e começou a lê-la antes mesmo que tivéssemos decolado. Ele tinha uma pequena cruz rabiscada com caneta esferográfica em sua jaqueta à prova de balas e outra, ainda mais discreta, na cobertura do seu capacete. Era uma figura estranha para um *marine* em combate no Vietnã. Para começar, ele jamais ficaria bronzeado, por mais tempo que passasse ao sol. Apenas ia ficar vermelho e empolado, embora seu cabelo fosse escuro. Ele também era pesado, com possivelmente dez quilos acima de seu peso, embora desse para ver em suas botinas e fardas que ele tinha andado um bocado. Não era um assistente de capelão ou algo assim, apenas um pracinha que por acaso era gordo, pálido e religioso. (Você não encontrava muitos que fossem profundamente religiosos, embora fosse de se esperar, com tantos garotos vindo do sul e do meio-oeste, de fazendas e pequenas cidades rurais.) Apertamos os cintos e ele começou a ler, inteiramente absorto, e eu me inclinei para fora da porta e olhei para a infinita progressão de buracos gigantescos espalhados pelo chão, as cicatrizes de quilômetros de extensão onde o *napalm* ou o *spray* químico tinham corroído toda a camada de vegetação da superfície. (Havia uma tropa especial da Força Aérea para operações de desfolhamento. Eram chamados A Turma do Rancho e seu lema era "Só nós podemos impedir florestas".) Quando eu lhe estendi uns cigarros em oferecimento, ele ergueu os olhos da Bíblia e sacudiu a cabeça, me dando aquele riso rápido e sem sentido que me disse com certeza que ele tinha visto muito combate. Talvez ele tenha estado em Khe Sanh ou na 861 com a 9ª. Não creio que tenha percebido que eu não era um *marine*, eu tinha um colete à prova de balas dos *marines* que encobria a etiqueta de identificação de imprensa costurada na minha farda, mas ele viu a oferta dos cigarros como uma cortesia que ele queria retribuir. Ele me passou a Bíblia aberta, quase gargalhando, e apontou uma passagem. Era Salmos 91,5 e dizia:

> *Não temerás o terror à noite; nem a flecha que voa durante o dia.*
> *Nem a pestilência que caminha na escuridão; nem a destruição que aflige o meio-dia.*
> *Mil cairão ao teu lado e dez mil à tua mão direita, mas nada te afligirá.*

Okei, eu pensei, bom saber disso. Escrevi a palavra "Lindo!" num pedaço de papel e passei de volta para ele, e ele sacudiu o polegar para cima, querendo dizer que também achava. Ele voltou ao livro e eu voltei à porta, mas passei o tempo todo até Dong Ha com o impulso cruel de folhear os Salmos e achar uma passagem que eu poderia oferecer a ele, uma que falasse sobre aqueles que se conspurcaram com suas próprias obras e danaram-se com suas próprias invenções.

O socorro a Khe Sanh começou no dia 1º de abril. Seu nome de código era Operação Pégaso e, embora incluísse mais de 10 mil *marines* e três batalhões completos do Exército vietnamita, seu nome e seu estilo foram tomados emprestados à 1ª Divisão de Cavalaria (Aérea). Uma semana antes, 18 mil membros da Cav haviam deixado sua base em Camp Evans, perto de Dong Ha, e se movido até um ponto no vale de um rio 17 quilômetros a nordeste de Khe Sanh, pouco além do alcance dos grandes canhões que se escondiam nas cavernas das montanhas do Laos. A Cav tinha muitos helicópteros, helicópteros eram a essência da Cav; e os Sky Cranes ergueram equipamento de escavação, os Chinooks transportaram peças de artilharia pesada e dentro de alguns dias havia ali uma base operacional avançada, melhor que a maioria das instalações permanentes na Zona 1, completa com uma pista de aterrissagem de mil metros e *bunkers* profundos e ventilados. Ela foi chamada de LZ Stud, e uma vez completa, Khe Sanh deixou de ser o centro do seu próprio setor; tornou-se apenas mais um objetivo.

Era como se a guerra tivesse acabado. No dia anterior ao início de Pégaso, o presidente Lyndon Johnson tinha anunciado a suspensão dos ataques aéreos contra o norte, e posto uma data de término em sua própria administração. Os *marines* da 11ª de Engenheiros tinham começado a trafegar pela rota 9, desativando minas e reparando pontes, e não encontraram resistência alguma. O bombardeio de Khe Sanh resumia-se a algumas salvas esparsas a cada dia, e já tinham-se passado mais de duas semanas desde que o general Westmoreland havia revelado que, na sua opinião, o ataque a Khe Sanh jamais viria. A 302ª Divisão do NVA tinha saído da área, assim como a 325C. Agora, parecia que todas as tropas do NVA, com exceção de um pequeno número residual, tinham desaparecido. E agora, onde quer que se fosse, via-se a insígnia militar mais confortadora de todo o Vietnã, os escudos amarelo-e-preto da Cav. Agora você estava com os profissionais, com a elite. Pistas de pouso e bases de artilharia estavam sendo construídas num ritmo de três ou quatro por dia, e a cada hora eles estavam mais próximos de Khe Sahn.

Na verdade, era quase bom demais, e lá pelo terceiro dia Pégaso parecia meio estranha. Como operação, ela revelava o gosto do comandante da Cav, o major-general John Tolson, um general de inteligência e sutileza incomuns. A precisão e velocidade da operação eram incríveis, especialmente para alguém que tinha passado a maior parte dos últimos três meses com os *marines*. Pégaso era quase elegante em sua tática e alcance. Stendhal adoraria (ele a chamaria de "um *affair* de bases avançadas"), mas em breve ela começou a se assemelhar mais a um espetáculo que a uma operação militar, uma não-operação criada para não-socorrer o não-sítio de Khe Sahn. Quando eu disse ao general Tolson que não estava conseguindo entender o que a Cav estava fazendo, ele riu e me disse que provavelmente eu sabia mais do que estava achando. Pégaso não tinha objetivo, ele disse. Seu propósito era combater. Mas combater o quê?

Talvez, como anunciávamos, os B-52s tinham afugentado todos eles, destruído sua determinação de atacar. (Dizíamos ter matado 13 mil NVA nesses bombardeios.) Talvez eles tenham deixado Khe Sanh já em janeiro, deixando os *marines* imobilizados, e atravessando a Zona 1 em preparação da Ofensiva do Tet. Muitos acreditavam que uns poucos batalhões suficientemente espertos e ativos poderiam ter mantido os *marines* do lado de dentro da cerca e embaixo da terra durante todas aquelas semanas. Talvez eles tivessem encontrado motivos para não atacar, e voltado para o Laos. Ou A Shau. Ou Quang Tri. Ou Hué. Não sabíamos. Eles estavam em algum lugar, mas não estavam mais em Khe Sanh.

Esconderijos de armas incríveis estavam sendo encontrados, morteiros ainda nos caixotes, lançadores ainda embrulhados no papel de fábrica, AK-47s na embalagem, tudo indicando que unidades a nível de batalhão tinham abandonado o local com muita pressa. A Cav e os *marines* acima da rota 9 estavam encontrando o que sugeria a fuga de companhias inteiras. Foram encontradas mochilas no solo em perfeita formação de companhia, e embora contivessem diários e, freqüentemente, poemas escritos pelos soldados, não havia praticamente informação alguma sobre para onde tinham ido e por quê. Levando em consideração a quantidade de armas e suprimentos encontrados (um recorde em toda a guerra), havia muito poucos prisioneiros, embora um prisioneiro tenha dito aos seus interrogadores que 75% do seu regimento tinha sido morto por nossos B-52s, quase 1.500 homens, e que os sobreviventes estavam morrendo de fome. Ele tinha sido arrancado de um buraco no chão perto da Colina 881 norte e parecia grato por sua captura. Um oficial americano que estava presente ao interrogatório na verdade disse que o menino parecia ter pouco mais que 17 ou 18 anos, e que era medonho que o norte estivesse mandando homens assim tão jovens para uma guerra de agressão. Entretanto, não recordo ninguém, *marine* ou Cav, oficial ou alistado, que não se tenha comovido com a visão de seus prisioneiros, com a súbita consciência do quanto tinha sido sofrido e suportado durante aquele inverno.

Pela primeira vez em 11 semanas, os *marines* de Khe Sanh saíram de seu perímetro, caminharam duas milhas até a Colina 471 e a tomaram, depois do que acabou sendo a única batalha séria durante todo esse tempo. (As zonas de pouso, inclusive a Stud, estavam sendo esporadicamente atacadas com mísseis e canhões; a Cav perdeu algumas aeronaves para a artilharia do NVA; combates pequenos e ocasionalmente violentos aconteciam quase todo dia. Um ou dois sacos com corpos aguardavam remoção na maioria das zonas de pouso na maior parte das tardes, mas era diferente, e este era o problema. Depois do massacre no inverno, tínhamos medo desta graça rara, medo de ficarmos desleixados ou medo de sermos alvo de uma piada. Se tinha que acontecer, uma coisa era acontecer em Hué ou Khe Sanh, e outra em ser um dos poucos. POR QUE EU? Era um grafiti comum nos capacetes.) Você ouvia um soldado da Cav dizer algo na linha de "Parece que os *marines* pisaram numa merda acima da rota 9", mas o que ele realmente queria dizer era "Mas é claro que os *marines* pisaram na merda, o que mais eles estão fazendo nesta guerra?" A atitude da Cav reconhecia que eles também podiam morrer, mas não do mesmo modo que os *marines*. Havia uma história circulando no TAOR da Pégaso sobre um *marine* que tinha sido deixado na encosta de uma colina, empalado por uma lança do NVA: os helicópteros dos *marines* se recusaram a tirá-lo de lá, então a Cav teve que ir pegá-lo. Verdadeira ou não, ela revelava as complexidades da rivalidade entre *marines* e Cav, e quando a Cav mandou uma tropa substituir os *marines* na 471, acabou-se um dos últimos mitos românticos sobre a guerra deixados pelos filmes: não houve gritos, brincadeiras, alegres obscenidades, ou o velho "Ei, você é do Brooklyn? É mesmo? Eu também!". A fila que chegava e a fila que partia se cruzaram sem dizer uma única palavra.

A morte de Martin Luther King invadiu a guerra de um modo como nenhum outro evento já tinha feito. Nos dias que se seguiram houve uma série de distúrbios pequenos e isolados, um ou dois esfaqueamentos, todos oficialmente negados. As instalações recreativas da Marinha em China Beach em Danang foram colocadas fora dos limites por um dia, e na Stud nós ficamos em volta do rádio ouvindo o som de armas automáticas sendo disparadas em várias cidades americanas. Um coronel sulista da equipe do general me disse que era uma pena, uma pena mesmo, mas eu tinha que admitir (não tinha?) que ele estava pedindo uma coisa assim há muito tempo. Um sargento negro da Cav que tinha me levado para jantar na tropa dele na noite anterior me ignorou no dia em que ouvimos as notícias, mas veio me ver na tenda de imprensa mais tarde naquela noite e disse que as coisas não precisavam ser desse jeito. Peguei uma garrafa de Scotch da minha mochila e fomos para fora e sentamos no gramado, vendo os foguetes de iluminação caindo sobre a colina do outro lado do rio. Ainda havia alguma neblina à noite. Na luz dos foguetes parecia neve espessa, e as ravinas pareciam pistas de esqui.

Ele era do Alabama e estava decidido a fazer carreira no Exército. Mesmo antes do assassinato de King ele já tinha percebido o que isso poderia significar algum dia, mas sempre pensava que podia dar um jeito.

"E agora como é que eu vou fazer?", ele disse.

"Eu não sou a melhor pessoa para você perguntar."

"Mas curte essa. Será que vou ter que virar as armas em cima da minha própria gente? Merda!"

E era assim mesmo, praticamente todos os oficiais de carreira negros estavam se debatendo com isso. Ficamos sentados no escuro, e ele me disse que quando tinha cruzado comigo à tarde ele havia ficado enojado. Ele não tinha podido evitar.

"Merda, não posso passar vinte anos neste Exército. De jeito nenhum. Tudo o que eu espero é poder me recusar na hora H. E também eu acho, Porra, por que eu tenho que fazer? Cara, voltar pra casa vai ser uma merda."

Houve um tiroteio na colina, uma dúzia de disparos de M-79 e o bap-bap-bap surdo de uma AK-47, mas era lá longe, havia uma divisão americana inteira entre aquilo e nós. Mas o homem estava chorando, tentando olhar para o outro lado enquanto eu tentava não olhar.

"É uma noite ruim pra você decidir", eu disse. "O que é que eu posso te dizer?"

Ele se levantou, olhou para a colina e começou a ir embora. "Aí, cara", ele disse. "Já tô cheio dessa guerra."

Em Langvei achamos o corpo de um americano que havia dois meses estava esticado no banco traseiro de um jipe acidentado. Isso foi no topo da pequena colina oposta à colina que continha os *bunkers* das Forças Especiais que haviam sido tomados pelo NVA em fevereiro. Eles ainda estavam lá, a 700 metros dali. O cadáver era a pior coisa que eu já tinha visto, completamente enegrecido a essa altura, a pele do rosto tão esticada para trás, como couro, que todos os dentes estavam à mostra. Ficamos indignados porque ele não tinha sido enterrado ou pelo menos coberto e nos distanciamos para tomar posições na colina. Então o Exército vietnamita moveu-se na direção dos *bunkers* e foi recebido com fogo de metralhadora. Ficamos na colina vendo enquanto *napalm* era jogado contra os *bunkers*, e depois quando tiros de rifle foram desfechados pelas aberturas de ventilação. Voltei para a Stud. No dia seguinte, uma companhia da Cav fez uma tentativa, movendo-se em fila dupla por terreno alto e baixo em torno dos *bunkers*, mas o espaço entre as colinas não oferecia cobertura alguma, e eles tiveram que voltar. Naquela noite, eles foram alvo de artilharia pesada, mas não tiveram baixas sérias. Voltei no terceiro dia com Rick Merron e John Lengle, da Associated Press. Os *bunkers* tinham sofrido bombardeio aéreo pesado durante a noite, e agora dois helicópteros pequeninos, Loaches, estavam parados no ar alguns metros acima das aberturas, derramando fogo dentro delas.

"Cara, um *dink* com uma 45 podia fazer tanta merda nesses Loaches que eles num iam ter mais jeito", um jovem capitão disse. Era realmente incrível, aquelas aeronaves mínimas eram as coisas mais bonitas voando no Vietnã (era preciso parar de vez em quando para admirar a maquinaria), eles ficavam pairando ali acima dos *bunkers* como vespas perto do ninho. "É feito sexo", o capitão disse. "É puro sexo."

Um dos Loaches subiu repentinamente e voou por cima da colina, atravessou o rio e disparou para o Laos. Depois fez uma volta rápida, desceu um pouco, veio diretamente na nossa direção e ficou ali em cima. O piloto mandou um rádio para o capitão.

"Senhor, tem um *gook* ca-ca-cavando uma trilha para o Laos. Permissão para matá-lo."

"Permissão dada."

"Obrigado", o piloto disse, e a aeronave interrompeu seu movimento suspenso e disparou para cima da trilha, despejando suas armas.

Um morteiro voou por perto, quase pegando a colina, e corremos para os *bunkers*. Mais dois vieram e erraram, e então nos movemos para a colina oposta mais uma vez, com um olho prestando atenção nas aberturas de metralhadora para ver se havia súbitos *blips* de luz, e com o outro no chão, por causa de minas. Mas eles os tinham abandonado durante a noite, e nós os tomamos sem um tiro, ficando em pé em cima dos *bunkers*, olhando para o Laos, além dos restos de dois tanques russos bombardeados, nos sentindo aliviados, vitoriosos e bobos. Quando Merron e eu voamos de volta para Stud naquela tarde, o cadáver de dois meses voltou conosco. Só se lembraram de cobri-lo dois minutos antes de o helicóptero nos pegar, e o saco de borracha estava infestado de moscas até que o movimento do helicóptero as espantou. Desembarcamos nos Serviços Funerários com ele, onde um dos funcionários abriu o saco e disse: "Porra, isso é um *gook*! Por que trouxeram ele *pra cá*?"

"Olha, pelo amor de Deus, ele tá com nosso uniforme."

"Não tô nem aí, isso aí não é americano, é uma porra de um *gook*!"

"Espera um pouco", o outro disse. "Talvez seja um crioulo..."

O helicóptero que nos levou de volta a Khe Sanh mal tinha tocado a pista e nós já estávamos correndo de novo. Eu devo ter visto os *marines* jogando *softball* lá, descansando, pondo roupa para secar, mas rejeitei tudo e corri de qualquer modo. Eu só sabia agir assim por lá. Eu sabia onde estava a trincheira, e fui direto para lá.

"Deve ser treinamento de pára-quedista", um praça falou, e eu diminuí o passo.

"Num precisa mais correr", um *marine* negro disse. Todos eles tinham tirado as camisas das fardas, devia haver centenas deles, todos em volta da pista. Não parecia possível, mas eu sabia que devia estar certo; notei o peso da minha jaqueta à prova de balas e da minha mochila quando eu corria. Cerca de quinhentos *rangers* vietnamitas estavam sentados perto da pista com todo seu equipamento em volta deles. Um deles correu na direção de um americano, provavelmente um consultor, e lhe deu um abraço apertado. Eles estavam saindo naquela manhã. O substituto do coronel Lowds devia chegar à base a qualquer instante, e alguns da 26ª já tinham sido levados de helicóptero para Hoi An, ao sul de Danang. A nova sala de triagem de Charlie Med tinha acabado de ser construída, no mais fundo subterrâneo, e bem iluminada, mas apenas uns poucos homens estavam sendo atendidos nela. Fui para a posição da Companhia Hotel mas eles tinham ido embora; uma companhia da Cav estava lá. Eles tinham limpado todo o chão da trincheira ao longo do perímetro, e o velho *bunker* cheirava como se tivesse sido cavado naquela manhã. Não era à toa que os *marines* chamavam a Cav de "os caras" e ficavam sem jeito quando eles estavam por perto. Eu estava mijando no chão perto de um dos paióis quando um sargento dos *marines* veio falar comigo.

"Por favor, use o tubo de mijo da próxima vez."

Não tinha nem me ocorrido; eu não conseguia me lembrar de jamais ter visto um tubo de mijo em Khe Sanh.

"A Cav tomou conta da maior parte do perímetro?", perguntei.

"Hmmmmmm."

"Deve ser um alívio não ter mais que se preocupar com isso."

"Porra, eu ia me sentir muito melhor se tivéssemos *marines* aqui ainda. Merda de Cav, tudo o que eles fazem é dormir na vigia."

"Você já viu isso?"

"Não, mas é isso que eles fazem."

"Você não gosta muito da Cav."

"Eu não diria isso."

Mais adiante na pista, a uns 400 metros, havia um homem sentado nuns caixotes de munição. Estava sozinho. Era o coronel. Eu não o via há quase seis semanas e ele agora parecia cansado. Tinha o mesmo olhar dos outros *marines* aqui, e as extremidades do seu bigode tinham sido enroladas tortuosamente em duas pontas que estavam meladas e duras de café com leite. Sim, ele disse, com certeza seria bom sair deste lugar. Estava sentado ali olhando as colinas, e acho que ele devia estar completamente hipnotizado por elas a essa altura; não eram as mesmas colinas que o haviam cercado durante os últimos dez meses. Durante tanto tempo elas haviam guardado um mistério tão amedrontador que quando subitamente elas haviam-se tornado novamente pacíficas era como se uma enchente tivesse passado sobre elas, transformando-as completamente.

Uma pequena força americana foi mantida em Khe Sanh durante os meses seguintes e os *marines* voltaram a patrulhar as colinas, como haviam feito no ano anterior. Um enorme número de pessoas queria saber como a Base de Combate Khe Sanh podia ter sido a âncora ocidental da nossa defesa num mês e um pedaço de terra sem valor no outro, mas disseram a elas simplesmente que a situação tinha mudado. Muitas pessoas suspeitaram que algum tipo de acordo secreto tinha sido feito com o norte; a atividade ao longo da DMZ parou por completo depois que Khe Sanh foi abandonada. A Missão disse que era uma vitória, o general Westmoreland disse que tinha sido "Dien Bien Phu ao contrário". No início de junho os engenheiros enrolaram a pista de aterrissagem e a transportaram de volta para Dong Ha. Os *bunkers* foram enchidos de explosivos potentes e destruídos. Os sacos de areia e o arame farpado que restaram foram deixados por conta da selva, que cresceu com a violência da energia do verão nas serras, como que se em algum lugar houvesse uma impaciência em esconder todos os vestígios do que o inverno deixara.

PÓS-ESCRITO: CHINA BEACH

Era uma grande extensão de praia curva diante da baía de Danang. Mesmo durante as monções as tardes eram mornas e claras, mas agora, em agosto, os ventos secos e quentes levantavam a areia áspera através da praia e a jogavam nos seus olhos, atirando-a violentamente contra a pele. Todo *marine* da Zona 1 passava alguns dias em China Beach pelo menos uma vez durante os 13 meses do seu serviço. Era um lugar onde podiam ir nadar e surfar, ficar bêbados, ficar doidões, trepar, se ajeitar, curtir nos puteiros, alugar veleiros ou simplesmente dormir na praia. Às vezes era apenas uma folga, pequenas férias, às vezes era um prêmio por serviços extraordinários, extraordinária bravura. Alguns *marines*, aqueles que eram mais do que apenas bons em combate, acabavam vindo aqui uma vez por mês, porque os comandantes de suas companhias não gostavam de tê-los por perto entre uma operação e outra. Com suas medalhas e comendas eles ganhavam três dias de licença, uma trégua com promessas de comida quente, chuveiros quentes, tempo para se divertir e quilômetros de praia. Às vezes os helicópteros da Cav voavam baixo ao longo da praia, sacaneando os *marines*, e uma vez, quando uma garota linda de biquíni foi vista, um deles acabou aterrissando. Mas viam-se muito poucas mulheres ali, a maior parte do tempo eram só *marines*, e em alguns dias havia milhares deles. Eles brincavam nas ondas, jogando água, rindo e gritando, deslizando em discos de praia ao longo da linha da água, brincando como crianças. Algumas vezes eles ficavam apenas deitados dormindo, meio na água, meio na areia. Não eram imagens de guerra, você sabia, mas eles eram *marines* e havia alguma coisa terrível em vê-los ali, largados à mercê das ondas.

Perto da praia havia um longo e pouco ventilado prédio de concreto que servia de lanchonete. Tinha a melhor *jukebox* do Vietnã, e os *marines* negros passavam mais tempo ali do que na praia, dançando em torno da sala, carregando pilhas de hambúrgueres gordurosos, batatas fritas molengas, copos de papel gigantes cheios de leite maltado, suco de uva ou (porque era tão bonito, um deles me disse) suco de tomate. Você ficava nas mesas ouvindo a música, feliz de estar longe do sol, e de vez em quando alguns pracinhas reconheciam você de alguma operação e vinham falar com você. Era sempre bom vê-los, mas sempre havia más notícias, e algumas vezes observar o que a guerra tinha feito com eles era horrível. Os dois que se aproximaram de mim agora pareciam estar bem.

"Você é um repórter, não é?"

Eu fiz que sim.

"Nós te vimos uma vez em Khe Sanh."

Eles eram da 26ª dos *Marines*, Companhia Hotel, e me contaram tudo o que tinha acontecido com a tropa desde abril. Eles não eram do mesmo pelotão de Orrin e Day Tripper, mas sabiam que ambos tinham voltado para casa. Um dos caras que tinham saído correndo para pegar uma maca para que eu pudesse dormir estava num grande hospital no Japão. Eu não conseguia me lembrar do nome do pracinha de quem mais queria notícias, eu provavelmente estava com medo do que eles iam dizer, mas o descrevi. Um carinha louro que estava tentando deixar crescer o bigode.

"Ah, você tá falando do Stoner."

"Não, não era isso. Ele estava sempre com o Day Tripper. Esse cara que eu estou falando pediu extensão de serviço em março. Um carinha maluco, muito engraçado."

Eles se entreolharam, e eu me arrependi de ter feito a pergunta.

"Sei quem é o cara", um deles disse. "Ele estava sempre correndo e cantando umas merdas doidas, não é? É, eu sei. Foi morto. Qual era mesmo o nome do putinho?"

"Não sei quem é", o outro *marine* disse.

"Porra, sabe sim, ele foi apagado naquela porra de operação *linda* lá em Hoi An. Cê se lembra, em maio?"

"Ah, tá. Ele."

"Tomou uma porra de uma RPG* bem no peito. *Puta merda*, eu vou me lembrar o nome dele."

Mas agora eu já havia me lembrado do nome, e fiquei ali sentado, brincando com um vidro de óleo de bronzear.

"Era Montefiori", um deles disse.

"Não, mas começava com um M", o outro disse.

"Winters!"

"Não, seu babaca burro, desde quando Winters começa com M?"

"Aquele garoto Morrisey."

"Agora cê tá de sacanagem comigo. Morrisey voltou pra casa semana passada..."

Eles continuaram nisso por algum tempo, realmente não conseguiam se lembrar do nome. Para eles era uma questão de orgulho e gentileza recordar o nome de um companheiro morto, eles iam tentar, mas quando acharam que eu não estava prestando atenção, olharam um para o outro e sorriram.

---

* Sigla para *rocket propelled grenade*, granada atirada por lança-morteiros. (N. da T.)

SALVAS DE ILUMINAÇÃO

Estávamos todos presos aos nossos assentos no Chinook, cinqüenta de nós, e alguma coisa, alguém, estava batendo nele do lado de fora com um martelo enorme. Como eles conseguem fazer isso?, eu pensei, estamos a milhares de metros no ar! Mas tinha que ser isso, mais uma vez e mais outra vez, sacudindo o helicóptero, fazendo-o perder altura e oscilar num horrível movimento descontrolado que era como um soco no meu estômago. Eu tinha que rir, era eletrizante, era o que eu queria, quase o que eu queria, a não ser por aquele eco metálico; eu podia ouvi-lo acima do ruído dos rotores. E eles iam consertar isso, eu sabia que eles iam fazê-lo parar. Eles tinham que fazer isso, aquilo ia me fazer vomitar.

Eles eram todos substitutos indo fazer uma faxina depois das grandes batalhas das Colinas 875 e 876, batalhas que já haviam assumido o nome de uma grande batalha, a Batalha de Dak To. E eu era um novato, novinho em folha, há apenas três dias no país, sem graça porque minhas botinas eram tão novas. E bem na minha frente, a 3 metros de distância, um garoto pulou tentando se livrar das amarras de segurança e então tombou para a frente, ficou ali pendurado, a coronha do seu rifle presa no plástico vermelho trançado que cobria as costas do assento. Quando o helicóptero subiu novamente e fez uma volta, seu peso voltou para trás de encontro ao plástico e uma mancha escura do tamanho da mão de um bebê apareceu no centro da jaqueta do seu uniforme. E cresceu — eu sabia o que era, mas ao mesmo tempo não sabia —, foi para suas axilas e começou a descer pelas mangas e para os ombros ao mesmo tempo. Foi toda a vida até a cintura dele e para baixo pelas pernas, cobrindo a lona em suas botinas até que elas estivessem tão escuras quanto todo o resto que ele estava vestindo, e estava escorrendo da ponta de seus dedos em gotas lentas, pesadas. Achei que podia ouvir as gotas caindo na placa de metal do chão do helicóptero. Ei!... Ah, mas isso não é nada, não é de verdade, é só uma *coisa* que está acontecendo com eles e que não é de verdade. Um dos artilheiros da porta estava embolado no chão como um boneco de pano. Sua mão tinha o aspecto cru e sangüinolento de meio quilo de fígado recém-saído do embrulho do açougueiro. Descemos na mesma pista de pouso de onde tínhamos saído alguns minutos antes, mas eu não sabia disso até que um dos caras bateu no meu ombro, e aí eu não conseguia me levantar. Tudo o que eu sentia das minhas pernas era o tremor que as sacudia, e o cara achou que eu tinha sido atingido e me ajudou a levantar. O helicóptero tinha sido atingido oito vezes, havia estilhaços de plástico espalhados por todo o chão, um piloto agonizando lá na frente e o garoto pendurado nas amarras, ele estava morto, mas não (eu sabia) morto de verdade.

Demorou um mês para eu perder essa sensação de que eu era um espectador em alguma coisa que era meio jogo, meio espetáculo. Naquela primeira tarde, antes de embarcar no Chinook, um sargento negro tentou me impedir de ir. Ele me disse que eu era novato demais para chegar perto da merda que estava rolando naquelas colinas. ("Você é um repórter?", ele havia me perguntado, e eu tinha dito: "Não, um escritor", babaca burro e pomposo, e ele havia rido e dito "Tenha cuidado. Não dá pra usar uma borracha pra apagar as coisas lá onde você está indo.") Ele apontou para os corpos de todos os americanos mortos, dipostos em duas longas filas perto do campo de pouso do helicóptero, tantos que eles não conseguiam cobri-los todos decentemente. Mas então eles não eram verdadeiros, e não me ensinaram nada. O Chinook tinha chegado, soprando meu capacete para longe, e eu o apanhei e me juntei aos susbtitutos que já estavam a bordo esperando. "*Okei*, cara", o sargento disse. "Se você tem que ir, tem que ir. Tudo o que eu posso te dizer é tomara que o ferimento seja bem limpo."

A batalha pela Colina 875 tinha terminado, e alguns sobreviventes estavam sendo trazidos por Chinooks para a pista de aterrissagem em Dak To. A 173ª Aerotransportada tinha sofrido quatrocentas baixas, quase duzentos mortos, tudo na tarde anterior, num combate que tinha entrado noite adentro. Estava muito frio e úmido lá em cima e algumas garotas da Cruz Vermelha tinham sido mandadas de Pleiku para confortar os sobreviventes. Enquanto as tropas saíam em fila dos helicópteros, as garotas acenavam e sorriam para eles atrás de mesas arrumadas como bufês. "Ei, soldado! Qual o seu nome?", "De onde você é, soldado?", "Tenho certeza que um café bem quente ia cair muito bem agora".

E os homens da 173ª continuavam andando sem responder, olhando fixamente para a frente, os olhos vermelhos de fadiga, os rostos marcados e envelhecidos por tudo o que tinha acontecido durante a noite. Um deles saiu da fila e disse alguma coisa para uma garota barulhenta e gorda que estava com um agasalho do Peanuts embaixo da blusa da farda, e ela começou a chorar. O resto simplesmente continuou a passar pelas garotas e os grandes bules verde-oliva com café. Eles não tinham a menor idéia de onde estavam.

Um oficial de carreira sênior das Forças Especiais estava contando uma história: "A gente tava lá em Bragg, no Clube dos Oficiais, e entrou uma professora, e ela era bonita mesmo. O Dusty aqui agarra ela pelos ombros e começa a passar a língua pela cara toda dela como se ela fosse um puta sorvete de casquinha. E sabe o que ela diz? Ela diz: 'Eu gosto de você. Você é diferente.'"

Houve um tempo em que acendiam seu cigarro no terraço do Hotel Continental. Mas esse tempo foi vinte anos atrás, e, de todo modo, quem tem saudade dele? Agora tem um americano maluco que se parece com George Orwell, e ele está sempre curando suas bebedeiras dormindo numa daquelas cadeiras de vime ali, caído em cima da mesa, acordando de repente num acesso de fúria, dando uns berros e depois voltando a dormir. Ele deixa todo mundo nervoso, especialmente os garçons; os antigos que já serviram os franceses e os japoneses e os primeiros jornalistas americanos e sujeitos do OSS* ("aqueles idiotas barulhentos no Continental", como Graham Greene os chamava) e os muito jovens que limpavam as mesas e faziam uma cafetinagem modesta. O garoto do elevador ainda saúda os hóspedes toda manhã com um "*Ça va*?" bem baixinho, e raras vezes recebe uma resposta, e o velho carregador de mala (que também fornecia maconha) se senta no *lobby* e diz "Como você está amanhã?".

Ode to Billy Joe está tocando nas caixas de som montadas nas colunas laterais do terraço, mas o ar parece pesado demais para carregar o som direito, e ele fica pendurado pelos cantos. Um sargento-mestre da 1ª Divisão de Infantaria, exausto e bêbado, comprou uma flauta do velho de *short* cáqui e chapelão de palha que vende instrumentos na rua Tu Do. O velho se debruça sobre as jardineiras repletas de guimbas e toca *Frère Jacques* num instrumento de cordas com bojo de madeira. O sargento comprou a flauta e a está tocando docemente, pensativamente, muito mal.

As mesas estão cheias de engenheiros da construção civil americanos, homens ganhando 30 mil dólares por ano em seus contratos com o governo, e tirando a mesma coisa do mercado negro. Seus rostos têm o aspecto de fotos aéreas de poços de silicone, todos cobertos de carne frouxa e veias aparentes. Suas amantes eram as mulheres mais bonitas, mais tristes do Vietnã. Sempre me perguntei como elas teriam sido antes de terem feito seus tratos com os engenheiros. Você as via ali nas mesas, sorrindo aqueles sorrisos duros, vazios, para aqueles rostos vastos, brutais, apavorados. Não era à toa que todos aqueles homens pareciam iguais para os vietnamitas. Depois de algum tempo, eles também me pareciam todos iguais. Na estrada Bien Hoa, ao norte de Saigon, há um monumento aos mortos de guerra vietnamitas, e é uma das poucas coisas graciosas que restaram no país. É um pagode modesto construído acima da estrada, alcançado por longos patamares de degraus que sobem suavemente. Num domingo, vejo um bando desses engenheiros subindo de Harley por esses degraus, rindo e gritando ao sol da tarde. Os vietnami-

* Sigla para Office of Strategic Services, primeira agência centralizada de operações de inteligência dos Estados Unidos, e que seria a antecessora imediata da CIA. (N. da T.)

tas tinham um nome especial para eles, para distingui-los de todos os outros americanos; sua tradução era aproximadamente "Os Horríveis", embora tenham-me dito que isso não chega nem perto do ódio carregado pela palavra original.

Havia um jovem sargento nas Forças Especiais, estacionado no Destacamento C em Can Tho, que servia de quartel-general para as FE. No total, ele já tinha passado 36 meses no Vietnã. Este era seu terceiro turno prolongado, e ele planejava voltar assim que fosse possível, depois do término do seu serviço atual. Durante seu último turno ele havia perdido em combate um dedo e parte de um polegar, e de um modo geral já tinha levado tiros suficientes para ganhar três Purple Hearts,* o que quer dizer que não era mais obrigado a lutar no Vietnã. Depois de algum tempo, eu acho que ele passou a ser visto mais como um risco em combate, mas ele era tão teimoso que lhe haviam dado o Clube Militar para administrar. Ele fazia um bom trabalho e parecia feliz, mas havia engordado muito no emprego, e isso o destacava dos demais homens. Ele adora atazanar os vietnamitas da base, pulando neles por trás, se encostando neles com todo o seu peso, dando empurrões neles e puxando suas orelhas, dando socos às vezes um pouco fortes no estômago deles, sorrindo um sorriso duro o tempo todo, como se para dizer a eles que aquilo não passava de brincadeira. Os vietnamitas sorriam também, até que ele dava as costas para ir embora. Ele amava os vietnamitas, ele dizia, ele realmente os *conhecia* depois de três anos. Na opinião dele, não havia lugar no mundo melhor do que o Vietnã. E em sua casa na Carolina do Norte ele tinha um grande armário com porta de vidro onde guardava suas medalhas, condecorações e citações, as fotografias tiradas durante três turnos de serviço e incontáveis batalhas, cartas de antigos comandantes, algumas lembranças. O armário ficava no meio da sala de estar e, ele disse, toda noite sua mulher e seus três filhos traziam a mesa da cozinha e a colocavam bem na frente dele para jantar.

A 240 metros de altura sabíamos que estavam atirando em nós. Alguma coisa atingiu a parte de baixo do helicóptero mas não penetrou a fusela-

---

* Medalha militar americana para soldados feridos em combate. (N. da T.)

gem. Não eram balas traçantes, mas dava para ver brilhantes *blips* de luz lá embaixo, e o piloto deu uma volta e desceu muito rápido, apertando o botão que disparava o fogo dos *flex guns** montados dos dois lados do Huey. Cada quinta rajada era traçante, e voava, para fora e para baixo, incomparavelmente graciosa, cada vez mais próxima, até encontrar o minúsculo ponto de luz que vinha da selva. O fogo de terra parou e fomos aterrissar em Vinh Long, onde o piloto bocejou e disse: "Acho que vou dormir cedo esta noite e ver se consigo acordar com algum entusiasmo por esta guerra."

Um capitão das Forças Especiais, de 24 anos, estava me contando como era. "Eu saí e matei um VC e libertei um prisioneiro. Dia seguinte o major me chamou e disse que eu tinha matado 14 VCs e libertado seis prisioneiros. Você quer ver a medalha?"

Havia um pequeno restaurante na esquina de Le Loi e Tu Do, do outro lado da rua do Hotel Continental e do velho teatro de ópera que agora era a Câmara dos Deputados vietnamita. Alguns de nós o chamávamos de Leiteria Graham Greene (uma cena de *Um Americano Tranqüilo* se passava nele) mas seu nome era Givral. Toda manhã eles faziam suas próprias bisnagas e seus *croissants*, e o café não era muito ruim. Às vezes eu me encontrava nele com um amigo para o café-da-manhã.

Ele era belga, alto, um homem de trinta anos que se movia lentamente e tinha nascido no Congo. Ele admitia conhecer e gostar de guerra, e fazia ares de mercenário. Ele vinha fotografando a coisa toda do Vietnã havia sete ou oito anos já, e de vez em quando ia ao Laos e andava pelas florestas com o governo, procurando pelo temido Pathet Lao,** que ele pronunciava "Paddy Lao". As histórias que os outros contavam sobre o Laos sempre pintavam o país como uma terra da fantasia onde ninguém queria ferir ninguém, mas ele dizia que toda vez que saía numa operação mantinha uma granada colada com fita em sua barriga, porque era católico e sabia o que o Paddy Lao faria com ele se fosse capturado.

---

* Tipo de arma automática desenvolvida especialmente para combate em helicópteros. (N. da T.)

** Movimento guerrilheiro comunista. Em 1975 o Pathet Lao tomaria o poder, para retê-lo até os dias de hoje. (N. da T.)

Ele sempre usava óculos escuros, provavelmente também durante as operações. Ele vendia suas fotos para as agências de notícias, e vi algumas delas em revistas americanas. Ele era gentil de uma forma brusca e desajeitada, gentileza o envergonhava, e ele era tão mal-educado quando estava com outras pessoas, tão ávido por chocar os outros, que não podia compreender por que tantos de nós gostávamos dele. Em conversas, seu tom predominante era a ironia e a idéia de como a guerra podia ser requintada quando toda a sua engrenagem estava funcionando bem. Ele estava explicando o final de uma operação recente da qual havia participado, na Zona de Guerra C, acima de Cu Chi.

"Havia muitos VCs mortos", ele disse. "Dúzias e dúzias deles! Muitos eram daquela mesma aldeia que anda dando trabalho a vocês ultimamente. VC de alto a baixo — Michael, naquela aldeia até as porras dos *patos* são VC. Então o comandante americano mandou suspender uns vinte ou trinta corpos numa cesta num helicóptero e jogar em cima da aldeia. Devo dizer que foi uma queda de uns 60 metros de altura pelo menos, todos esses vietcongues mortos, bem no meio da aldeia."

Ele sorriu (eu não podia ver seus olhos).

"Ah, Guerra Psicológica!", ele disse, beijando as pontas dos dedos.

Bob Stokes da *Newsweek* me contou esta: Num grande hospital dos *marines* em Danang eles têm uma "Enfermaria da Mentira Branca", onde tratam os piores casos, os que podem ser salvos mas jamais serão os mesmos novamente. Um jovem *marine* foi carregado para lá, ainda inconsciente e cheio de morfina, e sem as pernas. Quando estava sendo carregado para a enfermaria ele viu um capelão católico do seu lado.

"Padre", ele disse. "Eu estou bem?"

O capelão não sabia o que dizer. "Você vai ter que conversar sobre isso com os médicos, meu filho."

"Padre, as minhas pernas estão *okei*?"

"Sim", disse o capelão. "É claro que sim."

Na tarde seguinte o choque tinha passado e o garoto já sabia de tudo. Ele estava deitado na sua cama quando o capelão veio vê-lo.

"Padre", o *marine* disse. "Eu quero lhe pedir uma coisa."

"O quê, meu filho?"

"Eu queria essa cruz." E ele apontou para a pequena insígnia prateada na lapela do capelão.

"Claro", disse o capelão. "Mas por quê?"

"Bom, foi a primeira coisa que eu vi quando cheguei aqui ontem, e gostaria de tê-la comigo."

O capelão removeu a cruz e deu para ele. O *marine* segurou-a bem apertada em sua mão e olhou para o capelão.

"Você mentiu pra mim, padre", ele disse. "Seu veado, você mentiu pra mim."

Seu nome era Davies, e ele era o artilheiro de um grupo de helicópteros baseado no aeroporto de Tan Son Nhut. No papel, de acordo com os regulamentos, estava alojado num dos grandes "hotéis" BEQs* em Cholon, mas ele apenas deixava suas coisas lá. Na verdade ele vivia numa pequena casa vietnamita de dois andares muito mais para dentro de Cholon, o mais longe possível de papéis e regulamentos. Toda manhã ele pegava um ônibus do Exército com grades nas janelas até a base e voava em missões de combate, a maioria em torno da Zona de Guerra C, ao longo da fronteira cambojana, e na maioria das noites ele voltava para casa em Cholon, onde vivia com sua "esposa" (que ele tinha achado num dos bares) e alguns outros vietnamitas que aparentemente eram a família da garota. Sua *mamma-san* e seu irmão estavam sempre lá, vivendo no primeiro andar, e havia outros que iam e vinham. Ele raramente via o irmão, mas de vez em quando ele achava uma pilha de rótulos e logotipos rasgados de embalagens e caixas, produtos americanos que o irmão queria do PX.

A primeira vez que o vi ele estava sentado sozinho numa mesa no terraço do Continental, bebendo uma cerveja. Tinha um bigode espesso e comprido, olhos tristes, e estava vestindo uma camisa de brim e *jeans* bege-claro. Também tinha uma Leica e uma cópia de *Ramparts,*** e eu simplesmente presumi que era um correspondente. Eu ainda não sabia que se podia comprar *Ramparts* no PX, e depois que a pedi emprestado e devolvi, nós começamos a conversar. Era uma edição que tinha católicos

---

* Sigla para Bachelers Enlisted Quarters, alojamento de solteiros alistados.

** Revista socialista americana. (N. da T.)

de esquerda como Jesus Cristo e Fulton Sheen na capa. "*Catholique?*", uma das garotas de bar diria mais tarde naquela noite. "*Moi aussi*", e ficaria com a revista. Foi quando estávamos andando por Cholon debaixo de chuva tentando encontrar Hoa, a mulher dele. *Mamma-san* tinha dito que ela fora ao cinema com umas amigas, mas Davies sabia o que ela estava fazendo.

"Eu odeio essa merda", ele disse. "É muita baixaria."

"Então não atura mais."

"Isso aí."

A casa de Davies ficava no final de uma ruela longa e estreita que se transformava em pouco mais que um beco, cheirando a fumaça de cânfora e peixe, cheia de gente, mas limpa. Ele não falava com *mamma-san,* e entrou direto para o segundo andar. Era um longo aposento que tinha uma área de dormir separada por umas cortinas muito finas. No topo da escada havia um grande pôster de Lenny Bruce e, abaixo dele, como num altar, uma mesa baixa com um Buda e um incenso aceso.

"Lenny", Davies disse.

A maior parte da parede era coberta por uma colagem que Davies tinha feito com a ajuda de alguns amigos. Incluía imagens de monges em chamas, pilhas de corpos de vietcongues mortos, *marines* feridos gritando e chorando, o cardeal Spellman acenando de um helicóptero, Ronald Reagan com seu rosto dividido em dois, separado por um galho de *cannabis*; fotos de John Lennon olhando através de seus óculos de metal, Mick Jagger, Jimi Hendrix, Dylan, Eldridge Cleaver, Rap Brown; caixões envoltos em bandeiras americanas cujas estrelas tinham sido substituídas por suásticas e símbolos de dólar; pedaços variados de fotos da *Playboy*, manchetes de jornais (FAZENDEIROS MATAM PORCOS EM PROTESTO CONTRA QUEDA NO PREÇO DA CARNE), legendas de fotos (*Presidente faz piada para repórteres*), lindas meninas segurando flores, chuvas de símbolos da paz; Ky prestando continência, uma nuvem atômica em forma de cogumelo no lugar de seus genitais; um mapa do Oeste dos Estados Unidos com a forma do Vietnã invertida e colocada no lugar da Califórnia, e uma figura grande, longa, que começava embaixo com reluzentes botas de couro e joelhos cobertos de *rouge* e subia para uma microssaia, seios nus, ombros graciosos e um longo pescoço encimado pelo rosto calcinado, enegrecido de uma mulher vietnamita morta.

Quando os amigos de Davies chegaram, nós já estávamos chapados. Podíamos ouvi-los lá embaixo, rindo e conversando com *mama*, e então eles subiram as escadas, três negões e dois caras brancos.

"Aqui tá com um cheiro *diferente*", um deles disse.

"Oi, seus doidões."

"Esse bagulho é ruim", Davies disse. "Toda vez que eu fumo esse bagulho aqui eu amarro o maior bode."

"Num tem nada ruim com o bagulho", alguém disse. "Num é o bagulho."

"Cadê a Hoa?"

"Isso aí, Davies, cadê tua garota?"

"Tá rodando bolsinha e eu já tô puto com isso." Ele tentou fazer um ar zangado, mas parecia apenas infeliz.

Um deles estendeu um baseado e se esticou todo. "Diazinho ruim", ele disse.

"Onde você voou?"

"Bu Dop."

"Bu Dop!", um dos negões disse e começou a ir na direção do baseado, dançando e mexendo os ombros, balançando a cabeça. "Bu Dop, budop, bu dop dop *dop*!"

"*Funky, funky* Bu Dop."

"Ei, cara, dá pra ter *overdose* de bagulho?"

"Num sei, *baby*. Talvez a gente possa arrumar emprego no Campo de Provas de Aberdeen fumando bagulho pro Uncle Sugar."*

"Cara, tô chapado. Ei, Davies, tu tá chapado?"

"*Yeah*", Davies disse.

A chuva tinha recomeçado, tão forte que não dava para ouvir as gotas, só a força pura da água batendo de encontro ao telhado de metal. Fumamos um pouco mais e os outros começaram a sair. Davies parecia estar dormindo com os olhos abertos.

"Aquela vaca", ele disse. "Puta de merda. Cara, tô pagando a maior grana pela casa e essas pessoas aí embaixo. Nem sei quem eles são, juro por Deus. Eu tô... tô ficando cheio disso."

---

* Gíria para o FBI. (N. da T.)

"Falta pouco tempo pra você agora", alguém disse. "Por que você não dá o pinote?"

"Tá falando sartar fora?"

"Por que não?"

Davies ficou em silêncio por um longo tempo.

"*Yeah*", ele disse finalmente. "Tá ruim. Ruim mesmo. Acho que vou dar o fora daqui."

Um coronel dos helicópteros, comandando uma brigada da 4ª Divisão de Infantaria: "Aposto como você se pergunta por que nós os chamamos de *dinks* neste pedaço do país. Foi idéia minha. Vou te contar, eu *nunca* gostei de ouvir eles sendo chamados de Charlie. É que eu tenho um tio chamado Charlie, e gosto dele. Não, Charlie era bom demais pra esses merdas. Então eu pensei: O que eles *realmente* são? E pensei em *rinky-dink.** Perfeito pra eles, *rinky-dink.* Só que era comprido demais, então a gente cortou um pouco. E por isso é que a gente os chama de *dinks.*"

Numa manhã antes de o sol nascer, Ed Fouhy, ex-chefe do escritório de Saigon da CBS, foi para o 8º Porto Aéreo em Tan Son Nhut para pegar o primeiro vôo militar para Danang. Embarcaram quando o sol despontava, e Fouhy se acomodou ao lado de um garoto num uniforme amarfanhado, um desses soldados cujo cansaço vai muito além da exaustão física, para um lugar onde nenhuma quantidade de sono vai conseguir dar a esse garoto o repouso que ele precisa. Cada movimento moroso que eles fazem diz o quanto estão cansados, e que eles vão permanecer cansados até o fim do seu serviço e hora em que o grande pássaro voá-los de volta ao Mundo. Seus olhos são meio apagados, seus rostos quase inchados e quando eles sorriem é um gesto simbólico.

Tem uma pergunta padrão que se pode usar para começar uma conversa com soldados, e Fouhy tentou. "Há quanto tempo você está aqui?", ele perguntou.

O garoto levantou a cabeça; a pergunta *não podia* ser séria. Havia um peso em cima dele, e as palavras vieram devagar.

"Esta porra deste dia todo", ele disse.

---

* Gíria para insignificante, porcaria. (N. da T.)

"Ocês devia fazê uma matéria comigo umdiadesse", o garoto falou. Era um artilheiro de helicóptero, mais de 2 metros de altura, com uma cabeça enorme, desproporcional ao corpo, e uma fileira de dentes pontiagudos que estavam sempre à mostra no seu sorriso úmido e irregular. Ele secava a boca com as costas da mão a toda hora, e quando falava seu rosto estava sempre a 1 centímetro do seu, tive que tirar meus óculos para mantê-los secos. Era de Kilgore, Texas, e estava no seu 17º mês consecutivo no Vietnã.

"E por que devíamos fazer uma matéria com você?"

"Pruquê sô bão p'a caralho", ele disse. "Num é cascata. Matei uns cem e cinqüenta *gooks.* E cinqüenta alce." Ele sorriu e segurou a saliva por um segundo. "Tudo no papér."

O helicóptero aterrissou em Ba Xoi e saímos, nada tristes de deixá-lo. "Escuta", ele disse, rindo. "Si ocês vai na colina, baixa a cabeça, tá?"

"Me explica — como é que tu vira correspondente e vem pra esta merda de lugar?"

Era um negão grande de verdade, com um ar duro mesmo quando sorria, e uma argola dourada enfiada pela narina esquerda. Disse a ele que aquela argola no nariz era uma piração pra mim, e ele disse tudo bem, era uma piração para todo mundo. Estávamos num campo de pouso de helicópteros numa pista acima de Kontum. Ele estava tentando chegar a Dak To, eu estava indo para Pleiku, e nós dois queríamos sair antes do anoitecer. Nos revezávamos indo ao campo para verificar os helicópteros que chegavam e iam embora, nenhum de nós estava com sorte e depois de termos conversado por uma hora ele apresentou um baseado e nós fumamos.

"Já tô aqui há mais de oito meses", ele disse. "Aposto que já tive em mais de vinte combates. E quase nunca retornei fogo."

"Como assim?"

"Poooo... rrrraa... se eu sair atirando posso pegar um dos Manu, sacou?"

Eu fiz que sim com a cabeça, nenhum vietcongue já tinha *me* chamado de branco azedo, e ele disse que só na sua companhia havia mais de uma dúzia de Panteras Negras, e ele era um deles. Não disse nada e então ele falou que não era apenas um Pantera; era um agente para os Panteras, mandado para cá para recrutar novos membros. Perguntei se estava dando certo e ele disse que estava ótimo, ótimo. Um vento feroz soprava na pista, e o baseado não durou muito tempo.

"Ei, *baby*", ele disse. "Foi só merda aquilo que te falei. Porra, num sô Pantera não. Tava só curtindo com tua cara, sacou?"

"Mas os Panteras têm caras aqui. Conheci alguns."

"É, pode ser", ele disse, e riu.

Um Huey chegou e ele foi correndo ver para onde estava indo. Estava indo para Dak To e ele voltou para pegar seu equipamento. "Té mais, *baby*", ele disse. "E sorte." Pulou para dentro do helicóptero, e quando estava decolando ele se inclinou para fora e riu, levantando o braço e dobrando-o na sua direção, palma para fora, o punho cerrado no Sinal.

Um dia fui com o Exército vietnamita numa operação nos campos de arroz acima de Vinh Long, quarenta vietnamitas apavorados e cinco americanos, todos apertados em cinco Hueys que nos largaram com lama pelos quadris num dos terraços. Eu nunca tinha estado num campo de arroz antes. Nos espalhamos e caminhamos em frente na direção do fosso pantanoso que levava à mata. Ainda estávamos a uns 6 metros da primeira área protegida, um muro baixo, quando começamos a levar tiros vindos da borda da floresta. Um soldado vietnamita foi atingido na cabeça, caiu de costas na água e desapareceu. Chegamos ao muro com duas baixas. Não havia jeito de parar o fogo deles, espaço para mandar um grupo de ataque pelo flanco, por isso os helicópteros foram chamados e nós nos agachamos perto do muro e esperamos. Havia muito fogo vindo das árvores, mas enquanto ficássemos abaixados estávamos bem. E eu estava pensando, cara, então isto aqui é um campo de arroz, uau, quando de repente ouvi uma guitarra elétrica disparada direto no meu ouvido e uma voz negra maravilhosa, extática, cantando, seduzindo, "Vamos lá, *baby*, pare de agir loucamente", e quando eu consegui entender o que estava acontecendo me virei para ver um sorridente cabo negro debruçado sobre o seu *cassette*. "Melhor, né?", ele disse. "Já que a gente vai ficar por aqui mesmo até esses helicópteros chegarem."

E essa é a história da primeira vez que ouvi Jimi Hendrix, mas numa guerra em que muita gente falava sobre *Satisfaction* de Aretha do jeito como outras pessoas em geral falam sobre a *Quarta* de Brahms, era mais que uma história; eram Credenciais. "Bicho, esse Jimi Hendrix é o grande barato", alguém dizia. "Ele sabe das coisas *mesmo*!" Hendrix tinha sido da 101ª Aerotransportada, e a Aerotransportada no Vietnã era cheia de negões malucos e brilhantes como ele, implacáveis e ótimos, caras que sempre tomavam conta de você quando as coisas ficavam ruins. Aquela música queria dizer muito para eles. Eu jamais a ouvi na Rede de Rádio das Forças Armadas.

Encontrei um garoto de Miles City, Montana, que lia a *Stars and Stripes* todo dia, checando as listas de baixas para ver se alguém da sua cidade tinha sido morto. Ele nem sabia se havia mais alguém de Miles City no Vietnã, mas verificava de todo modo porque sabia com toda certeza que se houvesse mais alguém e essa pessoa fosse morta, tudo estaria bem com ele. "Saca só, você pode imaginar *dois* caras de uma merdinha de cidade como Miles City sendo mortos no Vietnã?", ele disse.

O sargento estava deitado há quase duas horas com um paramédico ferido. Ele já havia chamado várias vezes por um helicóptero de remoção de feridos, mas nenhum tinha aparecido. Finalmente um helicóptero de outra tropa, um LOH,* apareceu, e o sargento conseguiu fazer contato com ele via rádio. O piloto disse que ele ia ter que esperar pelas aeronaves da sua própria tropa, eles não iam descer, e o sargento disse ao piloto que se eles não descessem para pegá-los ele ia abrir fogo dali mesmo do chão e *obrigar* a porra do helicóptero a pousar. Eles conseguiram ser resgatados, mas houve conseqüências.

O nome de código do comandante era Mal Hombre, e ele fez contato com o sargento algumas horas depois naquela tarde, de um lugar cuja sigla de rádio era Refeições Violentas.

"*Puta que pariu*, sargento", ele disse através da estática. "Pensei que você fosse um soldado profissional."

"Esperei o máximo que pude, senhor. Mais tempo e eu teria perdido meu homem."

"Esta tropa é perfeitamente capaz de lavar sua roupa suja em casa. Entendeu, sargento?"

---

* Sigla para helicóptero de observação. (N. da T.)

"Coronel, desde quando um soldado ferido é 'roupa suja'?"

"À vontade, sargento", Mal Hombre disse, e o contato de rádio se perdeu.

Havia um *spec 4** das Forças Especiais em Can Tho, um garoto índio tímido de Chinle, Arizona, com grandes olhos úmidos da cor de azeitonas maduras e um jeito muito calmo de falar, um modo muito bonito de dizer as coisas, bondoso com todos, sem ser burro ou submisso. Na noite em que a base e a pista de pouso foram atingidas, ele veio me perguntar se havia algum capelão por perto. Ele não era muito religioso, disse, mas estava preocupado esta noite. Ele tinha acabado de se apresentar como voluntário para um "esquadrão suicida", dois jipes que iam atravessar a pista com canhões e um lançador de morteiros. Podia ser muito ruim. Ele estava sentindo uma coisa a respeito, já havia visto o que acontecera com outros caras que sentiram a mesma coisa, ele pelo menos achava que era a mesma sensação, uma coisa ruim, a pior que ele já havia sentido.

Eu disse a ele que os únicos capelães que me ocorriam estavam na cidade, e nós dois sabíamos que a cidade estava inacessível.

"Ah", ele disse. "Então olha. Se eu for atingido esta noite..."

"Vai dar tudo certo."

"Mas escuta. Se acontecer... eu acho que vai... você garante que vai fazer o coronel dizer ao meu pessoal que eu estava procurando um capelão, de todo modo?"

Eu prometi, e os jipes foram carregados e partiram. Soube depois que tinha havido uma breve troca de tiros, mas ninguém havia sido ferido. Não tiveram que usar o lançador de morteiros. Todos voltaram à base duas horas depois. Na manhã seguinte, no café-da-manhã, ele se sentou numa outra mesa, falando alto uma porção de coisas brutais sobre os *gooks*, e não olhava para mim. Perto do meio-dia ele veio, apertou meu braço e sorriu, seus olhos fixos em algum lugar à direita dos meus.

Durante dois dias, desde o começo da Ofensiva do Tet, eles estavam chegando às centenas ao hospital provincial de Can Tho. Em geral, eram

* Soldado raso especialista de quarta classe, provavelmente o posto mais comum no Vietnã. (N. da T.)

ou muito jovens ou muito velhos ou mulheres, e seus ferimentos, em geral eram horríveis. Os menos feridos eram tratados rapidamente no pátio do hospital, e os mais sérios eram simplesmente colocados em um dos corredores para morrer. Havia gente demais para ser atendida, os médicos estavam trabalhando sem descanso e agora, na segunda tarde, o vietcongue havia começado a bombardear o hospital.

Uma das enfermeiras vietnamitas pôs uma lata de cerveja gelada em minha mão e me pediu para levá-la corredor abaixo para onde os cirurgiões do Exército estavam operando. A porta da sala estava entreaberta e eu entrei direto. Eu devia ter olhado primeiro. Uma menininha estava deitada na mesa, olhando com grandes olhos secos para a parede. Ela não tinha mais a perna esquerda, e um pedaço pontiagudo de osso de uns 15 centímetros se estendia do toco exposto. A perna propriamente dita estava no chão, meio embrulhada num pedaço de papel. O médico era um major, e ele estava trabalhando sozinho. Se ele tivesse passado a noite toda num fosso cheio de sangue não teria uma aparência pior. Suas mãos estavam tão escorregadias que eu tinha que segurar a lata na sua boca e incliná-la quando ele curvava a cabeça para trás. Ele não conseguia olhar para a menina.

"Tudo bem?", ele me perguntou baixinho.

"Tudo bem por enquanto. Acho que vou passar muito mal mais tarde."

Ele colocou a mão na testa da menina e disse "Alô, minha querida". Ele me agradeceu por trazer a cerveja. Provavelmente, ele pensou que estava sorrindo, mas nada mudou em lugar algum do seu rosto. Ele estava trabalhando assim por quase vinte horas.

O relatório da Inteligência estava fechado em cima de uma mesa verde de campanha, e alguém tinha rabiscado "O que tudo isso quer dizer?" na capa. Não havia muita dúvida a respeito de quem tinha feito aquilo; o S-2* era conhecido por sua ironia. Existiam muitos como ele, capitães e majores muito jovens que usavam a agudeza para atenuar o desespero, uma cunha a distanciá-los da amargura. O que finalmente os pegava era a impossibilidade de reconciliar seu amor pelo serviço com o desprezo

* Código para oficial de inteligência. (N. da T.)

que tinham pela guerra, e muitos deles tiveram finalmente que se demitir de seus postos, abandonar suas carreiras.

Estávamos sentados na tenda esperando a chuva passar, o major, cinco praças e eu. As chuvas eram constantes agora, no final do que tinha sido uma estação de monções seca, e você podia olhar pela entrada da tenda e pensar nos *marines* lá em cima patrulhando as colinas. Alguém veio reportar que uma das patrulhas tinha encontrado um pequeno esconderijo de armas.

"Um esconderijo de armas!", o major disse. "O que aconteceu é que algum pracinha estava por lá, tropeçou e caiu num buraco. É só desse jeito que achamos essas merdas."

Ele tinha 29 anos, jovem para o seu posto, e este era seu segundo turno de serviço. Da outra vez ele tinha sido um capitão comandando uma companhia regular de *marines*. Ele sabia tudo sobre pracinhas e patrulhas, esconderijos e armas, e o valor da maior parte da Inteligência.

Fazia frio até mesmo na tenda, e os *marines* alistados pareciam desconfortáveis estando ali com um desconhecido, um correspondente. O major era um cara tranqüilo, eles sabiam; não ia haver problema algum até que a chuva parasse. Eles conversavam em voz baixa do outro lado da tenda, longe da luz do lampião. Os relatórios não paravam de chegar: relatórios dos vietnamitas, do reconhecimento, da divisão, relatórios de situação, relatórios de baixas, três relatórios de baixas em vinte minutos. O major leu todos eles.

"Você sabia que um *marine* morto custa 18 mil dólares?", ele disse. Todos os praças se viraram e olharam para nós. Eles sabiam o que o major queria dizer com isso porque conheciam o major. Era de mim que eles queriam saber.

A chuva parou e eles foram embora. Lá fora o ar ainda estava frio mas pesado também, como se um calor terrível estivesse chegando. O major e eu ficamos de pé perto da tenda, olhando enquanto um F-4 voava de nariz para baixo, largava suas bombas contra a base da colina, estabilizava o nível e voava para o alto novamente.

"Eu venho tendo um sonho", o major disse. "Já tive umas duas vezes. Estou numa grande sala de exames em Quantico.* Eles estão pas-

---

* Sede do FBI e da CIA. (N. da T.)

sando questionários para um teste de aptidão. Eu pego um deles e olho para ele e a primeira pergunta é 'Quantos tipos de animais você pode matar com suas mãos?'"

Podíamos ver a chuva caindo numa cortina mais ou menos a 1 quilômetro de distância. Julgando pelo vento, o major estimou que em três minutos ela ia chegar até nós.

"Depois do primeiro turno de serviço eu tinha os piores pesadelos. Você sabe, a coisa toda. Sangue, lutas horríveis, caras morrendo, *eu* morrendo... Pensei que eles eram os piores", ele disse. "Mas agora eu meio que tenho saudade deles."

COLEGAS

Um toco de vela queima no canto do bunker, *preso no topo de um capacete de aço por um pouco de cera derretida, a luz se espalhando sobre uma máquina de escrever surrada, e o Velho está mandando ver: "Tat-tat-tat, tatta-tatta-tat como seu filho ou seu irmão ou seu namorado talvez nunca queria muita coisa para si mesmo nunca pediu coisa alguma exceto aquilo que ele sabia ser seu alguns homens têm um nome para isso eles chamam de Coragem quando os grandes canhões estiverem em silêncio pelo menos através da Europa o que vai importar no fim das contas se este garoto de Cleveland Ohio não voltar para casa-a-tat-tat." Dá para ouvir os tiros de artilharia caindo bem perto do lado de fora, um pouco de entulho cai sobre a máquina de escrever mas a vela continua acesa jogando sua luz sobre a cabeça curvada e os poucos fios brancos remanescentes. Dois homens, o coronel e o garoto, estão na porta olhando. "Por quê, senhor", o garoto pergunta. "Por que ele faz isso? Ele podia estar seguro num sofá em Londres agora." "Não sei, meu filho", o coronel diz. "Talvez ele ache que também tem um trabalho a fazer. Talvez seja porque ele é alguém que realmente se importa..."*

Nunca conheci um membro da imprensa no Vietnã que fosse insensível ao que acontece quando as palavras "guerra" e "correspondente" se juntam. O *glamour* dessa combinação era possivelmente vazio e lunático, mas às vezes era tudo o que se tinha, uma infecção benigna que destroçava tudo a não ser os piores medos e as depressões mais profundas. Admitindo, em tese, que todos nós éramos um pouco malucos de, para começar, termos ido para lá, havia alguns cuja loucura era não saber em que guerra eles realmente estavam, fantasiando em particular sobre outras guerras, guerras mais antigas, Primeira e Segunda Guerras, guerras do ar e guerras do deserto e guerras de ilhas, obscuras ações coloniais contra países cujos nomes já haviam mudado várias vezes desde então, guerras punitivas e guerras santas e guerras em lugares onde o clima era tão bom que você podia usar um casacão e parecer elegante; em outras palavras, guerras que pareciam velhas e falsas para aqueles de nós para quem a guerra no Vietnã era mais do que o suficiente. Havia correspondentes por toda parte que podiam fazer você morrer de rir com seu estilo ruim e sua vaidade, mas essas aberrações raramente estavam além da compreensão. Lá, todos os estilos emergiam da mesma assustada, assustadora idéia romântica. Aqueles Caras Malucos Que Cobrem A Guerra.

Em qualquer outra guerra teriam feito filmes a nosso respeito. *Direto do Inferno!*, *Despachos de Dong Ha*, talvez até mesmo *Agitos no Front*, sobre Tim Page, Sean Flynn e Rick Merron, três jovens fotógrafos que costumavam ir e voltar de zonas de combate pilotando motos Honda. Mas o Vietnã é constrangedor, todo mundo sabe o quanto, e se as pessoas não querem nem ouvir falar dele já se sabe que, com certeza, não vão querer ficar sentadas no escuro prestando atenção nessa história. (*Os Boinas Verdes* não conta. Aquilo não era mesmo sobre o Vietnã, era sobre Santa Mônica.) Por isso todos nós fomos obrigados a fazer nossos próprios filmes, um filme para cada correspondente, e este é o meu. (Certa vez, no posto de primeiros socorros do batalhão em Hué um *marine* com pequenos ferimentos de estilhaços nas pernas estava esperando pelo helicóptero, uma longa espera com todos os mortos e feridos graves passando na frente, quando alguns tiros de franco-atirador foram disparados sobre a pista, nos obrigando a correr para trás dos sacos de areia. "Detesto este filme", ele disse, e eu pensei "Por que não?") Meu filme, meus amigos, meus colegas. Mas ponha tudo isso no contexto:

Havia um espinhaço chamado espinhaço Mutter que corria ao longo do cume de uma dessas colinas da DMZ que os americanos em geral batizavam com sua altura em metros, Colina 300 e alguma coisa. Os *marines* estavam lá desde cedo, quando a Companhia Kilo e quatro correspondentes foram mandados de helicóptero para uma das raras pistas de pouso na parte mais elevada do espinhaço. Se esta fosse uma operação do Exército, já estaríamos todos cavando uma trincheira, os jornalistas também, mas os *marines* não faziam uma coisa dessas, o treinamento deles era mais sobre gestos fatais do que sobre sobrevivência. Todo mundo estava dizendo que Charlie estava provavelmente logo ali na colina seguinte nos vigiando, mas os pracinhas estavam mantendo tudo em campo aberto, andando ao longo do espinhaço "coordenando", armando posições e construindo uma verdadeira pista de pouso com motosserras movidas a pilha e grandes blocos de explosivos. De vez em quando um ou outro deles vinha correndo para o lugar abaixo da zona de pouso onde os correspondentes estavam sentados para nos avisar, de um modo meio indiferente, quando as explosões iam ocorrer. "Hã, escuta só, vai ter uma explosão, então vocês fiquem de costas e cubram a cabeça, certo?" Ele ficava ali algum tempo nos sacando e depois corria de volta para a zona de pouso para falar aos outros a nosso respeito.

"Ei, tá vendo aqueles quatro caras ali? São repórteres."

"Cascata, repórteres."

"*Okei*, seu filho-da-puta, vai lá e vê. Na próxima explosão."

Uns *marines* espichados no chão alguns metros à nossa frente estavam passando gibis de guerra uns para os outros e conversando, chamando um ao outro de Cara, Manu, Profissa, Merdinha e Filho-da-Puta, envolvendo esta última palavra com uma graça toda especial, como se fosse a mais gentil da língua deles. Um pracinha negro *supercool*, identificado em seu capacete como Filho do Amor, estava estudando uma cópia exausta da *Playboy*, pausando para dizer "Ai... *cara*! Essa aí pode sentar na minha cara *quando quiser*. Quan-do qui-ser mes-mo". Mas nenhum deles estava falando conosco ainda, estavam falando para nós, tentando nos sacar, mantendo aquela estranha gentileza que sempre acabava se dissipando, mais cedo ou mais tarde. Era como um ritual, todas as formalidades preliminares tinham que ser observadas e cumpridas, e não era simplesmente porque eles eram tímidos. Até onde qualquer um deles sabia, nós éramos loucos, talvez até perigosos. Fazia sentido: eles *tinham* que estar aqui, e sabiam disso. Nós *não tínhamos* que estar aqui, e eles sabiam disso também. (A parte que eles nunca percebiam de imediato é que nossa liberdade de movimento era uma porta que se abria para os dois lados; naquele exato momento, nós quatro estávamos nos entreolhando com o nosso olhar Nada Está Acontecendo e falando em sair dali.) Um GI era capaz de atravessar uma base de artilharia inteira para dar uma olhada se ele nunca tivesse visto um correspondente antes porque era como ir ver um CDF, valia a pena a caminhada.

Além disso, havia nós quatro ali sentados num grupo profissional informal, um outro voando no helicóptero de comando tentando ter uma visão geral da operação e um sexto, o fotógrado da AP, Dana Stone, estava neste momento subindo a colina a pé com um pelotão que tinha sido escolhido para inspecionar a trilha. Uma coisa era um repórter solitário se agregar a uma tropa porque essa tropa, fosse ela uma companhia ou algo maior, podia absorver a ele e a curiosidade que sua presença sempre provocaria, e quando a operação terminava a maior parte das tropas nem saberia que ele tinha estado lá. Mas quando seis correspondentes apareciam na véspera de uma operação, especialmente se era durante um longo período de contatos esparsos, o efeito era tão complicado que a duradoura ambivalência de todas as tropas e comandantes com relação a todos os repórteres não conseguia nem começar a explicá-lo. Todo mundo, do coronel ao soldado raso, sentia uma nova importância naquilo que estavam prestes a fazer, e, a julgar por todas as aparências, até onde eles podiam percebê-las, estavam contentes em ver você. Mas nossa presença também era enervante, mexendo com camadas de medo que de outra forma eles talvez jamais conhecessem. ("Por que a gente? Olha só, *seis* desses babacas, pra que merda nós tamos *indo*?") Quando chegava a esse ponto, até o *freelancer* com as piores conexões tinha poder, um poder que apenas os jornalistas mais pomposos e insensíveis desejavam, disparando, nos oficiais mais graduados, temores a respeito de suas carreiras e pondo à prova as estimativas intuitivas de cada *marine* a respeito de sua própria sobrevivência. Não tinha a menor importância, então, que estivéssemos vestidos exatamente igual a eles, e que estávamos indo exatamente para onde eles estavam indo; éramos exóticos e apavorantes como magia negra, aparecendo ali com câmeras e perguntas, e se prometíamos remover o anonimato do que estava prestes a acontecer, também éramos os vigias do dia. O simples fato de termos escolhido *eles* antecipava o combate mais medonho, porque, eles sabiam, correspondentes nunca perdem tempo. Era uma piada que todos nós curtíamos.

Estávamos agora em agosto, e o calor na Zona 1 não perdoava ninguém. Naquele ano, as monções do norte tinham sido quase secas (tantas matérias tinham saído com a frase "Lembranças tristes de uma monção sem chuvas" que se tornou um chavão que sempre provocava risadas), e através dos espaços nus entre as colinas podia-se ver apenas fraquíssimos sinais de verde nos vales e nas grotas, as colinas numa gradação do marrom-claro ao amarelo embranquecido pelo sol, e se abrindo como feridas negras e secas nos locais onde os bombardeios do inverno tinham destruído as encostas. Muito pouco tinha acontecido neste setor desde o começo da primavera, quando Khe Sanh tinha sido estranhamente desativada e quando uma operação de várias divisões no vale A Shau foi encerrada abruptamente depois de duas semanas, como um discurso interrompido no meio de uma frase. A Shau continha o grande estoque de suprimentos do norte, eles tinham tanques, caminhões e pesados canhões antiaéreos escondidos lá, e embora a Missão americana tenha feito suas declarações automáticas de sucesso a respeito da operação, desta vez elas vieram sem entusiasmo, indicando que até o Comando tinha que reconhecer o quanto o local era inviolável. Admitiu-se na época que muitos dos nossos helicópteros haviam sido abatidos, mas isso foi colocado como uma cara perda de equipamento, como se os helicópteros fossem entidades sem tripulação que se penduravam no céu sozinhos, jorrando nada mais que combustível quando caíam.

Entre aquele momento e agora, nada maior que patrulhas a nível de companhia tinha atravessado a parte ocidental da Z, em geral sem contato. Como todas as passagens mais tranqüilas da guerra, a calma da primavera-verão tinha deixado todo mundo muito desgastado, e começou a circular um monte de histórias assustadoras, como uma sobre helicópteros no NVA (uma patrulha dos *marines* tinha supostamente visto um deles pousar na base abandonada de Khe Sanh e esperar enquanto uma dúzia de homens saía e olhava em volta do perímetro, "como se estivessem inspecionando o lugar"). Tinha sido uma temporada fraca para os correspondentes, também (independentemente da tranqüilidade temporária, as redações estavam começando a deixar claro para seus escritórios de Saigon que a pauta já estava perdendo aquele velho impacto, especialmente diante da renúncia de Johnson, os assassinatos ocorridos na primavera e as eleições que se aproximavam), e nós ou falávamos que a coisa toda do Vietnã estava acabando ou reclamávamos da merda que era levar tiros só para acabar lá na página 9. Era uma boa época para viajar através do país, um dia aqui, uma semana ali, dando um tempo com as tropas; uma boa época para fazer investigações com calma sobre os menores e mais sombrios recortes da guerra. E agora chegavam os boatos de que uma grande massa de NVA estava atravessando a DMZ, possivelmente montando uma nova ofensiva contra Hué, e batalhões da 5ª dos *marines* estavam sendo colocados em posição mais ou menos em conjunto com batalhões da 9ª com a missão de achá-la e matá-la. Parecia o que nós chamámavos de "uma boa operação", e nós seis tínhamos ido para lá por conta dela.

Mas não havia nada de novo, nem o tão temido congue, nem ataques de artilharia, nem fotos para as agências, nem matérias para serem mandadas, nem sinal de que alguém tinha estado nesse espinhaço escaldante há pelo menos seis meses. (Alguns quilômetros ao norte e um pouco a leste, uma companhia da 9ª estava no meio de um combate cruel que duraria até o anoitecer, deixando 11 deles mortos e quase trinta feridos, mas não sabíamos coisa alguma a respeito naquele momento. Se soubéssemos, provavelmente teríamos feito um esforço para ir até lá, ao menos alguns de nós, explicando tudo mais tarde em frios termos profissionais e deixando sem dizer todos os outros motivos, numa compreensão compartilhada entre nós. Se um *marine* tivesse manifestado este mesmo impulso, nós o teríamos chamado de psicótico.) A única violência no espinhaço Mutter era o calor, e quaisquer associações com aquele inverno terrível que pudessem ser extraídas da contemplação daquela paisagem, de Cam Lo, rota 9, até Khe Sanh, Rockpile. Mais alguns *marines* tinham-se juntado ao grupo ao nosso redor, mas eles estavam sendo *cool*, se detendo para ler as credenciais costuradas em nossos uniformes, como se fosse para eles mesmos, mas alto o bastante para nos mostrar que eles sabiam quem nós éramos.

"Associated Press, aí, e UP, a-hã, e *Esquire*, *eles* têm um cara aqui, pra quê, merda, pra dizer o que é que a gente tá vestindo? E, ei cara, o que que é *isso*?" (Sean Flynn tinha apenas as palavras *Bao Chi* na sua credencial, "jornalista" em vietnamita). "Isso é muito doido, quê que é isso, pro caso de você ser capturado ou coisa assim?"

Na verdade, *Bao Chi* era a única afiliação que Flynn precisava ou queria no Vietnã, mas ele não disse isso. Em vez disso, explicou que quando ele começou a fazer fotos em 1965, a maior parte das operações era conduzida pelos sul-vietnamitas, e os repórteres tinham que se identificar desse modo para não serem confundidos com consultores americanos e levarem um tiro do Exército vietnamita durante a histeria rotineira das retiradas rotineiras.

"Cara, isso é a cara dos *slopes*", um dos *marines* disse, caminhando para longe de nós.

Flynn estava limpando as lentes de sua câmera com um pedaço de um lenço do uniforme australiano que ele sempre usava quando saía em campo, mas o menor movimento levantava uma poeira fina que parecia ficar no ar, dando à luz uma qualidade gordurosa e se acumulando nos cantos dos olhos. Os *marines* estavam encarando Flynn e dava para notar que estavam pirando com ele, mas todo mundo no Vietnã pirava com Flynn.

Ele era (mesmo) o Filho do Capitão Blood, mas isso não queria dizer nada para os praças porque a maioria deles, especialmente os mais jovens, jamais tinha ouvido falar em Errol Flynn. Era aparente para todo mundo que olhava para ele que ele era o que os *marines* chamavam de "um cara maneiro, que sabia das coisas". Nós quatro ali naquele espinhaço parecíamos estar no lugar certo; John Lengle, da AP, tinha coberto todas as principais operações dos *marines* dos últimos 18 meses; Nick Wheeler, da UPI, já estava lá havia dois anos; eu já tinha quase um ano; éramos quase jovens o bastante para passarmos por pracinhas, mas Flynn era especial. Todos tínhamos nossas fantasias de guerra alimentadas pelos filmes, os *marines* também, e podia ser completamente desorientador que uma figura tão extravagantemente glamourosa como Flynn as invadisse, era algo realmente enlouquecedor, como olhar para ver se você estava dividindo uma trincheira com John Wayne ou William Bendix. Mas você rapidamente se acostumava a esse lado de Flynn.

Quando chegou ao Vietnã no verão de 1965, ele mesmo era considerado notícia, e muitas matérias foram escritas sobre suas primeiras viagens para as zonas de combate. A maioria deu um jeito de incluir todos os clichês, todas usando a expressão "capa e espada". Ainda havia muita coisa fácil para ser dita sobre ele, e muita gente em volta dele com muita vontade de dizê-las, mas depois que você o conhecia, toda essa conversa se tornava simplesmente deprimente. Havia alguns jornalistas sérios (barra-pesada) que não conseguiam admitir que alguém tão bonito quanto Flynn podia ter algum outro talento. Eles optaram por não levá-lo tão a sério quanto levavam a si mesmos (o que para Sean não era estranho) e o acusaram de vir ao Vietnã para brincar, como se a guerra fosse para ele o que a África tinha sido, ou o sul da França, ou um desses lugares para onde ele tinha ido fazer aqueles filmes pelos quais as pessoas o estavam sempre julgando. Mas havia muito mais gente que estava no Vietnã brincando, muito mais do que os barras-pesadas gostariam de admitir, e a brincadeira de Flynn se mantinha apenas nos níveis mais sinceros. Ele não era muito diferente dos outros; era profundamente fascinado pela guerra, por *esta* guerra, ele admitia, sabia qual a sua opinião a respeito, e agia como se não houvesse nada de que sentir vergonha. Isso lhe dava uma visão do Vietnã que era profunda, negra e definitiva, um conhecimento de seu lado mais selvagem que poucos de seus detratores poderiam compreender. Isso tudo era muito óbvio no rosto dele, principalmente esse lado selvagem, mas essas pessoas só o viam como bonito, fazendo você pensar que, como grupo, jornalistas não são necessariamente mais observadores ou imaginativos do que contadores. Flynn se distanciou disso e achou seus amigos entre aqueles que nunca pediram que ele se explicasse, entre os GIs e os apaches da imprensa, e ali estabeleceu sua própria celebridade. (Algumas intrusões ocasionais acabavam ocorrendo: oficiais de informação embaraçosamente deferentes, ou uma colisão com o coronel George Patton Jr., que o colocou num desses testes na linha meu-pai-conheceu-seu-pai.) Os praças estavam sempre felizes em vê-lo. Muitos deles o chamavam de "Seen" e lhe contavam como tinham visto um de seus filmes numa folga em Cingapura ou Taiwan, algo que só mesmo um praça podia dizer sem ofendê-lo, uma vez que tudo isso estava encerrado para Flynn, as obrigações e as concessões, e ele não gostava de falar a respeito. Em algum momento durante seus anos no Vietnã ele percebeu que havia pessoas que ele gostava e em quem podia confiar, deve ter sido uma dádiva que nunca esperou receber, e o tornou algo que seu pai, no melhor dia que ele jamais teve, invejaria.

Era cedo demais para os *marines* se sentarem conosco e começarem a falar, eles primeiro tinham que investigar um pouco mais, e nós estávamos ficando entediados. Quando finalmente acabaram de fazer a pista de pouso não havia mais abrigo do sol e estávamos ansiosos para que o pelotão de reconhecimento chegasse ao topo para nos reunirmos a Dana Stone e fazer alguma pressão para conseguir um helicóptero que nos tirasse dali. A viagem de volta ao centro de imprensa em Danang podia demorar duas horas ou dois dias, dependendo do que estava te transportando, mas com certeza seria mais rápido se Stone estivesse junto, porque ele tinha amigos em todas as pistas e campos de pouso da Zona 1. Danang para muitos de nós era Soul City, tinha chuveiros e bebida, bifes congelados mandados por via aérea, quartos com ar-condicionado e China Beach, e para Stone, um lar de verdade: uma esposa, um cachorro e uma casinha cheia de objetos pessoais. A julgar pelos fragmentos de munição (deles e nossa) enferrujados e corroídos espalhados pelo chão à nossa volta, o espinhaço também tinha uma história, e Dana nos contou um pouco dela.

Stone era um ex-lenhador de Vermont (ele sempre falava em voltar para isso, especialmente depois de um dia difícil em campo, pro inferno com toda essa merda), 25 anos de idade com olhos de sessenta anos escondidos no fundo de óculos com armação de metal, a esperteza e experiência deles quase perdidos entre os ângulos duros do seu rosto. Tínhamos certeza de que ele estaria andando bem na frente do resto do pelotão, comportamento padrão para Dana e um alívio para os *marines*, já que ele era, com segurança, o homem mais bem equipado do grupo para achar minas subterrâneas ou emboscadas. Mas isso não tinha coisa alguma a ver com o fato de ele ser o primeiro da fila. Dana era um sujeito apressado, ele não conseguia ir devagar; era o menor homem na trilha, mas sua energia o empurrava picada adentro como se a inclinação fosse ao contrário. Os GIs que tinham esquecido o nome dele o descreviam como "aquele carinha ruivo, magrinho, malucaço, engraçado pra caralho", e Stone *era* engraçado, fazendo você pagar por gargalhada que ele provocava. Sua especialidade era a travessura agressiva — um dedão enfiado na gema do seu ovo no café-da-manhã ou no seu conhaque ao jantar, pedras jogadas no teto de metal do seu quarto no centro de imprensa, trilhas acesas de fluido de isqueiro correndo até você, uma lata de presunto com ervilha trocada por uma de pêssego em calda quando você estava praticamente morrendo de sede — tudo isso era um modo de Dana dizer oi, fazer bem a você, fazendo merda com você. Ele te acordava ao amanhecer, sacudindo você violentamente e dizendo: "Escuta, preciso dos seus óculos por um minuto, é superimportante", e sumindo com eles por uma hora. Ele também tirava fotos lindas (ele as chamava de "instantâneos" de acordo com o código de ética das agências de notícias, segundo o qual não se deve jamais demonstrar orgulho do trabalho bem-feito) e em quase três anos como fotógrafo de combate ele havia passado mais tempo em operações do que qualquer outra pessoa que eu conhecia, e várias vezes suas câmeras haviam sido literalmente arrancadas de suas costas por explosões, mas fora isso ele jamais fora ferido. A essa altura, nada podia acontecer em campo que ele já não tivesse visto antes, e se suas brincadeiras eram agressivas e até de mau gosto, pelo menos você percebia de onde elas vinham, e via a saúde que carregavam com elas. Naquela manhã, esperando pelo início da operação na pista de pouso da base, ele começou a nos contar sobre a outra vez em que tinha estado no espinhaço Mutter, nos dias em que o lugar ainda nem tinha nome. Havia sido, na verdade, *precisamente* dois anos atrás, ele disse, na *mesma data*, no *mesmo espinhaço*. Ele tinha ido lá com a 9ª e *eles se meteram numa boa merda*. (Era verdade, nós sabíamos que era verdade, ele estava aprontando de novo, e um sorriso apareceu no seu rosto por um breve instante.) Eles tinham ficado presos no espinhaço a noite toda sem apoio, sem suprimentos e sem evacuação médica, e as *baixas* tinham sido *inacreditáveis*, coisa de 70%. Flynn riu e disse: "Dana, seu filho-da-puta", mas Stone teria continuado desse jeito em sua voz monótona de Vermont, contando para nós, que em breve estaríamos indo para lá, como se isso fosse pouco mais que uma história de corrida de cavalos, só que ele olhou para cima e viu que não estávamos sós; alguns caras da Companhia Kilo tinham-se aproximado para perguntar sobre nossas câmeras ou algo assim, e tinham ouvido parte da história. Stone ficou quase roxo, como sempre ficava quando percebia que tinha ido longe demais. "Ah, isso é tudo cascata, eu nem cheguei *perto* daquele espinhaço", ele disse, e apontou para mim. "Eu estava só tentando deixar ele nervoso porque esta é a última operação dele, e ele já tá apavorado com isso." Ele riu, mas estava olhando para o chão.

Agora, enquanto esperávamos por ele, um *marine* se aproximou de Lengle e de mim e perguntou se podíamos olhar para umas fotos que ele tinha feito. Os *marines* se sentiam bem perto de Lengle, que parecia um astro de basquete universitário, 2 metros de altura e muito jovem (na verdade ele tinha trinta anos), nascido em Nevada, e que sabia usar seu ar de bom garoto como uma ferramenta profissional muito útil. As fotos estavam num álbum com capa de imitação de couro, e dava para ver, pelo modo como o *marine* ficava ali de pé olhando por cima dos nossos ombros e sorrindo em antecipação a cada página de plástico que nós virávamos, que aquilo era uma de suas coisas favoritas. (Ele também tinha conseguido alguns "*souvenirs* muito legais", ele disse, deixando que nossa imaginação se encarregasse dos detalhes.) Havia centenas de álbuns como este no Vietnã e todos pareciam conter as mesmas imagens: a foto mandatória do isqueiro Zippo ("Tá bom, vamos queimar essas cabanas e vamos em frente"); fotos de cabeças cortadas, a cabeça em geral colocada sobre o peito do morto ou sendo segurada por um *marine* sorridente, ou uma porção de cabeças arrumadas em fileiras, com um cigarro aceso em cada boca, os olhos abertos ('Parece que eles tão *olhando* pra você, cara, é apavorante"); o suspeito VC sendo arrastado pela poeira por um *half-track** ou sendo pendurado pelos calcanhares em alguma clareira da mata; o morto muito jovem com a AK-47 ainda em suas mãos ("Qual a idade que cê acha que esse garoto tem?", os praças perguntavam. "Doze, 13? Difícil de saber com os *gooks.*"); a foto do *marine* segurando uma orelha ou talvez duas orelhas ou, no caso de um cara que conheci perto de Pleiku, um colar inteiro de orelhas, "contas de amor",** como seu dono o chamava; e a que eu estava vendo agora, uma garota vietcongue morta, sem as calças do seu pijama, e as pernas erguidas rigidamente para cima.

"Acabou-se o *boom-boom* pra essa *mamma-san*", o *marine* disse, o mesmo comentário batido que se ouvia sempre que o morto era uma mulher. Era tão rotineiro que acho que nem percebi que ele o tinha feito.

"Essa você posou", Lengle disse.

"Eu não", o *marine* disse, rindo.

"Essa não, seu safado. Vai dizer que você a encontrou desse jeito?"

---

* Veículo militar blindado com lagartas de tanque no eixo traseiro e pneus convencionais no dianteiro. (N. da T.)

** Os colares de contas ou *love beads* eram um adereço comum para homens e mulheres no final dos anos 1960, especialmente na contracultura *hippie.* (N. da T.)

"Bom, um outro cara arrumou ela assim, e foi engraçado, porque o cara foi apagado naquele dia mesmo, mais tarde. Mas olha, olha praquela piranha ali, cortada certinho no meio!"

"Ah, essa é muito boa", John disse. "Excelente mesmo."

"Eu tava pensando em mandar pro *Stars and Stripes*. Você acha que o *Stripes* ia publicar?"

"Bom..." Estávamos rindo agora, o que podíamos fazer? Metade das tropas no Vietnã tinha coisas assim em suas mochilas, instantâneos eram o mínimo que eles tiravam depois de um combate, pelo menos fotos não apodreciam. Conversei com um *marine* que tinha tirado muitas fotos depois de uma operação no rio Cua Viet, e mais tarde, quando estava chegando a hora de ir embora ele começou a ficar nervoso, e as levou para o capelão. Mas o capelão só disse a ele que aquilo era perdoável e colocou as fotos na gaveta e as guardou.

Dois *marines* estavam conversando com Flynn e Wheeler sobre suas câmeras, o melhor lugar para comprar uma tal lente, qual a velocidade certa para uma determinada foto, eu não entendia nada disso. Os praças sabiam o suficiente sobre mídia para levar os fotógrafos mais a sério que os repórteres e eu já tinha encontrado oficiais que se recusavam a acreditar que eu era mesmo um correspondente porque eu nunca carregava câmeras. (Durante uma recente operação, isso quase me tirou do helicóptero do comando porque o coronel, por motivos que só ele entendia, tinha uma preferência por fotógrafos. Nessa operação, uma companhia do batalhão dele havia feito contato com uma companhia vietcongue e a tinha encurralado num promontório, mantendo-a ali entre o seu fogo e o mar para que os helicópteros pudessem dizimá-la. Esse determinado coronel adorava mandar o helicóptero voar bem baixo para que ele pudesse atirar o seu 45 no congue, e queria que isso fosse fotografado. Ficou duplamente decepcionado naquele dia; não apenas eu apareci sem uma câmera, mas quando finalmente chegamos lá todos os VC já estavam mortos, uns 150 corpos cobriam a praia e flutuavam nas ondas. Mas ele disparou uns tiros de todo modo, só para fazer sua arma funcionar.)

Agora os *marines* estavam todos à nossa volta, un 15 deles, e um garoto baixinho e gorducho com um rosto moreno e achatado que parecia um ogre superdesenvolvido apareceu e ficou nos encarando.

"Cês são repórteres, né? Cara, cês só fazem merda", ele disse. "Meu velho me manda coisas dos jornais, e ele acha que vocês todos são uns bostas."

Alguns *marines* deram uma vaia no garoto, mas a maioria riu. Lengle riu também. "Bom, cumpádi, que é que eu posso te dizer? A gente tenta de verdade, a gente faz o que pode."

"Então, por que que cês num contam as coisas direito?"

"Puta que pariu, Krynski", alguém disse, dando um tapa forte na cabeça do garoto. De acordo com o capacete, era o Vingador em pessoa e tinha vindo nos salvar na hora certa. Parecia o calouro de um seminário — olhos azul-claros, um nariz delicado e curto, fino cabelo louro e um jeito de tamanha inocência e confiança que você ficava torcendo para sempre ter alguém por perto para tomar conta dele. Ele parecia terrivelmente envergonhado pelo que tinha acontecido.

"Não dêem ouvidos pra esse babaca", ele disse. "*Puta merda*, Krynski, cê não sabe porra nenhuma sobre nada disso. Esses caras são supermaneiros e isso num é cascata."

"Obrigado, amigo", Lengle disse.

"Num foi por mal", Krysnki disse. "Cês também num precisa ficar tão injuriado."

Mas o Vingador não estava para brincadeira. "Cara, esses caras se arriscam toda hora, comem ração que nem a gente, e dormem na lama, e toda essa merda legal. Eles num tem que ficar aqui ouvindo você reclamar. Eles nem têm que estar aqui!"

"Peraí, que é que isso quer dizer?", Krysnki disse, realmente intrigado. "Quer dizer que cês se ofereceram feito voluntários pra vir pra cá?"

"Bom, seu babaca burro, que é que cê acha?", o Vingador disse. "Cê acha que eles são uns pracinhas idiotas que nem você?"

"Ih, cara, cê tá de onda comigo. Cês *pediram* pra vir pra cá?"

"É claro."

"E cês têm que ficar aqui quanto tempo?", ele perguntou.

"Quanto a gente quiser."

"Ah, se eu pudesse ficar o quanto eu quisesse!", disse o *marine* chamado Filho do Amor. "Em março passado eu já *tava* em casa."

"Quando você chegou aqui?", eu perguntei.

"Março passado."

O tenente que estava supervisionando as explosões olhou para baixo da pista de pouso e gritou por alguém chamado Collins.

"Sim, senhor?", o Vingador disse.

"Collins, vem cá pra cima."

"Sim, senhor".

Agora havia movimento na pista de pouso, o pelotão tinha alcançado a clareira. Stone apareceu primeiro, andando rapidamente de costas com sua câmera erguida, dando breves verificadas no chão atrás dele entre um disparo e outro. Quatro *marines* vieram depois, carregando um quinto numa maca improvisada. Eles o trouxeram para o centro da clareira e o colocaram cuidadosamente no chão. A princípio pensamos que estava morto, atingido por alguma mina na trilha, mas sua cor era horrível demais para isso. Até mesmo os mortos tinham alguma luz horrível dentro deles que parecia ir recuando aos poucos, desaparecendo de uma camada de pele de cada vez e demorando um bom tempo até sumir completamente, mas esse garoto não tinha cor em parte alguma. Era incrível que algo tão imóvel e tão branco ainda pudesse estar vivo.

"Collins", o tenente disse, "vá achar o Velho. Diga que temos uma baixa séria por causa do calor. Lembre, diga que é séria."

"Sim, senhor", o Vingador disse, começando uma corrida lenta ao longo do espinhaço na direção do Posto de Comando.

Dana tirou mais algumas fotos e sentou-se para trocar o filme. Seu uniforme estava completamente negro de suor, mas fora isso ele não mostrava sinal algum de esforço. O resto da coluna estava saindo da trilha agora, caindo na clareira como vítimas de um franco-atirador, as mochilas primeiro, alguns passos bambos e depois desabando no chão. Alguns estavam sorrindo para o sol como quem está tendo um sonho bom, a maioria caiu de bruços e parou de se mover a não ser por alguns tremores nas pernas, e o operador de rádio atravessou a clareira até a área de comunicações, onde lentamente tirou seu equipamento das costas, colocou seu capacete cuidadosamente no chão para fazer de travesseiro depois de escolher seu lugar e caiu imediatamente no sono.

Stone correu até lá e tirou uma foto dele. "Vocês sabem de uma coisa?", ele disse.

"O quê?"

"Tá quente pra caralho."

"Muito obrigado."

Podíamos ver o coronel se aproximando, um homem baixo, semicalvo, com olhos duros e um pequeno bigode preto. Ele usava sua jaqueta à prova de balas bem apertada, e quando veio em nossa direção pequenos grupos de *marines* se separaram e saíram correndo para pegar suas jaquetas à prova de bala antes que o coronel tivesse uma oportunidade de dizer alguma coisa. O coronel se inclinou e encarou o *marine* inconsciente, que estava deitado agora à sombra de um poncho segurado por dois *corpsmen*, enquanto um terceiro passava água de um cantil no peito e no rosto dele.

Puta merda, o coronel estava gritando, não tem nada errado com esse homem, dêem um pouco de sal para ele, ponham-no de pé, façam-no caminhar, isto aqui são os *marines*, não as porras das Bandeirantes, não vai ter helicóptero algum vindo *aqui* hoje. (Nós quatro devemos ter ficado um pouco abalados por isso, e Dana tirou nossa foto. Estávamos torcendo pelo garoto; se ele ficasse, nós ficávamos, e isso queria dizer a noite toda.) Os *corpsmen* estavam tentando dizer ao coronel que este não era um caso comum de insolação, pedindo desculpas mas sendo firmes ao mesmo tempo, não deixando o coronel retornar ao posto de comando. (Nós quatro sorrimos e Dana tirou uma foto. "Vá embora, Stone", Flynn disse. "Fique assim mesmo", Stone disse, correndo para tirar um *close-up* de forma que sua lente estava a 2 centímetros do nariz de Flynn. "Mais uma.") O *marine* estava péssimo, ali deitado, tentando mexer um pouco os lábios, e o coronel olhou com ódio para aquela forma pequena e frágil como se ela estivesse querendo chantageá-lo. Quando, ao final de 15 minutos, o *marine* se recusou a mover qualquer outra coisa além dos lábios, o coronel começou a ceder. Ele perguntou aos *corpsmen* se já tinham visto alguém morrer de algo parecido com aquilo.

"Ah, sim, senhor. Puxa, ele realmente precisa de cuidados que não podemos ministrar aqui."

"Hummm..." o coronel disse. E então autorizou um pedido de helicóptero e voltou para o posto de comando com o que tenho certeza que ele achava que era grande determinação.

"Acho que ele teria se sentido melhor se pudesse dar um tiro no garoto", Flynn disse.

"Ou em um de nós", eu falei.

"Você tem sorte dele não ter te pegado ontem à noite", Flynn disse. Na noite anterior, quando Flynn e eu chegamos juntos ao campo de base, o coronel tinha nos levado para o *bunker* do comando para nos mostrar uns mapas e nos explicar a operação, e um capitão tinha nos dado café em copos de espuma. Levei o meu para fora e terminei de bebê-lo enquanto conversávamos com o coronel, que estava se portando de um modo muito vigoroso e amigável que eu já tinha visto antes e que não me inspirava confiança. Eu estava procurando um lugar para jogar o copo fora e o coronel percebeu.

"Me dá aqui", ele ofereceu.

"Ah, não, tá *okei*, coronel, obrigado."

"Não, vamos lá, eu levo."

"Não, de verdade, eu vou achar um..."

"*Me dá isso!*", ele disse, e eu dei, mas Flynn e eu estávamos com medo de olhar um para o outro até o coronel sair dali e voltar para o *bunker*, e aí relaxamos e começamos a trocar as piores histórias de coronel que sabíamos. Eu contei a história do coronel que tinha ameaçado um *spec 4* com a corte marcial por ele ter-se recusado a arrancar o coração de um vietcongue morto e dá-lo para um cachorro comer, e Flynn contou a do coronel na Divisão Americal (que Flynn sempre disse ser patrocinada pela General Foods) que acreditava que todos os homens sob seu comando precisavam ter experiência de combate; ele obrigava todos os seus cozinheiros, funcionários de escritório, estoquistas e motoristas a pegar M-16s e sair em patrulha à noite, e certa vez todos os seus cozinheiros morreram numa emboscada.

Podíamos ouvir o som do nosso Chinook chegando, e estávamos checando para ver se tínhamos todo o nosso equipamento conosco quando senti como um clarão súbito, um terror total, e olhei para tudo e para todos em volta procurando a origem. Stone tinha dito a verdade sobre esta ser minha última operação, eu estava tão tenso quanto qualquer um numa última operação, não havia nada entre aqui e Saigon que me desse medo, mas isto era diferente, era outra coisa.

"Merda de calor...", alguém disse. "Eu... ai, cara... eu não... Eu não... *consigo*..."

Era um *marine*, e no momento que o vi percebi que já o tinha visto antes, há coisa de um minuto e pouco, em pé na borda da clareira nos encarando enquanto nos preparávamos para partir. Ele estava lá com muitos outros *marines*, mas eu tinha reparado mais nele sem perceber e até mesmo sem admiti-lo. Os outros também estavam olhando para nós, divertidos, curiosos ou invejosos (estávamos indo embora, baixas e correspondentes por aqui, vamos para Danang), todos eram mais ou menos amigáveis, mas este era diferente, eu tinha notado, percebido e descartado, mas não realmente. Ele estava passando por nós agora, e vi que tinha uma bolha profunda que parecia ter-se aberto e devorado a maior parte do seu lábio inferior. Mas não tinha sido isso que o tinha destacado. Se eu tivesse visto isso, apenas teria pensado que ele estava um pouco pior que os outros, nada mais. Ele parou por um segundo e olhou para nós, e sorriu um sorriso aterrorizante, mau, seu olhar agora cheio do ódio mais puro.

"Seus filhos-da-puta", ele disse. "Cês são *loucos*!"

Havia uma urgência medonha no modo como ele disse isso. Ele ainda estava nos encarando, eu esperava que erguesse um dedo e nos passasse destruição e podridão para cada um de nós, e descobri que depois desse tempo todo a guerra ainda oferecia ao menos uma coisa que me obrigava a virar a cabeça para o outro lado. Eu já tinha visto isso antes e esperava jamais ter que ver novamente, eu não havia entendido direito e tinha sido ferido por ele, achava que tinha resolvido todo o problema e agora estava olhando de novo para ele, sabendo o que ele significava e me sentindo tão desamparado nesta última vez quanto tinha estado da primeira.

Tá certo, sim, era o maior barato ser correspondente de guerra, andar para lá e para cá com os pracinhas e ficando perto da guerra, tocando a guerra, perdendo-se nela e com ela medindo forças. Isso era o que eu sempre tinha desejado, não interessa por quê, era uma coisa minha, do mesmo modo como este filme é uma coisa minha, e eu tinha conseguido; eu era de muitas maneiras um irmão desses pobres pracinhas exaustos, eu sabia o que eles sabiam, eu tinha conseguido, e isso realmente era demais. Em todo lugar onde eu estivera havia *marines* e soldados que me diziam o mesmo que o Vingador tinha dito a Krysnki: *Você é legal, cara, vocês todos são bacanas, vocês têm colhões.* Eles nem sempre sabiam o que pensar a seu respeito ou o que dizer para você, algumas vezes eles te chamavam de "Senhor" até que você tivesse que implorar para eles pararem, eles percebiam a insanidade da nossa posição como repórteres-voluntários apavorados e isso inspirava neles risadas e até respeito. Se eles te curtissem, eles davam um jeito de você saber, e quando você ia embora no helicóptero eles davam adeus e te desejavam boa sorte. Alguns deles até agradeciam, e o que você podia responder?

E sempre eles pediam, com uma emoção cuja intensidade sempre chocava, para, por favor, contar tudo, porque eles realmente tinham a sensação de que não estava sendo contado, que eles estavam passando por tudo isto e de algum modo ninguém lá no Mundo estava sabendo. Eles podiam ser um bando de garotos burros, brutais, assassinos (muitos correspondentes achavam isso privadamente), mas pelo menos isso eles sabiam, eram espertos o bastante para saber. Um *marine* de Hué veio atrás de mim quando eu estava indo para o caminhão que me levaria à pista de pouso, ele já estava havia quase duas semanas trancado naquele horror enquanto eu ia e vinha por períodos de dois, três dias. Nós já nos conhecíamos então, mas quando ele me alcançou agarrou minha manga com tanta violência que eu pensei que fosse me acusar de alguma coisa ou, pior, me impedir de ir embora. Seu rosto estava vazio de exaustão, mas ele tinha sentimento suficiente para dizer "*Okei*, cara, você tá indo embora, seu veado, tá indo embora daqui mas tô falando sério, conta tudo! Conta tudo, cara. Se você não contar..."

Que coisas horríveis eles estavam vivendo lá, tudo estava destruído, um batalhão tinha sofrido 60% de baixas, todos os oficiais de carreira originais não estavam mais lá, os praças estavam dizendo aos seus oficiais para morrer, vão se foder, vão achar outros idiotas para encher essas ruas por um tempo, não era um lugar onde eu tinha que pedir a alguém para não me chamar de "Senhor". Lá eles compreendiam isso, eles compreendiam mais do que eu, mas ninguém me odiava, nem mesmo quando eu estava saindo. Três dias depois voltei e a luta era menos intensa, as baixas tinham diminuído e o mesmo *marine* fez para mim um sinal de vitória que não tinha coisa alguma a ver com os *marines* ou com a batalha que diminuía ou com a bandeira americana que tinha sido hasteada no muro sul da cidadela no dia anterior, ele bateu nas minhas costas e me deu um gole de uma garrafa que tinha achado em uma cabana qualquer. Mesmo os que preferiam não estar na sua companhia, os que desprezavam aquilo que seu trabalho exigia ou achavam que você ganhava a vida explorando as mortes deles, que acreditavam que todos nós éramos traidores e mentirosos e o pior tipo de parasita, mesmo eles finalmente cediam um pouco e faziam a única concessão àquilo em nós que mais amávamos: "Tenho que admitir, vocês têm colhões!" Talvez eles quisessem dizer apenas isso e mais nada, tínhamos nossos recursos e tirávamos deles o suficiente para continuar, transformando as constatações mais relutantes em declarações de valor, fazendo tudo ficar bem de novo.

Mas freqüentemente havia aquele momento bem, bem ruim para ser lembrado, o olhar que fazia você olhar para o outro lado, e que do seu modo odioso era a coisa mais pura que jamais conheci. Nele não restava mais admiração alguma, nem diversão, vinha do nada de um modo tão bagunçado quanto moralidade ou preconceito, não tinha motivo, nenhuma origem consciente. Você o sentia vindo até você debaixo do capuz de um poncho ou o via no soldado ferido olhando para você do chão do helicóptero, de homens que estavam com muito medo ou tinham acabado de perder um amigo, de um praça que mais parecia uma aparição sofrida, seu lábio carcomido pelo sol, que não conseguia nem se mover no calor.

No começo eu confundia tudo, não compreendia e sentia pena de mim mesmo, injustiçado. "Foda-se você também", eu pensava. "Podia ter sido eu do mesmo jeito, eu me arrisco também, você não vê?" E depois percebi que esse era exatamente o centro de tudo, explicava a si mesmo com toda facilidade, mais uma das revelações sombrias da guerra. Eles não estavam me julgando, eles não estavam me repreendendo, eles nem se importavam comigo, não de modo pessoal. Eles apenas me odiavam, me odiavam do mesmo modo como eu odiaria qualquer idiota absoluto que passasse por tudo isto quando tinha escolhas, qualquer idiota que não tinha mais nada a fazer com sua vida do que jogar com ela desta maneira.

"Vocês são loucos!", aquele *marine* tinha dito, e eu sei que quando voamos para longe do espinhaço Mutter naquela tarde ele ficou ali de pé por um longo tempo e nos viu desaparecer de vista com o mesmo desprezo visceral que já tinha demonstrado antes, voltando-se depois para seja quem fosse que estivesse do seu lado, dizendo talvez para si mesmo, dizendo o que na verdade eu já tinha ouvido uma vez quando um jipe cheio de correspondentes foi embora, me deixando ali sozinho, um soldado olhando para o outro e nos fazendo a todos um único voto gelado, duro:

"Aqueles merdas", ele tinha dito. "Tomara que eles morram."

2

Me diga o nome de alguém que não é um parasita
E eu direi uma prece por ele.
— Bob Dylan, *Visions of Johanna*

Fico pensando em todos os garotos que foram educados por 17 anos de filmes de guerra antes de virem ao Vietnã para morrer. Você não sabe o que é um maníaco por mídia até ver o jeito como alguns desses praças se comportavam durante um combate quando sabiam que havia uma equipe de televisão por perto; eles na verdade estavam fazendo filmes de guerra em suas cabeças, fazendo seu numerozinho vejam-como-eu-sou-o *marine*-heróico, levando tiros na espinha diante das câmeras das redes de televisão. Eles eram malucos, mas não tinha sido por conta da guerra. A maior parte das tropas de combate parava de achar que a guerra era uma aventura depois de seus primeiros tiroteios, mas sempre tinha aqueles que não conseguiam desistir dessa idéia, aqueles que estavam sempre fazendo espetáculos para as câmeras. A maioria dos correspondentes não era muito melhor. Todos tínhamos visto filmes demais, passado tempo demais na Terra da Televisão, anos de excesso de mídia tinham tornado difíceis certas conexões. As primeiras vezes em que atiraram na minha direção ou vi mortes em combate nada realmente aconteceu, todas as reações ficaram trancadas na minha cabeça. Era a mesma violência tão familiar, apenas transportada para uma outra mídia; uma espécie de jogo na selva com helicópteros gigantes e efeitos especiais fantásticos, atores deitados ali em sacos-mortalhas esperando a cena terminar para se levantarem e saírem. Mas aquela era uma cena (você acabava descobrindo) que não acabava nunca.

Muitas coisas precisavam ser desaprendidas antes que alguma coisa pudesse ser aprendida, e mesmo depois que você já sacava algo, era difícil evitar o modo como as coisas se misturavam, a guerra em si com as partes da guerra que eram iguais a filmes, iguais a *O Americano Tranqüilo* ou *Catch-22* (um verdadeiro padrão no Vietnã, porque dizia que numa guerra todo mundo pensa que todas as outras pessoas são malucas), iguais a todas aquelas imagens de combate na televisão ("Estamos sendo atingidos por tiros vindos das árvores!" "Onde?" "Ali!" "*Onde?*" "Logo *ali*!" "Logo ONDE?" "Logo ALI!!" Certa vez Flynn ouviu isso rolando por mais de 15 minutos; para nós foi uma epifania), sua visão ficando desfocada, imagens pulando e caindo como se estivessem sendo captadas por uma câmera trêmula, ouvindo centenas de sons horríveis ao mesmo tempo — gritos, soluços, berros histéricos, um latejar dentro da cabeça que parecia querer engolir tudo, vozes vacilantes tentando dar ordens, os sons abafados e agudos de armas sendo disparadas (Ditado: Quando elas estão perto, elas assobiam, quando elas estão muito perto, elas pipocam), o som pesado dos rotores de helicóptero, a voz fina e metálica vinda do rádio, "Hã, positivo, marcamos sua posição, câmbio". E fim. Fim de papo.

Esse *feedback* te perseguia por todo o Vietnã, às vezes ameaçava te levar à loucura, mas de algum modo acaba te deixando mais lúcido do que jamais poderia esperar. Às vezes suas intrusões eram súbitas e ferozes. Numa tarde, durante a batalha de Hué, eu estava com David Greenway, correspondente da *Time*, e achamos que era preciso mudar de uma posição dos *marines* para outra. Estávamos diretamente do outro lado do muro sul da cidadela e os bombardeios já haviam destruído a maior parte dele e jogado na rua, trazendo junto partes estraçalhadas e fedorentas de alguns norte-vietnamitas que tinham-se escondido dentro dele. Tínhamos que correr cerca de 400 metros rua acima, e sabíamos que todo o trajeto era vulnerável a fogo de franco-atiradores, vindo da nossa direita das partes do muro que ainda estavam de pé ou dos telhados à nossa esquerda. Quando, uma hora atrás, tínhamos vindo para a posição onde estávamos, David tinha corrido na frente, e agora era minha vez. Estávamos agachados no meio de uns arbustos secos com os *marines*, e eu me voltei para o cara do meu lado, um *marine* negro, e disse: "Escuta, nós vamos sair correndo agora. Você nos dá cobertura?" Ele me deu um daqueles olhares admirados e penetrantes. "Cê pode ir lá se quiser, *baby*, mas poooooorrraaa..." e começou a atirar. David e eu saímos disparados, nos protegendo mais ou menos a cada 40 metros atrás de grandes pedaços do muro caído, e no meio do caminho eu comecei a rir, olhando para David e sacudindo minha cabeça. David era um correspondente civilizadíssimo, nascido em Boston, de uma boa família, com uma educação impecável, um patrício, embora não desse muita importância para isso. Éramos bons amigos, e ele acreditava em mim, se eu achava que havia algo engraçado naquilo tudo, então devia haver mesmo, e ele riu também.

"O que foi?", ele disse.

"Bicho, você percebeu que eu pedi pro cara lá atrás para nos *dar cobertura*?"

Ele olhou para mim com uma sobrancelha ligeiramente erguida. "É", ele disse. "É, você pediu mesmo. Não é *maravilhoso*?"

E fomos rindo até o final da rua, só que perto do fim tivemos que passar por uma coisa terrível, uma casa que tinha desmoronado com o bombardeio, trazendo consigo uma garotinha que estava lá estirada, morta, em cima de um pedaço quebrado de madeira. Tudo à sua volta estava pegando fogo, e as chamas estavam chegando cada vez mais perto de seus pés descalços. Em alguns minutos elas iam alcançá-los, e de onde estávamos abrigados nós íamos ter que ver tudo. Concordamos que qualquer outra coisa seria melhor do que aquilo, e então continuamos correndo até o fim, mas apenas depois que David se virou, caiu ajoelhado e tirou uma foto.

Alguns dias depois disto, a matéria de David apareceu na *Time*, reescrita na monoprosa que todas as revistas semanais e jornais impunham, colocada em algum lugar entre cinco ou seis outras matérias sobre o Vietnã que tinham sido enviadas naquela semana pelos cinco ou seis outros repórteres que a *Time* mantinha no Vietnã. Cinco meses depois disso, um texto que eu tinha escrito sobre a batalha apareceu na *Esquire*, como se fosse algum despacho perdido da Guerra da Criméia. Eu o vi impresso pela primeira vez naquele dia em que voltamos do espinhaço Mutter, enquanto a edição da *Time* que tinha a matéria de David estava à venda em Saigon e Danang uma semana depois dos eventos que ela descrevia. (Eu me lembro dessa edição em particular porque o general Giap estava na capa e os sul-vietnamitas não permitiram que ela fosse vendida antes que um X preto fosse riscado sobre cada capa, desfigurando mas certamente não encobrindo o rosto de Giap. Naquele Tet as pessoas estavam fazendo coisas muito esquisitas.) O que tudo isso quer dizer é que, não importa o quanto eu goste de como a expressão soa, não é possível eu pensar em mim mesmo como um correspondente de guerra sem parar e recohecer até que ponto isso é pura afetação. Eu nunca tive que correr para escritório algum para mandar matérias (ou, o que é pior, mandar a matéria de Danang através do emaranhado das transmissões militares: "Trabalhando, telefonista, eu disse trabalhando, alô, trabalhando... Ai, seu idiota, *trabalhando*!"). Nunca tive que disparar para o campo de pouso de Danang para mandar meu filme pelo vôo das oito horas para Saigon; não havia escritório algum, não havia filme algum, meu vínculo com Nova York era tão tênue quanto minha pauta era vaga. Eu não era realmente uma coisa estranha entre meus colegas da imprensa, mas era um caso peculiar, um caso extremamente privilegiado. (Coisa estranha era alguém como o fotógrafo John Schneider, que prendeu uma bandeira branca no guidão e foi de motocicleta do topo da Colina 881 até a Colina 881 sul durante uma batalha terrível, no que ficou conhecido como "A Corrida de Schneider"; ou um *cameraman* coreano que tinha passado quatro anos na Espanha como toureiro e falava um castelhano refinado e límpido e que chamávamos de El Taikwando; ou o escritor português que chegou a Khe Sanh num traje esportivo, carregando uma mala xadrez, achando que podia ir para lá com roupas sociais.)

Eu esbarrava em Bernie Weinraub em Saigon, a caminho do escritório do *New York Times,* carregando um monte de papéis na mão. Ele estava voltando de um encontro com "aquelas pessoas lindas" do Escritório Conjunto de Assuntos Públicos dos Estados Unidos, e ele dizia: "Neste instante estou tendo um colapso nervoso menor. Não dá para você ver, mas está lá. Depois que você passar algum tempo aqui, vai começar a sofrer disso também", rindo um pouco da porção disso que era tão verdadeira quanto a porção que era parte de nosso repertório de piadas. Entre o calor e a feiúra, e a pressão de mandar matérias, a guerra lá fora e os relações-públicas do JUSPAO logo ali, Saigon podia ser devastadoramente deprimente, e Bernie freqüentemente parecia possuído por essa depressão, tão abatido, cansado e subnutrido que, diante dele, até um guerrilheiro palestino se transformaria numa mãe judia.

"Vamos beber alguma coisa", eu dizia.

"Não, não, não posso. Você sabe como é, no *Times*..." Ele começava a rir. "Quer dizer, *nós* temos que mandar matérias todos os dias. É uma responsabilidade terrível, tão pouco tempo... espero que você compreenda."

"Claro. Desculpe, falei sem pensar."

"Obrigado, obrigado."

Tudo bem que eu risse; ele estava voltando para o trabalho, para escrever uma matéria que seria publicada em Nova York algumas horas mais tarde, e eu estava indo para o outro lado da rua, para o bar do terraço do Hotel Continental beber alguma coisa, possivelmente escrever calmamente algumas notas, possivelmente não. Muita coisa me era poupada, e a não ser por um punhado de homens que levavam muito solenemente a sério suas responsabilidades profissionais, ninguém nunca jogou isso na minha cara. O que eles tinham aprendido sobre a guerra era uma coisa; eu sabia o quanto disso eles tentavam colocar em suas matérias, o quanto eram generosos como professores e como tudo podia se tornar amargo.

Porque eles trabalhavam para a grande mídia, para organizações que, em última análise, eram reverentes para com as instituições envolvidas na guerra: a Presidência, as Forças Armadas, a América em estado de guerra e, acima de tudo, a tecnologia vazia que caracterizava o Vietnã. É impossível recordar bons amigos sem lembrar as exigências tremendas que recebiam de redações a milhares de quilômetros de distância. (Todas as vezes que os diretores de redação, os editores internacionais e os vice-presidentes das redes de televisão se arrumavam todos em seus modelos safári de combate comprados na Abercrombie & Fitch e vinham dar uma olhada em primeira mão, uma verdadeira história era desenvolvida para eles, Neve nos Trópicos, e depois de três dias de reuniões de alto nível e passeios de helicóptero, eles voltavam para casa convencidos de que a guerra tinha acabado, e que seus correspondentes eram muito bons, mas um pouco envolvidos demais com suas matérias.) Em algum lugar da periferia de toda a questão do Vietnã cujos relatos diários tornavam o jornal matinal insuportavelmente pesado, perdida no contexto surreal da televisão, havia uma matéria que era tão simples quanto sempre tinha sido, homens caçando homens, uma guerra horrenda e todo tipo de vítima. Mas também havia um comando que não sentia isso, que nos jogava uns contra os outros com índices falsos de baixas sofridas e infligidas, e uma administração que acreditava no comando, uma fertilização mútua de ignorância, e uma imprensa cuja tradição de objetividade e equilíbrio (sem falar em interesse próprio) garantia que tudo isso tivesse o devido espaço. Era inevitável que, uma vez que a mídia começara a levar as distrações a sério o suficiente para reportá-las, ela também as legitimizara. O porta-voz usava palavras que não tinham valor algum como palavras, frases que jamais teriam sentido num mundo são, e mesmo que boa parte delas fosse questionada pela imprensa, todas saíam nas matérias. A imprensa apurava todos os fatos (mais ou menos), apurava fatos demais. Mas nunca achou um modo de reportar a morte a fundo, e é claro que este era o tema central de tudo. Em pleno morticínio, as tentativas mais repulsivas de criar ilusões de santidade eram tratadas com seriedade pelos jornais e pela TV. O jargão do Progresso era atirado na sua cabeça como balas, e quando você tinha chafurdado através de todas as matérias de Washington e de todas as matérias de Saigon, e de todas as matérias da Outra Guerra, e de todas as matérias sobre corrupção, e de matérias sobre como o Exército vietnamita estava se tornando cada vez mais eficaz, o sofrimento era de algum modo pouco expressivo. E depois de alguns anos disso, tantos anos que pareciam uma eternidade, chegava-se a um ponto em que era possível se sentar à noite e ouvir o sujeito dizer que as baixas americanas da semana tinham sido as menores das últimas seis semanas, apenas oitenta GIs tinham morrido em combate, e achar que isso era uma pechincha.

Se você alguma vez leu as matérias de Peter Kann, William Touhy, Tom Buckley, Bernie Weinraub, Peter Arnett, Lee Lescaze, Peter Braestrup, Charles Mohr, Ward Just e alguns outros você sabia que a maior parte do que a Missão queria dizer ao público americano era um *vaudeville* psicótico; que a Pacificação, por exemplo, era nada mais que uma teta computadorizada, inchada, sendo impingida a uma população que já estava violentada, um programa caro e sem valor que funcionava apenas nas coletivas de imprensa. Entretanto, no ano anterior à Ofensiva do Tet ("1967 — O Ano do Progresso" era o título do relatório anual) houve mais matérias sobre Pacificação do que sobre combate — primeira página, horário nobre, como se estivesse acontecendo de verdade.

Tudo isso era parte de um processo que todos que eu conhecia acabavam relutantemente aceitando como rotina, e eu estava livre dele.

Que complicação incrível teria sido ter que correr para o aeroporto para ver o prefeito de Los Angeles abraçar o major Cua de Saigon. (LA tinha declarado Saigon sua cidade irmã, saca só, e Yorty estava na cidade para sacramentar o enlace. Se os jornais e a televisão não estivessem lá, Cua e Yorty jamais teriam se encontrado.) Eu nunca tive que cobrir almoços oferecidos por membros do Grupo Filipino de Ação Cívica ou rir amarelo enquanto o delegado polonês à Comissão Internacional de Controle me contava uma piada. Eu nunca tive que seguir o comando em campo para aqueles intermináveis encontros com as tropas. ("De onde você é, meu filho?" "Macon, Geórgia, senhor." "Excelente. Está tudo certo com suas refeições, tem comido bastantes refeições quentes?" "Sim, senhor." "Muito bem, de onde você é, meu filho?" "Ah, não sei, meu Deus, eu não sei, eu não *sei*!" "Excelente, muito bom mesmo, de onde você é, meu filho?") Nunca tive que me familiarizar com o labirinto de agências e subagências governamentais, nunca tive que lidar com os espiões. (Eles eram da Agência de verdade, a CIA. Havia um interminável jogo chamado Vietnã sendo jogado pelos pracinhas e pelos espiões, e os pracinhas sempre perdiam.) A não ser para pegar minha correspondência e renovar minha credencial, eu não tinha que freqüentar o JUSPAO, a não ser que quisesse. (Esse escritório tinha sido criado para administrar relações públicas e guerra psicológica, e nunca encontrei uma pessoa que achasse que havia uma diferença entre uma coisa e outra.) Eu não precisava ir aos *briefings* diários, não precisava cultivar fontes. Na verdade, minhas preocupações eram tão vagas que eu tinha que perguntar aos outros correspondentes o que eles conseguiam achar para perguntar a Westmoreland, Bunker, Komer e Zorthian. (Barry Zorthian era o chefe do JUSPAO; por mais de cinco anos ele *era* a Informação.) O que se esperava que essas pessoas *dissessem*? Não importa o quão altos fossem seus cargos, eles ainda eram autoridades, seus pontos de vista eram bem estabelecidos, famosos até. Podia chover sapo sobre Tan Son Nhut e eles não se abalariam; a baía de Cam Rahn podia ter caído dentro do mar da China e eles iam achar um jeito de fazer isso parecer uma coisa muito boa; a Divisão Bo Doi (do próprio Ho em pessoa) podia ter marchado pela Embaixada americana e eles diriam que ela estava "desesperada" — o que até mesmo os repórteres mais próximos do Conselho da Missão achavam para escrever depois que terminavam suas entrevistas? (Minha própria entrevista com o general Westmoreland tinha sido incrivelmente desajeitada. Ele tinha reparado que eu estava credenciado pela *Esquire* e me perguntou se eu estava planejando escrever matérias "humorísticas". Além disso, muito pouco foi dito. Eu saí da entrevista me sentindo como se tivesse conversado com um homem que toca uma cadeira e diz "Isto é uma cadeira", aponta para uma mesa e diz "Isto é uma mesa". Eu não conseguia achar coisa alguma para perguntar a ele, e a entrevista morreu.) Eu, honestamente, queria saber qual era o formato para entrevistas assim, mas alguns repórteres a quem eu perguntava ficavam muito sérios, dizendo coisas sobre "a postura do comando" e olhavam para mim como se eu fosse doido. Era provavelmente o mesmo tipo de olhar que eu fiz para um deles quando certa vez ele me perguntou como é que eu conseguia conversar tanto com os pracinhas, esperando que eu confessasse (eu acho) que os achava tão tediosos quanto ele os achava.

E, igualzinho-no-cinema, muitos correspondentes faziam seu trabalho, cumpriam seus prazos, realizavam as pautas mais absurdas o melhor que podiam e se recolhiam, observando a guerra e seus medonhos segredos, conquistando seu cinismo do modo mais difícil e devolvendo seu autodesprezo em forma de risada. Se Nova York queria saber o que as tropas achavam do assassinato de Robert Kennedy, eles iam lá e faziam a matéria. ("Você teria votado nele?" "*Yeah*, ele era um homem bom de verdade, um homem bom de verdade. Ele era... hã... jovem." "Em quem você vai votar agora?" "Wallace, eu acho.") Eles até colhiam as opiniões das tropas sobre Paris ter sido escolhida para sediar as conversações de paz. ("Paris? Sei lá, num sei, é, por que não? Quer dizer, não dá pra ser em Hanói, não é?") Mas eles sabiam o quanto tudo isso era engraçado, como era despropositado, insultuoso. Eles sabiam que, por melhor que trabalhassem, seu melhor trabalho ia de algum modo se perder na enxurrada de notícias, todos os fatos, todas as matérias de Vietnã. O jornalismo convencional não podia revelar essa guerra do mesmo modo como armas convencionais não podiam vencê-la, tudo o que podia fazer era transformar o acontecimento mais profundo da década nos Estados Unidos em um pudim de comunicação, apropriando-se de sua história mais óbvia e inegável e fazendo dela uma história secreta. E os melhores entre os melhores correspondentes sabiam até mais do que isso.

Havia uma canção dos Mothers of Invention chamada *Trouble Comin Every Day* que se tornou o hino de um grupo de uns vinte jovens correspondentes. Nós a tocávamos freqüentemente durante nossos longos encontros em Saigon, os cinzeiros lotados, os baldes cheios de água morna, garrafas vazias, bagulho acabado, as palavras voando. "Cê sabe eu fico vendo aquela caixa até ter dor de cabeça, só de ficar vendo como é que os jornalistas conseguem os seus lances" (olhares amargos e engraçados através da sala), "E se outra motorista levar tiros de metralhadora/ pode ficar tranqüilo que vamos mandar um palhaço com uma câmera velha/ pra poder mostrar tudinho" (riso nervoso, piscadelas, lábios mordidos), "E se o lugar for feito em pedaços, seremos os primeiros a noticiar, porque nossos rapazes estão dando duro e indo muito bem...". Essa não era sobre *nós*, não, nós éramos tão *hip*, e ríamos e estremecíamos toda vez que ouvíamos, todos nós, fotógrafos de agências e correspondentes seniores das grandes redes de televisão e tipos com pautas livres como eu, todos sorrindo juntos por conta do que sabíamos juntos, que atrás de cada coluna de texto que se lia sobre o Vietnã havia a cara da Morte, salivando, rindo; ela se escondia nos jornais e revistas e se agarrava à tela das televisões horas depois que os televisores já tinham sido desligados à noite, uma pós-imagem que simplesmente queria contar, afinal, o que ainda não havia sido contado.

Numa tarde antes do Ano-novo, algumas semanas antes do Tet, houve um *briefing* especial em Saigon para anunciar as mais recentes revisões do sistema de classificação das aldeias no programa Pacificação, o perfil A-B-C-D da segurança do país e, por conseqüência direta, do apoio ao governo "no campo", o que queria dizer qualquer lugar fora de Saigon, o sertão. Muitos correspondentes foram porque tinham que ir, e eu matei o tempo com dois fotógrafos num dos bares de Tu Do, conversando com uns soldados da 1ª Divisão de Infantaria que tinham vindo de seu quartel-general em Lai Khe para passar o dia. Um deles estava dizendo que os americanos tratavam os vietnamitas como animais.

"Como assim?", alguém perguntou.

"Bom, sabe o que a gente faz com os animais... mata eles, machuca eles, bate neles pra podê treiná eles... Porra, a gente num trata os *dinks* muito diferente disso não."

E sabíamos que ele estava dizendo a verdade. Bastava olhar para o rosto dele para ver que ele realmente sabia do que estava falando. Ele não estava fazendo um julgamento, não creio nem que estivesse particularmente revoltado com aquilo, era apenas algo que ele havia observado. Mencionamos isso depois para algumas pessoas que tinham ido ao *briefing* da Pacificação, uma pessoa do *Times* e alguém da AP, e ambos concordaram que o garoto da Big Red One* tinha dito mais sobre o programa Corações-e-mentes do que tudo que tinham ouvido durante uma hora de estatísticas, mas as redações não queriam saber dessa história, elas queriam a do embaixador Komer. Elas a tiveram, e você também.

Eu podia deixar você continuar a achar que éramos todos corajosos, inteligentes, atraentes e vagamente trágicos, que éramos como algum incomparável time de comandos, um esquadrão da pesada, o Temido Chi, amantes do perigo, sensíveis e sábios. Eu mesmo podia usar um pouco disso, certamente ia fazer meu filme ficar mais bonitinho, mas todo esse papo de "nós" tem que ser esclarecido.

Somente no auge da Ofensiva do Tet havia entre seiscentos e setecentos correspondentes credenciados pelo Comando de Assistência Militar em Saigon. Quem todos eles eram e para onde todos eles foram era um mistério tanto para mim e para a maioria dos correspondentes quanto para o sargento dos *marines* de cara brava e temperamento gentil encarregado do departamento do JUSPAO que emitia aqueles cartões plastificados de credenciamento do MACV. Ele os entregava e adicionava seus números a um pequeno quadro-negro na parede, e então ficava olhando o total em divertida admiração, dizendo a você que achava que aquilo tudo era uma porra de um circo. (Ele era o mesmo homem que tinha dito a uma estrela da televisão: "Segura sua onda um pouco. Vocês da mídia eletrônica não me assustam mais.") Nada naquele cartão era exclusivo, nem tampouco no seu equivalente operacional, a credencial Bao Chi da República do Vietnã do Sul; milhares deles devem ter sido emitidos ao longo dos anos. Tudo o que eles faziam era agregar você ao grupo de jornalistas do Vietnã e dizer que você podia sair e cobrir a guerra se era isso mesmo que queria. Todo tipo de pessoa havia possuído um cartão

* Literalmente, "A Vermelhona", termo pelo qual a Infantaria é conhecida. (N. da T.)

desses em algum momento: jornalistas fazendo matérias para veículos religiosos e revistas sobre armas, estudantes universitários em férias colaborando com seu jornal do *campus* (um jornal desses mandou dois, um Gavião e um Pombo, e nós não gostamos porque um Moderado também não tinha vindo junto), figuras literárias do segundo escalão que escreviam como eles odiavam a guerra mais do que você e eu jamais poderíamos odiar, colunistas célebres que se hospedavam com Westmoreland ou Bunker e cobriam operações na presença dos relações-públicas, privilégios que permitiram que eles reportassem em detalhes nossa grande vitória no Tet e publicar provas, ano após ano após ano, de que a espinha do vietcongue estava partida, a determinação de Hanói, destruída. Não havia nação pobre demais, jornal de cidade do interior tão humilde que não pudesse mandar alguém para dar uma olhada pelo menos uma vez. Este último costumava ser o tipo de velho repórter no qual nós jovens repórteres temíamos nos transformar um dia. Você os encontrava de vez em quando no bar do centro de imprensa em Danang, homens de seus quarenta e tantos anos que não haviam tido uma chance de vestir um uniforme desde o dia da vitória sobre o Japão, exaustos e confusos depois de todos aqueles *briefings* e visitas-relâmpago, tontos com o simples volume de fatos que tinha sido jogado em cima deles, seus gravadores quebrados, suas canetas roubadas pelos meninos de rua, seu tempo quase esgotado. Eles tinham ido ver a baía de Cam Ranh e um bom pedaço do campo (expressão da Missão, o que queria dizer que tinham sido levados para uma aldeia-modelo ou New Life), uma boa divisão do Exército vietnamita (onde?), até mesmo alguns de nossos rapazes lá no *front* (onde?) e muita gente do Military Information Office. Eles pareciam assustados demais pela importância da coisa toda para serem claros, eram tímidos demais para fazer amizades, estavam completamente sós e sem palavras, a não ser para dizer "Bom, quando vim pra cá eu achava que não havia mais esperança, mas tenho que admitir que parece que temos tudo bem controlado. Tenho que admitir, estou muito bem impressionado..." Muitos coleguinhas escreviam cada palavra que as autoridades e os generais mandavam eles escreverem, e muitos para quem o Vietnã não era nada mais que uma etapa em suas carreiras. Alguns fracassavam e iam embora depois de alguns dias, outros fracassavam de um outro jeito, ficando ano após ano, tentando reunir seu muito verdadeiro ódio da guerra com seu grande amor por ela, uma árdua conciliação que muitos de nós tínhamos que encarar. Alguns chegavam com as obsessões mais sinistras, entregando-se a elas sempre que podiam, como o que me disse que não conseguia entender qual era o problema, a M-16 *dele* nunca tinha engasgado. Havia franceses que tinham saltado de pára-quedas em Dien Bien Phu durante o que adoravam chamar de "A Primeira Guerra da Indochina", ingleses vindos diretamente do *Scoop** (um modelo para a comunidade de jornalistas, porque dizia que se alguma coisa não tinha saído no jornal, então não tinha acontecido) italianos cuja única experiência anterior tinha sido fazer fotos de moda, coreanos que gastavam pequenas fortunas no PX, japoneses que carregavam tantos fios que piadas sobre transístores eram inevitáveis, vietnamitas que tinham optado por fazer fotos de combate para fugir do recrutamento, americanos que haviam passado todos os seus dias em Saigon bebendo no bar do Restaurante L'Amiral com pilotos da Air America. Alguns mandavam exclusivamente matérias para os jornais regionais, alguns se interessavam pela vida social da comunidade americana, alguns saíam em campo porque não tinham dinheiro para hotéis, alguns jamais saíram de seus hotéis. Todos juntos, eles eram a maior parte do total no quadro-negro do sargento, o que deixava de fora um grupo de pessoas, umas cinqüenta, que eram talentosas, honestas ou especialmente bondosas, e que deram ao jornalismo uma reputação melhor do que ele merecia, especialmente no Vietnã. Finalmente, a comunidade de jornalistas era tão difusa e sem rosto quanto qualquer regimento na guerra, a principal diferença era que muitos de nós seguiam somente suas próprias ordens.

Era uma característica de muitos americanos no Vietnã não ter noção de quando estavam sendo obscenos, e alguns correspondentes caíram nisso também, escrevendo matérias baseadas nos *releases* diários, salpicando-as com a linguagem alegre-maluca do Escritório de Informação do MACV, coisas como "explosão discreta" (uma dessas fez em pedaços um velho avô e duas crianças, enquanto eles corriam por um campo de arroz, pelo menos segundo o relatório feito depois pelo piloto do helicóptero), "baixas amigas" (nem acolhedoras nem divertidas), "com-

* Série de comédia da TV britânica dos anos 1960, ambientada numa redação de jornal. (N. da T.)

bate de colisão" (emboscada), terminando sempre com 17, 117 ou 317 inimigos mortos e perdas americanas "descritas como leves". Alguns correspondentes tinham para com os mortos a mesma sensibilidade do comando: Bom, numa guerra sempre vai haver alguma sujeira, ficamos com um olho roxo mas jogamos muita merda para cima de Charlie, consideramos esta quota de mortes muito boa, muito boa... Um correspondente muito conhecido, veterano de três guerras, costumava andar pelo Centro de Imprensa em Danang com um caderno verde de contabilidade. Ele se sentava para conversar e começava a anotar tudo o que você dizia, fazendo entradas no caderno, digamos assim. Os *marines* providenciaram um helicóptero especial (ou "torpedearam um helicóptero" como costumávamos dizer) para levá-lo e trazê-lo de volta de Khe Sanh uma tarde, semanas depois que tudo já havia se acalmado. Ele voltou muito entusiasmado com nossa grande vitória por lá. Eu estava sentado com Lengle e nos lembramos que, por nossas contas, uns duzentos praças tinham sido dizimados lá e pelo menos mais mil tinham sido feridos. Ele tirou os olhos de seu caderno e disse "Ah, duzentos é nada. Perdemos mais que isso em uma hora em Guadalcanal." Nós não íamos ficar discutindo isso, então saímos da mesa, mas esse tipo de conversa era muito comum o tempo todo, como se isso invalidasse as mortes em Khe Sanh, tornasse os mortos de lá menos mortos que os mortos de Guadalcanal, como se perdas leves não jazessem tão imóveis quanto perdas moderadas ou perdas pesadas. E isso era dito sobre mortos americanos; era preciso ouvir o que se dizia quando os mortos eram vietnamitas.

Então cá estamos todos nós, sem vilões e com apenas alguns heróis, um bando de aventureiros e um bando de operários, um bando de lunáticos lindos e um bando de normais, todos cobrindo o que em última análise era a guerra dos normais; e de algum modo, de dentro de tudo isso, muitos de nós conseguimos nos achar e reconhecer um ao outro. Você podia ser duro e negar que havia uma irmandade trabalhando ali, mas de que mais você poderia chamá-la? Não era apenas uma turminha de companheiros de guerra, era gente demais para isso, incluindo membros de pelo menos uma dúzia de turminhas, algumas entrecruzando-se até se tornarem indistinguíveis, outras colocando-se em franca oposição entre si; e era pequena demais para ser simplesmente incorporada ao corpo inchado e amorfo da comunidade de imprensa no Vietnã. As exigências para aderir permaneciam não ditas porque, além de sensibilidade e estilo, não existiam. Em qualquer outro lugar, teria sido apenas outra cena, outro pessoal, mas a guerra lhe deu urgência e a tornou profunda, tão profunda que não precisávamos nem gostar uns dos outros para pertencer a ela. Muita coisa permaneceu não dita na época, mas só porque raramente foi falada não quer dizer que não tínhamos consciência dela, ou que, naquele lugar terrível e sem abrigo, não éramos gratos por termos uns aos outros.

Tinha lugar para correspondentes que já eram membros do *establishment* americano em Saigon, incluía recém-casados, todo tipo de garotas repórteres, muitos europeus, a turma da Ivy-League-na-Ásia, o pessoal de Danang, os Caretas e os Doidões, formais e *funkies*, veteranos (muitos dos quais eram muito jovens) e até mesmo alguns turistas, gente que queria ir para algum lugar para desbundar por algum tempo e acabou escolhendo a guerra. Não havia um modo de pensar sobre "quem nós éramos" porque éramos todos completamente diferentes, mas onde éramos semelhantes, nós éramos realmente semelhantes. Ajudava se você saísse freqüentemente em operações ou se fosse bom no trabalho, mas nenhuma das duas coisas era necessária, desde que você soubesse alguma coisa a respeito do que a guerra realmente era (ao contrário do que a Missão ou o MACV diziam que era), e desde que não fosse um esnobe a respeito. Todos nós estávamos fazendo um trabalho terrivelmente perturbador, que freqüentemente podia ser muito perigoso, e nós éramos os únicos que podíamos dizer, entre nós, se o trabalho valia alguma coisa. Aplausos em casa não queriam dizer nada perto do elogio de um colega. (Um repórter adorava chamar seus superiores em Nova York de "Esses filhos-da-puta desses pernas", tomando emprestado dos pára-quedistas o termo para qualquer pessoa que não fosse qualificada para saltar; quem consegue apreciar o *lurp* da 4ª Divisão que chamava a si mesmo de "O Batista" embora ele fosse episcopal entende o conceito.) Estávamos todos estudando a mesma coisa, e se você fosse morto, não se formava.

Éramos muito sérios a respeito do que estávamos fazendo lá, mas também estávamos encantados por tudo aquilo (nem mesmo o mais descomplicado soldado raso vindo de uma fazenda pode passar por uma guerra sem achar nela alguma utilidade), e mesmo quando se estava cansado, achando que era demais, envelhecendo instantaneamente em uma tarde, havia jeito de pegar isso tudo e incorporá-lo ao estilo que tentávamos manter. As coisas tinham que ficar muito ruins até você ser capaz de ver a guerra com a mesma clareza que a maior parte das tropas a via, mas esses momentos eram raros e nós (Aqueles Caras Malucos...) éramos incorrigíveis. A maioria passou por momentos em que jurou que jamais iria chegar nem perto de nada daquilo se pelo menos conseguisse sair daquela, todo mundo fez esses acordos, mas alguns dias em Danang ou Saigon, ou mesmo Hong Kong ou Bangkok, e tudo isso passava, e a opção de voltar ainda estava ali, ainda sua, uma opção sem preço, propriedade da comunidade de imprensa.

As amizades eram feitas diretamente, sem toda aquela tralha que um dia parecera necessária, e uma vez feitas, elas se tornavam mais valiosas que quaisquer outras, a não ser suas amizades mais antigas e mais especiais. A sua cena antes do Vietnã era desimportante, ninguém queria saber dela, e freqüentemente nós parecíamos um pouco com aqueles Boinas Verdes lá nos seus remotos postos avançados debaixo de fogo, oito ou 12 americanos comandando centenas de mercenários locais que podiam ser tão hostis quanto o vietcongue, que freqüentemente *eram* o vietcongue; vivendo juntos desse jeito às vezes durante meses sem nunca saber seus primeiros nomes ou de que cidades vinham. Você podia fazer amigos em outros lugares, um capitão das Forças Especiais no delta, um pracinha em Phu Bai, algum membro decente, inteligente (e, em geral, sofredor) da Seção Política da Embaixada. Mas não importa se você andava com eles ou com outros correspondentes, tudo o que se falava era mesmo da guerra, e depois de algum tempo parecia que eram duas guerras diferentes. Porque quem, além de outro correspondente, podia falar daquela guerra mítica que você tanto queria ouvir descrita? (Só ouvir Flynn falar a palavra "Vietnã", o carinho e o respeito que ele punha nela, ensinava mais sobre a beleza e o horror do lugar do que qualquer coisa que os apologistas ou explicadores podiam ensinar.) Com quem você podia discutir política, a não ser com um colega? (Todos tínhamos mais ou menos a mesma posição com relação à guerra: estávamos nela, essa era a posição.) Onde mais você podia ir para ter uma idéia verdadeira do passado da guerra? Muitas pessoas diferentes sabiam o pano de fundo, os fatos, os menores detalhes, mas apenas um correspondente podia passar o clima exato de cada um desses instantes: o terror animal de Ia Drang ou o medonho fracasso da primeira grande operação dos *marines*, cujo nome de código era Luz das Estrelas, onde os *marines* estavam morrendo de forma tão incrivelmente rápida, tão além da quota permitida pelo comando, que um deles foi fechado num saco-mortalha e jogado no topo de uma pilha de mortos em combate enquanto ainda estava vivo. Ele recobrou a consciência lá dentro e se contorceu e retorceu até que o saco rolou até o chão, onde um *corpsman* o achou e salvou. O Triângulo e Bong Son eram tão remotos quanto o Reservatório e Chickamauga, mas você tinha que ouvir a história de alguém em quem podia confiar, e em quem você podia confiar? E se você visse algum grafite num capacete que parecia dizer tudo, não ia passá-lo para algum coronel ou oficial das Operações Psicológicas. "Nascido para Matar" colocado com toda inocência ao lado do símbolo da paz, ou "Um ferimento bem feio no peito é o jeito de a Natureza dizer que você esteve em combate", eram bons demais para serem compartilhados com qualquer outra pessoa a não ser um verdadeiro colecionador e, com muito poucas exceções, eles eram todos correspondentes.

Dividíamos muitas coisas: equipamento, bagulho, uísque, garotas (aquela onda de Homens sem Mulheres nunca durava muito tempo), fontes, informação, pressentimentos, dicas, prestígio (nos meus primeiros dias os chefes dos escritórios da *Life* e da CBS me apresentaram a todo mundo que podiam, e alguém fez a mesma coisa por outros novatos), repartíamos até a sorte uns dos outros quando a nossa parecia ter-se acabado. Eu era tão supersticioso quanto qualquer outra pessoa no Vietnã, eu era muito supersticioso, e alguns poucos pareciam tão irrefutavelmente encantados que nada podia me fazer imaginá-los jazendo mortos por lá; ter alguém assim com você numa operação podia ser mais importante do que as considerações propriamente ditas sobre o que poderia estar esperando por você no local. Duvido que alguma outra coisa possa ser tão parasítica, ou tão íntima.

E numa equação tão maravilhosa que eu não parava de analisá-la, os melhores e mais corajosos correspondentes também eram os mais compassivos, os mais lúcidos quanto ao que estavam fazendo. Greenway era assim, e assim eram Jack Laurence e Keith Kay, que trabalharam juntos por quase dois anos como um time de repórter-*cameraman* para a CBS. E Larry Burrows, que vinha fotografando a guerra para a *Life* desde 1962, um inglês alto, determinado, de mais ou menos quarenta anos, com uma das reputações mais admiráveis entre todos os correspondentes no Vietnã. Estávamos juntos numa das zonas de pouso para a operação que estava supostamente socorrendo Khe Sanh e Burrows saiu correndo para fotografar um Chinook que estava se aproximando. O vento era tão forte que jogava pedaços do forro da pista a 30 metros de distância através do campo de pouso, e ele correu através disso para trabalhar, fotografando a tripulação, pegando os soldados descendo da encosta para embarcar no helicóptero. Pegando os garotos tirando os sacos do correio e caixotes com rações e munição, pegando os três feridos que estavam sendo colocados cuidadosamente a bordo, virando-se depois para pegar os seis mortos em seus sacos-mortalha fechados, depois a subida do helicóptero (o vento agora era forte o bastante para arrancar os papéis de sua mão), fotografando o capim sendo fustigado pelo vento à sua volta, os destroços voando, tirando uma foto do helicóptero movendo-se para trás, outra dele estabilizando-se, outra dele partindo. Quando o helicóptero tinha ido embora, ele olhou para mim e parecia estar no mais óbvio sofrimento. "Às vezes a gente se sente como um bom filho-da-puta", ele disse.

E havia mais uma coisa que compartilhávamos. Não tínhamos segredos a respeito da guerra ou daquilo que ela podia nos fazer sentir. Falávamos sobre isso às vezes, alguns falavam sobre isso demais, uns poucos pareciam nunca querer falar sobre outra coisa. Isso era chato, mas estava em casa; só era importuno quando vinha de fora. Todo tipo de ladrão e assassino dava um jeito de nos dar lições de moral; comandantes de batalhão, executivos civis, mesmo os praças, até que eles percebiam quão poucos de nós estavam ganhando algum dinheiro sério. Não tinha como negar, se você fotografava um *marine* morto com um poncho cobrindo seu rosto e ganhava alguma coisa em troca, você era *algum* tipo de parasita. Mas o que você seria se afastasse o poncho para tirar uma foto melhor, e fizesse isso na frente dos amigos dele? Algum outro tipo de parasita, eu suponho. E o que era você se ficasse ali prestando atenção e anotando para se lembrar depois no caso de querer usar para alguma coisa? As combinações eram infinitas, você ficava tentando estudá-las, e elas representavam apenas uma pequena parte do que achavam que nós fôssemos. Éramos chamados de viciados em perigo, abutres, lambe-feridas, fanáticos por guerra, adoradores de heróis, veados enrustidos, drogados, alcoólatras, vampiros, comunistas, traidores, mais xingamentos do que consigo me lembrar. Muitas pessoas nas Forças Armadas jamais perdoaram o general Westmoreland por não ter nos imposto restrições quando teve a oportunidade nos primeiros dias da guerra. Alguns oficiais e muitos soldados aparentemente ingênuos acreditavam que, se não fosse por nós, não haveria mais guerra, e nunca fui capaz de discutir com nenhum deles a respeito. Muitos pracinhas tinham aquela desconfiança dissimulada da imprensa, típica das pequenas cidades, mas pelo menos ninguém abaixo da patente de capitão jamais me perguntou de que lado eu estava, disse para eu ser solidário, fazer parte do time, colaborar para a Grande Vitória. Às vezes eles eram apenas idiotas, às vezes era porque se importavam tanto com seus homens, mas mais cedo ou mais tarde você ouvia uma ou outra versão de "Meus *marines* estão ganhando esta guerra, e vocês estão nos fazendo perdê-la nos jornais", dito às vezes de um modo quase amigável, mas com os dentes trincados atrás do sorriso. Era repulsivo ser desprezado desse modo frio, displicente. E muita gente acreditava, finalmente, que não passávamos de um bando glorificado de aproveitadores. E talvez fôssemos mesmo, aqueles de nós que não foram mortos ou feridos ou se foderam de alguma outra maneira.

Fazia parte do cotidiano dos correspondentes chegar bem perto de morrer. Sofrer um arranhão era uma coisa, não queria dizer que você tinha chegado tão perto da fatalidade quanto poderia, podia-se estar bem mais próximo sem nem perceber, como numa caminhada de manhã cedo que fiz uma vez, de uma posição das Forças Especiais no topo de uma colina, onde tinha passado a noite, para o campo de base colina abaixo, onde eu ia tomar um café. Fui caminhando da picada principal para uma trilha menor e andei nela até ver a casa e um grupo de oito mercenários vietnamitas, Mikes, rindo, de olhos arregalados, e apontando animadamente para mim. Todos me agarraram assim que cheguei ao final da trilha, e, um momento depois, me foi explicado que eu tinha acabado de passar por um caminho salpicado com mais de vinte minas enterradas pelas Forças Especiais, e qualquer uma delas podia ter-me matado. (Fiquei com a expressão Qualquer Uma Delas na cabeça por muitos dias.) Se você saía muito em campo, com toda certeza algum dia você estaria numa situação em que a etiqueta da sobrevivência exigiria que você pegasse numa arma. ("Cê sabe como esse troço funciona e tudo, né?", um jovem sargento teve que me perguntar uma vez e eu tive que acenar "Sim" com a cabeça enquanto ele jogava uma arma para mim e dizia "Intão vai pegá uns!", o *banzai* americano.) E era igualmente inevitável que um dia você ia chegar bem perto de ser morto. Você esperava que algo assim acontecesse, mas não exatamente isso, não até que os acontecimentos comprovassem sua obviedade. O risco imediato de vida era como a perda de seu *status* de não-combatente: não dava orgulho, você simplesmente relatava a um amigo e parava de falar a respeito, sabendo muito bem que a história iria circular, e que de todo modo não havia nada mais a comentar a respeito. Isso não evitava que você pensasse sobre o assunto constantemente, projetando um monte de coisas medonhas a partir dele, criando um sistema de metafísica de bolso em volta dele, chegando ao ponto em que começava a pensar sobre *o que* levou você mais perto da fatalidade, aquela caminhada colina abaixo, o avião que perdeu por questão de minutos e que explodiu na pista de Khe Sanh uma hora mais tarde, a 60 quilômetros de distância, ou a bala do franco-atirador que beijou as costas da sua jaqueta à prova de balas enquanto você grunhia e se atirava por cima de um muro baixo de jardim em Hué. E então aquela sua fantasia de *Patrulha da Madrugada* ficava muito feia, os acontecimentos mais e mais vezes não eram bem como se esperava, e você percebia que nada era tão próximo da sua morte quanto a morte de um bom amigo.

Na primeira semana de maio de 1968 o vietcongue montou um ataque breve e violento contra Saigon, capturando e controlando pequenas posições nas bordas de Cholon e defendendo partes das áreas próximas que só poderiam ser reconquistadas a partir da ponte Y, do terreno das pistas de corrida, da estrada Plantation e do grande cemitério francês que se estendia por cerca de 90 metros até um pequeno bosque e um complexo de *bunkers* vietcongues. Além do puro valor como terror revolucionário (e esses resultados eram sempre incalculáveis, apesar do nosso bom equipamento), a ofensiva foi mais ou menos o que o MACV disse que era, custosa para o VC e, de um modo geral, um fracasso. O custo foi alto para os Amiguinhos* (entre Saigon e A Shau, esta semana viu

* *Friendlies* ou amiguinhos era a gíria para a aliança entre as tropas norte-americanas, sul-vietnamitas e de outros aliados, que incluíam coreanos do sul, australianos e neozelandeses. (N. da T.)

mais mortes americanas que qualquer outra durante a guerra), os danos foram enormes na periferia da cidade, muitas casas foram inteiramente destruídas por bombas. Os jornais a chamaram de Ofensiva de Maio, Miniofensiva (você sabe que não estou inventando isto) ou Segunda Onda; era a tão esperada Batalha de Argel-em-Saigon que estava sendo maniacamente prevista pelos americanos quase todo fim de semana desde o final da Ofensiva do Tet. Em suas primeiras horas, cinco correspondentes foram de jipe até Cholon, passando pelas primeiras filas de refugiados (muitos dos quais nos mandaram voltar) e caindo em uma emboscada vietcongue. Um deles conseguiu escapar (segundo seu próprio relato) se fingindo de morto e depois correndo como um animal por entre as multidões de Cholon. Ele disse que todos tinham gritado "*Bao Chi*!" várias vezes, mas que tinham sido metralhados assim mesmo.

Era morte por falta de sorte, se é que isso quer dizer alguma coisa, e apenas um dos quatro correspondentes mortos era um estranho para mim. Dois eram conhecidos próximos, e o quarto era um amigo. Seu nome era John Cantwell, um australiano que trabalhava para a *Time*, e tinha sido um dos primeiros amigos que fiz no Vietnã. Era um cara gentil cuja conversa em geral girava em torno das sacanagens mais complexas e inimagináveis, projetos arquitetônicos de monumentais fantasias eróticas. Tinha uma esposa chinesa e dois filhos em Hong Kong (ele falava chinês fluentemente, às vezes nos levava aos bares de Cholon) e era um dos poucos que realmente odiava o Vietnã e a guerra, cada pedacinho de ambos. Estava ficando aqui apenas o tempo suficiente para juntar dinheiro para pagar umas dívidas, e então iria embora de vez. Era um homem bom, gentil, hilariante, e até hoje acho que ele não *deveria* ter sido morto no Vietnã, ser morto numa guerra não era a onda de John, ele não tinha lugar para isso em seu estilo de vida do modo como outros tinham. Muitas pessoas de quem eu gostava muito, GIs e até mesmo alguns correspondentes já tinham morrido, mas quando Cantwell foi assassinado aquilo fez mais do que me entristecer e chocar. Porque ele era um amigo, sua morte mudava todas as possibilidades.

Naquele breve período de menos de duas semanas, a guerra se tornou uma guerra conveniente, uma conveniência horrível, mas toda nossa. Podíamos pular em jipes ou minimotos às nove ou dez horas e dirigir alguns quilômetros até o local do combate, andar por lá algumas horas e voltar cedo. Ficávamos sentados no terraço do Continental, acenando para os que chegavam, ficávamos chapados cedo e íamos dormir tarde, já que ninguém precisava acordar às 5h30. Durante meses tínhamos estado espalhados por todo o Vietnã, amigos encontrando amigos de vez em quando, e isto nos reunia novamente. Não havia outro momento em que precisávamos mais disso. Um dia depois da morte de John e dos outros, um garoto estranho, carregado de morte, chamado Charlie Eggleston, fotógrafo da UPI, foi morto no cemitério, aparentemente quando estava devolvendo fogo em uma posição vietcongue* (em seu testamento ele deixou todos os seus bens para instituições vietnamitas de caridade). Um fotógrafo japonês foi morto naquele mesmo dia, um brasileiro** perdeu a perna no dia seguinte e em algum outro lugar outro correspondente foi morto; a essa altura, todo mundo já tinha parado de contar e se ocupava em manter distância. Novamente no cemitério, uma bala atravessou a mão de Co Rentmeister e foi se alojar debaixo do olho de outro fotógrafo, Art Greenspahn. Um francês chamado Christien Simon-Pietrie (conhecido como Frenchie por seus amigos cinéfilos) foi atingido acima do olho por estilhaços da mesma salva que aleijou o general Loan; não foi um ferimento grave, mas foi mais um entre muitos, demais, mais do que os correspondentes já haviam sofrido ao mesmo tempo. Na altura do quinto dia, oito já tinham morrido e uma dúzia de outros tinha sido ferida. Estávamos dirigindo rumo à pista de corrida quando um policial militar nos parou e pediu identificação.

"Prestem atenção", ele disse. "Eu vi aqueles outros quatro caras e nunca mais quero ver uma coisa assim. Vocês conheciam aqueles caras? Então, por que porra vocês querem ir pra lá? Vocês não aprendem não? Olha, eu *vi* aqueles caras e juro que não vale a pena."

Ele estava decidido a não nos deixar ir, mas nós insistimos e ele finalmente desistiu.

---

* Segundo uma matéria de rádio produzida pelo correspondente radiofônico da UPI, Roger Norum — que estava gravando ao vivo os combates em Saigon —, Eggleston foi baleado na cabeça por um único tiro vindo de um franco-atirador vietcongue, num beco adjacente à estrada Plantation. (N. da T.)

** José Hamilton Ribeiro, correspondente da revista *Realidade*. Ribeiro perdeu uma perna ao pisar numa mina em Saigon. (N. da T.)

"Tá bom, não posso deter vocês. Eu *sei* que não posso deter vocês. Mas se pudesse, eu deteria. Aí vocês não iam se meter numa merda que nem aqueles outros quatro caras."

No começo da noite nós fazíamos exatamente o que os correspondentes fizeram naquelas histórias terríveis que circularam em 1964 e 1965, ficávamos na cobertura do Hotel Caravelle bebendo e vendo os bombardeios do outro lado do rio, tão perto que com uma boa teleobjetiva dava para ver as marcas nos aviões. Éramos dúzias de correspondentes lá em cima, como aristocratas vendo Borodino das alturas, pelo menos tão distanciados quanto eles, embora muitos de nós já tivessem passado por aquilo bem mais de perto algumas vezes. Havia muitas mulheres lá em cima, poucas delas correspondentes (como a fotógrafa francesa Cathy Leroy, e Jurati Kazikas, uma correspondente tão bela quanto uma modelo), a maioria esposas e namoradas dos repórteres. Algumas pessoas tinham feito um grande esforço para acreditar que Saigon era apenas uma outra cidade onde tinham vindo morar; eles haviam formado civilizadas rotinas sociais, testado restaurantes, feito e mantido compromissos, dado festas, tido casos amorosos. Muitos até trouxeram suas mulheres com eles, e na maioria das vezes não tinha dado certo. Muito poucas mulheres gostavam de Saigon, e o resto ficou como a maioria das mulheres ocidentais na Ásia: entediadas, distraídas, assustadas, infelizes e, se ficassem ali muito tempo, ferozmente furiosas. E agora, pela segunda vez em três meses, Saigon tinha-se tornado insegura. Morteiros estavam caindo a um quarteirão dos melhores hotéis, os ratos brancos (a polícia de Saigon) estavam envolvidos em breves tiroteios histéricos com sombras, você adormecia ouvindo tudo isso; não era mais simplesmente mais uma cidade estrangeira fedorenta, corrupta e exaustiva.

À noite os quartos do Continental se enchiam de correspondentes entrando e saindo em busca de uma bebida ou um baseado antes de dormir, um pouco de conversa e um pouco de música, os Rolling Stones cantando "É tão, tão solitário. Você está a 2 mil anos-luz de casa", ou "Por favor, venha me ver na nossa cidadela", esta palavra fazendo o quarto ficar gelado. Toda vez que algum de nós voltava de uma folga, trazia discos, sons preciosos como água: Hendrix, o Airplane, Frank Zappa e os Mothers, todas as coisas que nem haviam começado quando saíramos dos Estados Unidos. Wilson Pickett, Junior Walker, *John Wesley Har-*

ding, um disco que tinha, literalmente, sido gasto em um mês e rapidamente substituído, o Grateful Dead (só o nome já era o bastante), os Doors com seu som distante, gelado. Parecia uma música tão hibernal; dava para encostar a cabeça na janela onde o ar-condicionado tinha esfriado o vidro e sentir o calor fazendo pressão do lado de fora. Foguetes de sinalização caíam sobre possíveis alvos a três quarteirões de distância, e durante toda a noite jipes armados e comboios maciços desciam Tu Do em direção ao rio.

Quando éramos apenas o núcleo básico de seis ou sete, sempre tínhamos conversas cansadas, chapadas, sobre a guerra, imitando comandantes que sempre estavam dizendo coisas do tipo "Bom, Charlie tá bem enterrado no chão agora mas quando conseguirmos que ele venha cá pra cima vamos matar um número bem razoável, temos mais armas que Charlie, isso é certo, o problema só é que a gente não consegue matar ele porque a gente não consegue ver ele porque Charlie tá sempre correndo. Vamos lá, vamos lá para cima pra ver se vocês conseguem tomar uns tiros." Falávamos sobre uma *discothèque* que íamos abrir em Saigon, a Terceira Onda, com uma pista de dança de aço inoxidável, ampliações das melhores fotos de guerra nas paredes, um grupo de *rock* chamado Westy e os KIAs. (Nossa conversa tinha tanto bom gosto quanto a guerra.) E falávamos sobre LZ Loon, um lugar mítico onde anoitecia tão rápido que quando você percebia que não ia haver nenhum outro helicóptero até de manhã você já tinha escolhido um lugar para dormir. Loon era a locação definitiva para filmes de guerra no Vietnã, repleto de coronéis malucos e pracinhas chapados de morte, dizendo todas aquelas coisas terríveis e tristíssimas que eles sempre diziam, de um modo tão displicente com relação ao horror e ao medo que você sabia que jamais seria um deles não importa quanto tempo ficasse lá. Você honestamente não sabia se ria ou chorava. Poucos choravam mais de uma vez, lá, e se você já tinha gastado essa oportunidade, ria; os jovens eram tão inocentes e violentos, tão meigos e brutais, lindos assassinos.

Certa manhã, uns 25 correspondentes estavam perto da ponte Y trabalhando quando um soldado do Exército vietnamita passou, agonizando, deitado na traseira de uma picape de meia-tonelada. O caminhão parou numa barricada de arame farpado, e nós nos juntamos em volta para ver. Ele tinha uns 19 ou vinte anos e fora ferido à bala três vezes no peito. Todos os fotógrafos se curvaram para tirar fotos, uma equipe de televisão estava por cima dele, olhamos para ele e depois uns para os outros e depois novamente para o vietnamita ferido. Ele abriu os olhos brevemente algumas vezes e olhou de volta para nós. Da primeira vez tentou sorrir (os vietnamitas faziam assim quando estavam constrangidos pela proximidade de estrangeiros), depois perdeu os sentidos. Tenho certeza de que ele nem conseguiu nos ver da última vez que olhou, mas todos sabíamos o que ele tinha visto imediatamente antes disso.

Foi também nessa semana que Tim Page retornou ao Vietnã. *Agitos no Front* por Tim Page, *Tim Page* por Charles Dickens. Ele apareceu alguns dias antes que tudo começasse e as pessoas que sabiam a respeito da sorte dele estavam fazendo piadas, dizendo que a culpa de tudo tinha sido a volta dele. Havia mais maluquetes jovens, radicalmente apolíticos, em Saigon do que qualquer um já tinha percebido; entre todos os pracinhas que estavam se ligando e desbundando com a guerra e um número substancial de correspondentes que estavam fazendo a mesma coisa, era uma verdadeira subcultura. Os números dentro da comunidade de imprensa eram altos o bastante para agüentar uma pressãozinha dos caretas, e se Flynn era o exemplo mais sofisticado, Page era o mais extravagante. Eu já tinha ouvido falar dele mesmo antes de chegar ao Vietnã ("Vá procurá-lo. Se ele ainda estiver vivo.") e entre o momento em que cheguei lá e o momento em que ele retornou, em maio, ouvi tanto a respeito dele que poderia dizer que era como se o conhecesse, se as pessoas não tivessem me avisado: "Não há como descrevê-lo para você. De verdade."

"Page? É fácil. Page é uma criança."

"Não, bicho. Page é só maluco."

"Page é uma criança maluca."

Contavam-se todos os tipos de histórias sobre ele, às vezes despertando raivas ocasionais sobre coisas que ele tinha feito anos antes, momentos em que ele tinha se descontrolado um pouco e ficado violento, mas a lembrança acaba sempre se abrandando e seu nome era citado com grande afeição. "Page. Aquele puto do Page."

Ele era órfão nascido em Londres, que se casara aos 17 anos e se divorciara um ano depois. Ele tinha atravessado a Europa trabalhando como cozinheiro em hotéis, flutuando para o Leste através da Índia, através do Laos (onde ele diz que trabalhou com espiões, um espiãozinho adolescente) até chegar ao Vietnã, com vinte anos. Uma coisa que todos diziam a respeito dele é que nessa época ele não era lá essas coisas como fotógrafo (ele pegava câmeras como eu pego passagens) mas que se dispunha a ir trabalhar em lugares onde muito poucos fotógrafos iam. As pessoas pintavam-no como alguém doido e ambicioso, o Sixties Kid, um *superfreak* num lugar onde a loucura subia as colinas e embrenhava-se pelas matas, onde tudo o que era essencial para a compreensão da Ásia, guerra, drogas, a aventura completa, estava ao alcance da mão.

Da primeira vez em que fora atingido, levou estilhaços nas pernas e no estômago. Isso foi em Chu Lai, em 1965. A vez seguinte foi durante os protestos budistas do Movimento de Resistência de 1966 em Danang: cabeça, costas, braços, mais estilhaços. (Uma foto na *Paris-Match* mostrava Flynn e um fotógrafo francês carregando-o deitado numa porta, o rosto semicoberto por ataduras, *"Tim Page, blessé à la tête"*.) Seus amigos começaram a tentar fazê-lo ir embora do Vietnã, dizendo: "Ei, Page, tem um bombardeio aí procurando por você." E tinha mesmo: ele o pegou navegando fora de curso num Swift Boat no mar do Sul da China, e mandou-o voando pelos ares, confundido com uma embarcação vietcongue. Toda a tripulação foi morta, menos três, Page sofreu mais de duzentos ferimentos diferentes e ficou flutuando na água durante horas até ser finalmente resgatado.

Estava ficando cada vez pior, e Page convenceu-se. Foi embora do Vietnã, teoricamente para sempre, e foi se encontrar com Flynn em Paris por algum tempo. De lá ele foi para os Estados Unidos, fez algumas fotos para *Time-Life*, foi preso com os Doors em New Haven, viajou através do país por conta própria (ele ainda tinha algum dinheiro sobrando) fazendo uma reportagem fotográfica que ele queria chamar de "Inverno na América". Logo depois da Ofensiva do Tet, Flynn voltou ao Vietnã, e quando Page soube disso, era só uma questão de tempo. Quando ele retornou, em maio, seus papéis de entrada no país não estavam em ordem e por dois dias os vietnamitas o detiveram em Tan Son Nhut, onde seus amigos o visitaram e lhe levaram coisas. Na primeira vez que o vi, ele estava rindo e fazendo uma imitação maluca de duas autoridades vietnamitas da imigração discutindo a respeito do valor da multa que eles iam lhe dar. "Minh phung, auk nyong bgnyang gluke poo phuc fodeu porra, vocês tinham que *ouvir* esses idiotas. Onde é que eu vou dormir, quem tem uma caminha pro Page? Os *dinks* estavam enchendo o saco do Page, Page é um garoto *muito* cansado."

Tinha 23 anos quando o encontrei, e me lembro de pensar que gostaria de tê-lo conhecido quando ainda era jovem. Ele era retorcido, machucado, marcado, tinha todos aqueles sinais de ser maluco que todo mundo dizia que tinha, só que dava para ver que ele jamais seria violento novamente quando pirasse. Ele estava duro, por isso amigos lhe arrumaram um lugar para dormir, deram-lhe algumas piastras,* cigarros, bebida, bagulho. Aí ele conseguiu alguns milhares de dólares com belas fotos da Ofensiva, e todas essas coisas voltaram para nós, em dobro. As coisas eram assim para Page: quando ele estava duro, você tomava conta dele; quando ele não estava mais, ele tomava conta de você. Estava acima de qualquer prática financeira.

"Será que Ellsworth Bunker ia gostar dos Mothers of Invention?", ele dizia. (Ele queria colocar alto-falantes em volta do Congresso vietnamita e ao longo do parque na frente dele e tocar a música mais doida que encontrasse, no volume mais alto que o equipamento agüentasse.)

"Piração sua, Page", Flynn dizia.

"Não. Eu tô querendo saber, será que William C. Westmoreland ia curtir os Mothers ou não?"

Seu papo era uma eterna referência, ele misturava imagens da guerra, da história, *rock*, religião oriental, suas viagens, literatura (ele tinha lido muito e isso o enchia de orgulho), mas você percebia que ele estava falando sobre uma única coisa, Page. Falava de si mesmo na terceira pessoa mais que qualquer um que eu já conheci, mas de um modo tão inteligente que nunca era grosseiro. Ele podia ser muito certinho e bobo, podia ser um esnobe extremo (ele acreditava piamente na Nova Aristocracia), podia falar sobre pessoas e coisas de um modo que era quase monstruoso, parando muito perto disso e dando um tom engraçado e até mesmo profundamente carinhoso. Carregava com ele tipos variados de recortes, fotos dele mesmo, matérias de jornal sobre as vezes em que fora ferido, a cópia de um conto que Tom Mayer tinha escrito sobre ele,

* Moeda vietnamita da época. (N. da T.)

no qual ele acabava sendo morto numa operação com os *marines* coreanos. Ele era muito vaidoso por conta desse conto, era motivo de muito orgulho e muito pavor para ele. Naquela primeira semana do seu retorno, ele selecionava recortes que o ajudassem a se lembrar de como eram as coisas aqui, de como aqui podia-se ser morto, como quase tinha acontecido daquelas outras vezes, como acontecia no conto.

"Mas *vejam* só", ele dizia, entrando no quarto aquela noite. "Todos vocês estão *chapados*. Olhaí, o que você tá fazendo, enrolando um baseado? Tá rindo, Flynn, muito riso é pouco siso. Baseado é o eldorado. Socorro! Me dá um pouquinho, tá? Não tô fazendo nada demais, me dá só um tapinha. Aaaaaah, iaa...! *Não pode* ser minha vez de virar o disco porque acabei de chegar. Vai pintar alguma mina? Onde estão Mimsy e Poopsy? (Os nomes que ele tinha dado para duas garotas australianas que apareciam algumas noites.) Mulher é bom, mulher é essencial, mulher é definitivamente bom para os negócios. Aiii."

"Não fuma isso, Page. Teu cérebro já está parecendo uma quiche *lorraine* molhada."

"Absurdo, absurdo completo. Por que você não enrola um baseado bem gordinho enquanto eu preparo uma marica para esta bagana nojenta?" Ele sacudia seu dedo indicador deformado na sua cara para sublinhar palavras-chave, levando a conversa para onde seus impulsos de criança velha apontavam, planejando projetos que iam de uma operação guerrilheira total em Nova York a pintar a fachada do hotel em cores fosforescentes que, segundo ele, os vietnamitas iam adorar. "Eles já andam doidões o tempo todo mesmo", ele dizia. Se garotas apareciam, ele lhes contava histórias sinistras sobre a guerra, sobre o Oriente Médio (ele e Flynn tinham pegado um pedaço da Guerra de Seis Dias, voando direto de Paris só para isso), sobre as doenças venéreas que já tivera, falando com elas do mesmo modo como falava com todo mundo. Ele só tinha um modo de falar, podia ser para mim ou para a rainha, não importava. ("O que você quer dizer, *é claro* que eu amo a rainha. A rainha é uma mina adorável.") Se estava absorto demais para falar, ele se postava na frente de um espelho de corpo inteiro e dançava ao som dos Doors por uma hora sem interrupção, completamente perdido dentro da música.

Quando Saigon se acalmou de novo na terceira semana de maio, parecia que a guerra tinha acabado. Nada estava acontecendo em parte alguma, e percebi que depois de sete meses direto eu precisava de uma pausa. Saigon era o lugar onde você sempre notava o quanto seus amigos pareciam cansados; um lugar tem que ter muita personalidade para isso, e em Saigon você podia estar perfeitamente ótimo num dia e perfeitamente horrível no dia seguinte, e os amigos estavam me dizendo exatamente isso. Então, enquanto Flynn ia para o norte por um mês com a 4ª Divisão dos Lurps, para acompanhá-los em surreais patrulhas noturnas de quatro homens através das serras (ele voltou dessa viagem com três rolos de filme exposto), eu parti para um mês em Hong Kong, seguido por praticamente todo mundo que eu conhecia. Foi como mudar minha cena, intacta, para um ambiente mais agradável, um tempo de recesso. Page veio para comprar brinquedos caros: mais câmeras, lentes olho-de-peixe, uma Halliburton. Ficou uma semana e falou o tempo todo de como Hong Kong era horrível, como Cingapura era muito, muito mais maneira. Quando voltei para o Vietnã, no começo de julho, ele e eu passamos dez dias no delta com as Forças Especiais, e depois fomos para Danang para encontrar Flynn. (Page chamava Danang de "Dangers",* enfatizando o g. Numa guerra em que as pessoas chamavam a sério Hong Kong de "Hongers" e falavam de dar um pulo em "Pnompers" para entrevistar Sukie,** um correspondente britânico chamado Don Wise criou um itinerário completo do Vietnã: Canters, Saigers, Nhaters, Quinners, Pleikers, Quangers, Dangers e Hyoo-Beira-mar.)

A decoração do capacete de Page consistia agora das palavras SOCORRO, SOU UMA PEDRA! (tiradas de outra canção de Zappa) e um pequeno botão de Mao, mas ele não tinha muitas oportunidades de usá-lo. Tudo estava quieto por toda parte, *finie la guerre*, eu queria ir embora em setembro e já era agosto. Saíamos em operações, mas todas eram sem contato. Para mim, tudo bem. Eu não queria contato (pra quê?), aquele mês em Hong Kong tinha sido bom de muitos modos diferentes, e um deles foi o tempo que me deu para recordar com precisão como o Vietnã podia ser horrível. Longe dele, ele era um lugar muito diferente. Passamos a maior parte do mês de agosto em China Beach, velejando e curtindo, conversando com *marines* que chegavam para suas folgas, passando

* Perigos em inglês, trocadilho com a sonoridade da palavra Danang. (N. da T.)
** Pnom-Penh e Sukarno, respectivamente. (N. da T.)

no Centro de Imprensa perto do rio Danang no final da tarde. Era perfeitamente tranqüilo, melhor que quaisquer férias, mas eu sabia que ia voltar para casa, meu tempo era curto, e uma espécie de medo retrospectivo começou a me seguir por toda parte.

No bar do Centro de Imprensa, *marines* e membros da Naval Support Activity, todos especialistas em informação, se reuniam depois de um longo dia no Escritório de Informação, se aquecendo até que fosse escuro o suficiente para que o filme pudesse começar lá fora. Eram em sua maior parte oficiais (ninguém abaixo de E-6 era permitido no bar, incluindo muitos praças combatentes que muitos de nós tentaram convidar para *drinks* no ano anterior), e havia um clima constante de desconfiança entre nós. Os *marines* do Combat Information Bureau pareciam gostar da maioria dos repórteres civis tanto quanto gostavam do vietcongue, talvez um pouco menos, e eu comecei a ficar cheio das suas tentativas constantes de impor um regime militar a nossas vidas lá. No inverno, muitas vezes voltávamos para o Centro de Imprensa diretamente de lugares terríveis demais para serem descritos, e muito do nosso material estava danificado pela viagem, provocando discussões imbecis a respeito de coisas como camisetas e chinelos de dedo no salão de refeições e capacetes usados no bar. Agora entrávamos lá vindos de China Beach e eles olhavam para nós, acenavam, riam asperamente e nos perguntavam como estavam as coisas.

"Estamos ganhando", Flynn dizia misteriosamente, sorrindo de um modo agradável, e eles sorriam de volta de um modo inseguro.

"Veja como Page os deixa nervosos", Flynn dizia. "Ele realmente deixa os *marines* nervosos."

"*Freak*", Page dizia.

"Não, juro por Deus, é verdade. Olha só, o minuto que ele entra aqui eles ficam agitados como potros, todos se agrupando bem juntinhos. Eles não gostam do seu cabelo, Page, você é estrangeiro, é maluco e os deixa apavorados. Podem não ter certeza de como se sentem a respeito da guerra, alguns podem até achar que ela é errada, alguns podem até curtir Ho um pouquinho, eles não têm certeza de um monte de coisas, mas têm certeza sobre você, Page. Você é o inimigo. 'Matem Page!' Pera aí, bicho. Pera, Page."

Imediatamente antes da minha partida para Saigon para começar os preparativos da minha viagem de volta para casa, nós três nos encontramos num lugar chamado Tam Kay, perto do estuário do rio dos Perfumes, onde Page estava testando sua lente olho-de-peixe nuns hidroplanos que tinham acabado de voltar ao Vietnã depois de um fracasso no começo da guerra. Voamos num deles durante um dia e depois pegamos um barco para descer o rio até Hué, onde nos encontramos com Perry Dean Young, um repórter da UPI que tinha chegado da Carolina do Norte. (Flynn o chamava de "a flor mais perfeita da degeneração sulista", mas o mais próximo da degeneração que qualquer um de nós jamais chegou foi em nossas piadas a respeito, sobre como todos éramos uns sujeitos maus, um bando de maconheiros. Éramos provavelmente menos doidões que os bebedores na nossa presença, e nossos fígados iam muito bem.) Perry tinha um irmão chamado Dave que administrava o pequeno destacamento naval que tinha sido montado durante a batalha, exatamente do outro lado do muro sul da cidadela. Há meses que Flynn e eu estávamos curtindo as histórias de guerra um do outro, as histórias dele de Ia Drang e as minhas histórias de Hué, e o irmão de Perry arranjou um caminhão da Marinha e saiu conosco pela cidade enquanto eu fazia comentários que seriam muito bem embasados se pelo menos eu fosse capaz de reconhecer alguma coisa da cidade agora. Estávamos sentados em cadeiras de dobrar colocadas na traseira do caminhão, sacolejando no calor e na poeira. Ao longo do parque que beirava o rio passamos por dúzias de garotas andando em suas bicicletas, e Page se debruçou e mandou seu melhor olhar lúbrico para elas, dizendo: "Bom-dia, garotinhas de escola, eu sou um garotinho de escola também."

Quando eu estive aqui antes, você não podia ser visto nas margens do rio, sob pena de levar uma saraivada de metralhadora vinda do outro lado, não se podia respirar em parte alguma de Hué sem que a morte de outra pessoa fosse parar em sua corrente sangüínea, a ponte principal através do rio tinha caído, partida ao meio, os dias estavam frios e úmidos, a cidade parecia feita de destruição e destroços. Agora estava claro e quente, você podia parar no Cercle Sportif para beber alguma coisa, a ponte estava aberta e o muro não existia mais, todo entulho tinha sido removido.

"*Não pode* ter sido *tão* ruim", Page disse, e Flynn e eu rimos.

"Você tá puto porque perdeu tudo isso", Flynn disse.

"Você tá falando de você mesmo, não de Page."

E agora eu percebia pela primeira vez como tinha sido loucamente perigoso, vendo tudo de um modo como não tinha visto em fevereiro.

"Não", Page disse. "Foi horrivelmente exagerado, Hué. Eu sei que não pode ter sido tão ruim, saca só, olha em volta. Já vi coisa pior. Muito, muito pior."

Queria lhe perguntar onde, mas eu já estava de volta a Nova York quando pensei nisso.

3

De volta ao Mundo agora, e muitos de nós não estão se dando bem. A história envelheceu e nós envelhecemos, muito mais do que a história nos levou para lá, e muitas coisas foram satisfeitas. Ou pelo menos assim pareceu quando, depois de um ano, dois ou cinco, percebemos que estávamos apenas cansados. Passamos a temer algo mais complicado que a morte, uma aniquilação menos final porém mais completa, e saímos de lá. Porque (mais um ditado) você sabia que se ficasse tempo demais ia se transformar num desses pobres infelizes que precisam de guerra o tempo todo, e onde havia isso? Nós saímos e nos tornamos como qualquer pessoa que passa por uma guerra: mudados, crescidos e (algumas coisas são custosas de dizer) incompletos. Nós voltamos e fomos em frente, mantendo-nos em contato de Nova York ou São Francisco, Paris ou Londres, África ou Oriente Médio; alguns foram parar em escritórios em Chicago, Hong Kong ou Bangkok, sentindo uma falta tão aguda da vida (alguns de nós) que compreendemos o que os amputados sentem quando percebem movimentos em dedos de mãos e pés que perderam meses antes. Alguns casos extremos acham que a experiência que tivemos lá foi gloriosa, mas a maioria acha que foi simplesmente maravilhosa. Acho que o Vietnã foi o que tivemos em vez de infâncias felizes.

No meu primeiro mês depois de voltar, acordei uma noite sabendo que minha sala estava cheia de *marines* mortos. Aconteceu três ou quatro vezes, depois de um sonho que eu estava tendo nessas noites (o tipo de sonho que não se tinha jamais no Vietnã), e naquela primeira vez não foi apenas um eco atemorizante do sonho, eu sabia que eles estavam lá, e depois que acendi a luz perto da cama e fumei um cigarro fiquei ali deitado um momento pensando se deveria sair em breve e ir cobri-los.

Não quero transformar isto em nada de mais, nem quero inspirar pena; ir para aquele lugar foi, para começar, uma idéia minha, eu podia ter ido embora a qualquer momento, e do jeito como essas coisas são, paguei muito pouco, quase nada. Alguns caras voltaram e vêem seus pesadelos nas ruas, em plena luz do dia, alguns são possuídos por eles e permanecem assim; todo tipo de coisa pode ficar agarrada em você, e depois de algum tempo essa coisa foi embora quase que por completo, e o sonho também. Conheço um cara que foi paramédico combatente nas serras Centrais, e dois anos depois ele ainda dormia com as luzes acesas. Estávamos andando pela rua 57 numa tarde e passamos por um cego carregando um cartaz onde se lia: "MEUS DIAS SÃO MAIS ESCUROS QUE AS SUAS NOITES." "Não esteja tão certo", o ex-paramédico disse.

É claro que voltar foi deprimente. Depois de algo assim, o que você poderia achar eletrizante, o que se comparava, o que você podia fazer depois? Tudo parecia um pouco chato, havia um peso ameaçador em toda parte, você deixava pequenas relíquias ao redor para manter o contato, para manter tudo vivo, tocava a música que estava com você através de Hué e Khe Sanh e a Ofensiva de Maio, tentava acreditar que a liberdade daqueles dias podia ser mantida naquilo que você humoristicamente chamava de "circunstâncias normais". Você lia os jornais e via televisão, mas sabia sobre o que todas essas matérias eram, e elas só faziam deixar você com raiva. Você sentia falta da cena, dos pracinhas e das emoções, os sentimentos que você teve num lugar onde drama algum jamais precisava ser inventado. Você tentava alcançar aqui as mesmas alturas que alcançara lá, mas nada funcionava muito bem. Você se perguntava se, com o tempo, tudo não iria simplesmente se dissipar e se tornar distante como todo o resto, mas duvidava, e com razão. As amizades permaneceram, algumas até se aprofundaram, mas nossos encontros eram sempre assombrados por saudade e vazio, um pouco como a Noite dos Velhos Legionários. Fumando bagulho, ouvindo os Mothers of Invention e Jimi Hendrix, recordando compulsivamente, contando histórias de guerra. Mas não há nada errado com isso. Histórias de guerra não são nada mais do que histórias sobre gente.

Em abril recebi um telefonema dizendo que Page tinha sido atingido novamente e não se esperava que sobrevivesse. Ele estivera aprontando em algum lugar perto de Cu Chi, curtindo os brinquedões, e o helicóptero em que estava recebeu ordens de aterrissar e pegar alguns feridos. Page e um sargento saíram correndo para ajudar, o sargento pisou numa mina que arrancou as pernas dele fora e enterrou um estilhaço de 5 centímetros através da testa de Page acima do olho direito até a base de seu cérebro. Ele permaneceu consciente por todo o trajeto até o hospital em Long Binh. Flynn e Perry Young estavam de folga em Vientiane quando foram avisados, e voaram imediatamente para Saigon. Por quase duas semanas, amigos na *Time-Life* me mantiveram informado por telefone a partir dos telex diários que recebiam; Page foi transferido para um hospital no Japão e disseram que ele talvez vivesse. Foi transferido para o Hospital Mililtar Walter Reed (um civil e um súdito da rainha, foi complicado) e disseram que ele ia sobreviver mas seu lado esquerdo ficaria paralisado para sempre. Liguei para ele, que parecia bem, me contando que seu companheiro de quarto era um coronel muito religioso que vivia pedindo desculpas a Page porque estava ali só para fazer um *check-up*, não tinha sido ferido ou nada fantástico assim. Page estava com receio de estar pirando o coronel um pouquinho. Então eles o transferiram para o Instituto de Reabilitação Física em Nova York, e embora nenhum de nós pudesse realmente explicar em termos médicos, parecia que ele estava recuperando o uso do braço e da perna esquerdos. A primeira vez que fui visitá-lo passei direto pela cama dele sem reconhecê-lo entre os quatro pacientes no quarto, embora ele tivesse sido o primeiro que vi, embora os outros fossem homens de trinta, quarenta anos. Ele estava deitado sorrindo um sorriso maluco, desigual, seus olhos estavam úmidos, e ele ergueu a mão direita por um segundo para me cutucar com o dedo. Sua cabeça tinha sido raspada e estava semi-enfaixada onde havia sido aberta ("O que eles acharam aí dentro, Page?", eu lhe perguntei. "Acharam quiche *lorraine*?"), e havia uma depressão do lado direito onde haviam removido parte do osso. Ele estava emaciado e parecia muito velho, mas ainda estava sorrindo orgulhosamente quando me aproximei da cama, como se estivesse me dizendo "Bom, Page realmente pisou na merda desta vez", como se um estilhaço de 5 centímetros no cérebro fosse a piada mais maneira de todas, aquele momento maravilhoso da História de Tim Page quando o garoto vem chegando sorrindo, fugindo da morte, irmão gêmeo de seu próprio fantasma.

Isso era o fim, ele disse, *fini Vietnam*, todas as chances tinham sido usadas, ele fora avisado. Está certo que ele era maluco, mas não *tão* maluco assim. Ele tinha uma mina agora, uma garota inglesa maravilhosa chamada Linda Webb que ele havia conhecido em Saigon. Ela ficara com ele no hospital de Long Binh embora o choque e o medo ao vê-lo daquele jeito tenha feito ela desmaiar 15 vezes naquela primeira noite. "Eu ia ser um idiota de desistir dessa, não é?", ele disse e todos nós dissemos Sim, cara, você seria.

No seu aniversário de 25 anos houve uma grande festa no apartamento próximo do hospital que ele e Linda tinham encontrado. Page queria lá todos os que, anos atrás, tinham apostado com ele que ele jamais ultrapassaria os 23 anos. Ele estava com um conjunto de *training* e agasalho azul com um escudo de caveira e ossos na manga. Dava para ficar doidão só de entrar naquela sala naquele dia, e Page estava tão feliz de estar vivo e entre amigos que até os estranhos que apareceram por lá ficaram comovidos. "O Mal está à solta", ele dizia, rindo e correndo atrás das pessoas com sua cadeira de rodas. "Não faças o Mal, não penses no Mal, não fumes o Mal... Ahhh."

Um mês se passou e ele fez um progresso fantástico, trocando a cadeira por uma bengala e usando um aparelho para apoiar o braço esquerdo.

"Tenho um esplêndido novo truque para os médicos", ele disse um dia, tirando o braço do aparelho e erguendo-o acima da cabeça com grande esforço, acenando um pouco com a mão. Às vezes ele ficava de pé diante de um espelho de corpo inteiro no seu apartamento, inspecionando o desastre, rindo até as lágrimas, sacudindo a cabeça e dizendo "Ohhhh, merda! *Olha* pra isso! Page tá uma porra de um hemiplégico", erguendo sua bengala e desabando de volta na cadeira, às gargalhadas.

Ele montou um altar com todos os seus Budas, colocando velas de oração numa cartucheira de cápsulas vazias calibre 50. Montou um som, organizou seus *slides* em bandejas, falou sobre colocar explosivos do lado de fora, à noite, para manter os "indesejáveis" longe, construiu miniaturas de aeroplanos ("Uma terapia muito boa"), pendurou helicópteros de brinquedo no teto, e nas paredes pôsteres de Frank Zappa, do Cream e uns pôsteres fosforescentes que Linda tinha feito com imagens de monges e tanques e *soul brothers* fumando baseados nos campos do Vietnã. Ele começou a falar mais e mais da guerra, muitas vezes chegando próximo das lágrimas quando se lembrava do quanto ele e todos nós tínhamos sido felizes lá.

Um dia chegou uma carta de uma editora britânica, propondo que ele fizesse um livro cujo título seria "Chega de Guerra" e cujo objetivo era, de uma vez por todas, "tirar o *glamour* da guerra". Page ficou louco.

"Tirar o *glamour* da guerra! Como é possível fazer *isso*? Tire o *glamour* de um Huey, tire o *glamour* de um Sheridan... *Você* consegue tirar o *glamour* de um Cobra ou de ficar chapado em China Beach? É como tirar o *glamour* de uma M-79, tirar o *glamour* de Flynn." Ele apontou triunfalmente para uma foto que tinha feito, Flynn rindo doidamente ("Estamos vencendo", ele disse). "Nada errado com *esse* cara, hein? Você deixaria sua filha se casar com esse homem? Ahh... guerra faz *bem*, não dá para tirar o *glamour* disso. É como tentar tirar o *glamour* do sexo, tentar tirar o *glamour* dos Rolling Stones." Ele estava realmente sem palavras, sacudindo as mãos para cima e para baixo para enfatizar a completa insanidade da proposta.

"Você sabe disso, não sabe?, *não pode ser feito*!" Nós dois demos de ombros e rimos, e Page pareceu muito pensativo por um momento. "Que idéia!", ele disse. "Ahhhh, que piada! Tirar a porra do *glamour* da porra da *guerra*!"

EXPIRANDO

Estou indo pra casa. Vi muito do Vietnã em 18 meses.
Que Deus ajude este lugar. Deros 10 set. 68.
Mendoza esteve aqui. 12 set. 68. Texas.
Tô caindo fora. (Mendoza é meu chapa.)

Grafitagem de despedida nas paredes do aeroporto Tan Son, onde Flynn, quase sério de verdade por um segundo, me deu uma espécie de bênção ("Não vai pôr tudo pra fora mijando em festinhas") e Page me deu uma bolinha de ópio para engolir no vôo de volta; chapado sonhando através de Wake, Honolulu, São Francisco, Nova York e a alucinação de estar em casa. Espaço de ópio, um grande, redondo O, e o tempo fora do tempo, uma viagem de segundos e através de anos; tempo asiático, espaço americano, incerteza se o Vietnã era a leste ou a oeste do centro, atrás de mim ou um pouco à minha frente. "Té onde eu sei, esta aqui vai tá acabada quando eu tiver de volta em casa", um pracinha tinha me dito algumas semanas antes, agosto de 1968, estávamos sentados conversando sobre o fim da guerra. "Pode esperar sentado", Dana disse.

De volta pra casa: 28 anos, me sentindo como Rip Van Winkle,* com o coração como uma daquelas cápsulas de papel chinesas que você

* Personagem do conto homônimo de Washington Irving (1783-1859) que dorme durante vinte anos. (N. da T.)

coloca na água e elas se abrem com o formato de um tigre, de uma flor ou de um pagode. O meu se abria em guerra e perda. Não havia nada acontecendo lá que já não existisse antes aqui, de tocaia esperando, de volta no Mundo. Eu não tinha ido a parte alguma, tinha feito só metade do truque; a guerra tinha sido apenas um modo de acabar rapidamente com a dor.

Agora parecia que todo mundo conhecia alguém que tinha estado no Vietnã e não queria falar a respeito. Talvez eles simplesmente não soubessem como. As pessoas que eu encontrava partiam do princípio que eu era articulado, me perguntavam se eu me importava, mas em geral as perguntas eram políticas, caretas, inocentes, as pessoas já sabiam o que queriam ouvir, eu praticamente tinha esquecido a linguagem. Algumas pessoas achavam grosseiro ou perturbador quando eu dizia que, além de qualquer coisa, eu também tinha amado estar lá. E se simplesmente me perguntassem "Qual era a sua cena lá?", eu também não sabia o que dizer, estava tentando escrever a respeito e não queria deixar que a experiência se dissipasse. Mas, antes que ela se dissipasse, a experiência tinha que ser localizada, Plante primeiro, curta depois: informação impressa no olho, guardada no cérebro, gravada em código na pele e transmitida pelo sangue, talvez fosse isso que chamavam de "consciência do sangue". E transmitida incessantemente, sem trégua, em freqüências cada vez mais fortes, até que você ou a aceitava e recebia ou a bloqueava uma derradeira vez, uma Morte dos Mil Cortes informacional, cada corte tão preciso e sutil que não dá para sentir sua acumulação, você se levanta uma manhã e a bunda cai no chão.

Tinha um pracinha negro na 9ª Divisão que chamava a si mesmo O Artista. Quando lhe perguntei por quê, ele disse: "Porque eu sou do *rock* e sou do *roll*", e clicou o seletor do seu 16 para a frente e para trás entre semi e total. Ele saiu caminhando, movendo-se de tal forma que parecia que seu traseiro estava perseguindo seu peito, fazendo as plaquetas de identificação tilintarem de encontro ao seu corpo. Ele deu uma virada se apoiando nos calcanhares e andou mais um pedaço, de costas. Depois parou e estendeu os braços acima da cabeça. Quando os trouxe novamente para baixo, uma pesada chuva desabou. "Estou aqui há tanto tempo que sou capaz de chamar uma porra dessas *na hora.*" Ele dedicava muita energia e cuidado ao seu número, aquilo fazia dele uma estrela em sua unidade, ele não era simplesmente um negão presepeiro. Por isso, quando ele me disse que via fantasmas toda vez que saía numa patrulha noturna, eu não ri, e quando ele disse que estava vendo seu próprio fantasma lá também, fiquei meio apavorado. "Não, tá legal, tá legal, o filho-da-puta tava *atrás* de mim", ele disse. "Quando ele se move e começa a andar na sua frente, você passa a viver num mundo de dor." Tentei dizer que ele provavelmente estava vendo a fosforescência que se acumula em troncos podres de árvores e manda uma luz pulsante acima do chão de um ponto úmido a outro. "Loucura", ele disse, e "Té mais".

Estavam escavando com buldôzeres uma encruzilhada da estrada 22 perto de Tay Ninh e do antigo Triângulo de Ferro quando as escavadeiras acharam uma espécie de cemitério vietcongue. Os ossos começaram a voar de dentro do chão, formando pilhas ao lado do traçado das máquinas, como um daqueles filmes de campo de concentração sendo passado ao contrário. Terra do Instamatic, caras correndo feito loucos para pegar suas câmeras, tirando fotos, pegando ossos como *souvenirs*. Talvez eu devesse ter apanhado um também: três horas depois, em Saigon, eu não estava certo se tinha visto aquilo ou não. Quando estávamos lá e a guerra parecia separada do que achávamos que era a vida real ou circunstâncias normais, uma aberração, todos nós tínhamos um *flash* barra-pesada mais cedo ou mais tarde, e normalmente mais de uma vez, feito uma antiga viagem de ácido dando marcha à ré, uma reação psicótica residual. Alguns *rock and rolls* vinham misturados com artilharia rápida e homens gritando. Sentado diante de um bife em Saigon eu fiz conexões nojentas com carne apodrecendo e se queimando do inverno anterior em Hué. O pior de tudo era quando você começava a ver, andando à sua volta, gente que tinha visto morrer em postos de socorro ou helicópteros. O garoto com um enorme pomo-de-adão e óculos de aro de metal sentado sozinho numa mesa do terraço do Continental parecia muito mais à vontade como um *marine* morto duas semanas antes no Rockpile do que agora, com sua insígnia vermelha da 1ª Divisão, tentando pedir uma Coca ao garçom enquanto dois lagartos *margouillat* corriam um atrás do outro na coluna branca atrás de sua cabeça. Quando o vi, por um segundo achei que ia desmaiar. Depois de uma rápida segunda olhadela, vi que não era um fantasma ou mesmo um sósia, nem era tão parecido assim, mas a essa altura minha respiração tinha-se colado aos lados da minha garganta e meu rosto estava gelado e branco, treme, treme, treme. "Não se preocupe, garoto", Page disse. "É só o seu 19º colapso nervoso."

Estavam sempre dizendo que não devemos esquecer os mortos e sempre dizendo que não devemos pensar demais neles. Não se podia ser eficiente como soldado ou como repórter ficando obcecado com os mortos, caindo em padrões de sensibilidade mórbida, vivendo em luto perpétuo. "Você se acostuma", me diziam, mas eu nunca me acostumei, na verdade tornou-se muito pessoal, o oposto de se acostumar.

Dana costumava fazer uma coisa supermaneira: ele tirava fotos de nós em combate, debaixo de fogo, e nos dava de presente. Tem uma de mim na rampa de um Chinook em Cam Lo, apenas o borrão do meu pé direito para mostrar que eu não estava inteiramente paralisado, 27 anos chegando aos cinqüenta, voltado para trás tentando pegar meu capacete e a ilusão de proteção. Atrás de mim dentro do helicóptero há um artilheiro de porta com um enorme capacete escuro, um corpo está deitado num assento, e na minha frente há um *marine* negro, um pouco inclinado e olhando com pavor alucinante para os tiros sendo desfechados na nossa direção; nós quatro capturados ali juntos enquanto Dana se agachava atrás da câmera, rindo. "Seu filho-da-puta", eu disse a ele quando me deu a foto, e ele disse: "Pensei que você devia saber como é sua cara."

Não tenho fotos de Dana, mas não vou conseguir esquecer como era a cara dele, seu rosto era o rosto do *front*, ele nunca capturou em filme algo que não tivesse vivido diretamente, depois de três anos ele se transformara naquilo que fotografava. Tenho fotos de Flynn mas não fotos que ele tenha feito, ele estava tão embrenhado na experiência que depois de algum tempo nem tirava mais fotos. Definitivamente fora da mídia, o Flynn; uma guerra já no seu passado, uma guerra onde ele havia confrontado e exorcizado aquele devastador carma de estrela de cinema que já havia destruído seu pai. Se Sean estava representando, ele era um grande ator. Ele dizia que os filmes engoliam as pessoas, então ele procurava o chão, e o chão o engolia (ninguém que eu já conheci poderia ter curtido isso tanto quanto você, Sean), ele e Dana foram para algum lugar juntos em abril de 1970, de moto para o Camboja, "presumivelmente capturados", boatos e um longo silêncio, MIA* no mínimo.**

É isso aí, os pracinhas diziam, e é: sentado na beira de uma estrada com alguns soldados da Infantaria quando um caminhão militar passou chacoalhando com quatro mortos na traseira. A caçamba estava meio aberta para formar uma plataforma que acomodasse suas pernas e as botas que agora pareciam pesar cinqüenta quilos cada uma. Todo mundo estava completamente em silêncio quando o caminhão passou por uma corcova feia da estrada e as pernas foram jogadas para cima, batendo com força na volta. "E essa merda, hein?", alguém disse, e "Coisa desse puto mesmo" e "É isso aí". Essência pura do Vietnã, intocada, podia ser estendida em visões de luminosas caveiras às gargalhadas ou envolver você como uma amante, o gosto sempre forte como da primeira vez; o momento da iniciação quando você se abaixa e arranca no dente a língua de um cadáver. "Bom para o trabalho", Flynn diria.

Aqueles que se lembram do passado também estão condenados a repeti-lo, esta é uma das piadinhas da história. Vá empurrando com a barriga, dissolva seus *souvenirs*: a calça de um uniforme que finalmente me coube uma semana antes de eu ir embora, um cinzeiro do Continental, uma pilha de fotos, como uma onda estou no topo de uma colina chamada Nui Kto, uma das Sete Irmãs do delta, de pé com alguns mercenários cambojanos (uns bandidos, na verdade, todo esquadrão carrega um alicate para arrancar dentes de ouro), todo mundo com cara de que está se divertindo enquanto espera os helicópteros chegarem para nos tirar de lá, único jeito de ir embora; tínhamos toda a base e o topo da colina, mas

---

* Sigla para *Missing In Action*, perdido na ação, paradeiro incerto. (N. da T.)

** Novas provas obtidas a partir de 1991 — em grande parte graças aos esforços de Tim Page, que se tornou uma espécie de curador das fotos de seus colegas mortos no Vietnã e em honra deles fundou a Indochina Media Memorial Foundation — indicam que Flynn e Stone foram capturados por guerrilheiros no mesmo dia em que deixaram Saigon em abril de 1970 e enviados para um campo de prisioneiros controlado pelo Khmer Vermelho cambojano. Eles teriam sido executados em fevereiro de 1971 depois de uma tentativa de fuga. Em 2001 o jornalista americano Zalin Grant, também veterano do Vietnã, alegou ter encontrado os restos mortais dos dois fotógrafos numa vala comum de vítimas do Khmer Vermelho. Uma equipe de documentaristas da TV britânicaGranada confirmou o achado um ano depois. (N. da T.)

todo o resto estava lotado de vietcongues. Um mapa da Indochina da *National Geographic* com umas cem marcas de lápis, cada lugar onde já tinha ido, pontos e cruzes e grandes cruzes até, em todo lugar onde eu tinha estado em combate ou perto de combate, e minha vaidade tinha me dito que eu havia me safado, "intacto"; preso a cada marca e ao complexo de rostos, vozes e movimento que se acumulavam em cada uma. Lugares verdadeiros, e então verdadeiros apenas na distância atrás de mim, rostos e lugares sofrendo um deslocamento sério, esquecimento e jogo da memória. Quando o mapa se desmanchou ao longo das dobras, seu espírito permaneceu inteiro, caiu em mãos seguras mas trêmulas, uma marca era o bastante, a da LZ Loon.

À noite eles fechavam o perímetro, dobravam a guarda e mandavam metade da companhia sair em patrulhas; uma zona de pouso dos *marines*, novinha, sem nome, no coração do território dos índios. Dormi como quem toma morfina aquela noite, sem saber o que era sono e o que era despertar, checando o triângulo preto da entrada da tenda à medida que ele se tornava azul-escuro, branco de neblina, amarelo-sol e parecia certo se levantar. Pouco antes da minha volta a Danang eles a batizaram LZ Loon, e Flynn disse: "Era assim que eles deviam chamar o país inteiro", um nome mais específico que Vietnã para descrever aquele espaço de morte e a vida que se achava dentro dele. Quando reconstruímos Loon em China Beach aquele dia, nós ríamos tanto que não conseguíamos nem ficar sentados.

Eu adorava a porta, adorava quando o helicóptero virava um pouco e me inclinava na direção da terra, voando a mais de 30 metros de altitude. Muita gente achava que aquilo aumentava o perigo, o fogo de terra podia vir direto em você em vez de apenas cortar o sistema hidráulico ou destruir o eixo Jesus que segurava o rotor. Um amigo meu disse que não agüentava, que era quase como a loucura das profundezas, ele tinha medo de soltar o cinto e sair flutuando porta afora. Mas eu tinha medo de qualquer jeito, mais medo se estava fechado, melhor ver, não tinha passado por tudo aquilo para não ver.

À meia-noite sobre Vinh Long, o helicóptero de artilharia passou sete ou oito vezes bem baixo sobre os vietcongues na borda leste da cidade.

No início as traçantes simplesmente espocaram na escuridão, dissolvendo-se em fagulhas ou ricocheteando uma ou duas vezes no solo. Mas logo depois as luzes de sinalização mostraram homens correndo num espaço aberto, e nossas traçantes começaram a desaparecer abruptamente. A fumaça do fósforo branco era tão forte contra a escuridão que era preciso apertar bem os olhos para ver. Às quatro da manhã, a cidade estava em chamas. Repórteres não podiam andar em helicópteros de artilharia, mas esta era a segunda noite da Ofensiva do Tet, histeria total, nenhuma regra. Nunca mais andei num deles.

Helicópteros de artilharia voavam ao nosso lado indo para Hué, escoltando um Chinook que carregava munição. Seguimos o rio e nos dirigimos para a cidadela através de uma passagem estreita com pesadas árvores do lado direito e um cemitério do lado esquerdo. Perto dos 30 metros de altitude começamos a atrair fogo. Reflexo automático aos tiros vindos do chão, apertar a bunda e se levantar alguns centímetros do assento. Aperta o rabo, veado; você usava músculos que nem sabia que possuía.

Certa vez eu estava num helicóptero que foi atingido e caiu uns 90 metros até que o piloto acionou a rotação automática e nos devolveu ao ar e ao mundo dos vivos. Nos arrastando de volta para a base, passamos sobre três helicópetros abatidos juntos, dois deles completamente destroçados e o terceiro quase intacto, cercado pelos corpos da tripulação e do comandante da brigada, todos mortos depois que já tinham chegado ao solo.

Mais tarde nesse mesmo dia eu fui dar um passeio num Loach com o piloto estrela da Cav. Voamos velozes e bem perto do solo, vôo de contorno, alguns poucos metros entre o trem de pouso e o chão, árvores, telhados das cabanas. Depois fomos para o rio no trecho em que ele se contorcia numa ravina, as encostas eram íngremes, quase um *canyon*, e voamos sobre o rio, nos levando em curvas cegas como um mestre. Quando passamos da ravina, fomos direto para a selva, descendo quando estava certo de que íamos subir, e senti o momento gelado agudo da morte certa. Lá dentro, debaixo da abóbada das árvores, uma curva de 360 graus dentro da mata, eu não conseguia nem sorrir quando saímos dela, não conseguia me mover, tudo se parecia com imagens capturadas com *flash*, repletas de sombras fortes. "Aquele cara num consegue voar reto nem pra dentro do rabo dele", alguém me disse quando voltamos para a base, e o piloto se aproximou e disse: "Pena que não atiraram na gente, eu gostaria de mostrar como é que eu fujo."

No Campo A das Forças Especiais em Me Phuc Tay havia um cartaz onde se lia: "Se você mata por dinheiro, você é um mercenário. Se você mata por prazer, você é um sádico. Se você mata pelos dois, você é um Boina Verde." Bom som em Me Phuc, o comandante curtia os Stones. Em An Hoa ouvimos "Faminto por essas coisas boas, *baby*, faminto demais" no rádio enquanto tentávamos conversar com um herói de verdade, um *marine* que tinha conseguido tirar seu esquadrão inteiro de uma situação gravíssima, mas ele estava soluçando tanto que não conseguia dizer coisa alguma. "Galveston, ah, Galveston, tenho tanto medo de morrer" na LZ Stud, dois garotos dos funerários discutindo. "Ele tá todo puto porque não tão deixando ele costurar emblemas da Cav nos sacos", um disse e o outro, fazendo um muxoxo, disse: "Vá se fuder. Tô falando sério, bicho, vá se fuder. Eu acho que fica superbacana." Só uma canção de Hué: "Temos que sair deste lugar ainda que seja a última coisa que eu faça", um repórter amigo meu com uma cara completamente pirada, ele acordou um dia de manhã e ouviu dois *marines* deitados perto dele fazendo amor. "Preto é preto, quero meu bem de volta", em China Beach com IGOR DO NORTE, todas as cartas no seu baralho eram ases de espadas. Usava um sombreiro e um serape e seu rosto mudava tanto quanto uma pedra quando uma nuvem passava por cima dela. Ele praticamente vivia na praia, cada vez que ele aumentava seu número de mortos eles o mandavam de volta como prêmio. Durante uma hora ele falou duas vezes numa estranha linguagem particular, ritmada como uma lenta salva de tiros, finalmente ele se levantou e disse. "Tenho que ir pra Dong Ha matar mais", e foi. "Eu disse espingarda, atira antes que eles corram" em Nha Trang, falando com um homem que estava começando seu segundo turno de serviço. "Quando voltei pra casa, vi todos, tava apavorado. Qué dizê num era porra de combate nem nada e tudo, tava apavorado. Vi aqui e vi lá, então que porra? Voltei." Nenhum som na estrada saindo de Can Tho, vinte de nós numa linha reta que subitamente se curvou num amplo círculo em volta de um homem vietnamita que estava ali de pé, parado, estendendo para nós os braços onde carregava seu bebê morto.

Continuamos andando, e andando rápido, jurei por Deus que ia embora o mais rápido possível, demorou mais oito meses.

Na rua eu não conseguia diferenciar os veteranos da Guerra do Vietnã dos veteranos do *rock and roll*. Os anos 1960 tinham feito tantas baixas, sua guerra e sua música tinham tirado sua energia do mesmo circuito durante tanto tempo que não precisavam nem de fusível. A guerra preparou você para os anos anêmicos enquanto o *rock and roll* se tornava mais sinistro e perigoso que uma tourada, astros de *rock* caindo como segundos-tenentes; êxtase e morte e (claro, com certeza) vida, mas não parecia assim na época. O que eu pensava ser duas obsessões era, na verdade, apenas uma, não sei como dizer o quão complicado isso tornou minha vida. Congelado, ardendo e tombando novamente na areia movediça da cultura, segure-se e ande bem devagar.

Naquele dezembro recebi um cartão de Natal de um *marine* que tinha conhecido em Hué. Tinha um Snoopy com uma cara psicótica num uniforme camuflado em farrapos, um cigarro preso nos dentes, disparando sua M-16. "Paz Na Terra Aos Homens De Boa Vontade", dizia, "Votos De Um Feliz Um-Nove-Seis-Nove".

Talvez fosse clássico, talvez eu estivesse com saudades dos meus vinte anos e não dos anos 1960, mas comecei a sentir saudades de ambos antes que eles tivessem terminado. Aquele ano tinha sido tão quente que acho que deu um curto-circuito em toda a década, e o que se seguiu foi uma mutação, uma espécie de medonho 1969-X. Não era apenas o fato de estar envelhecendo, eu estava vazando tempo, tinha tomado um estilhaço de uma daquelas armas antipessoal que tínhamos lá e que eram tão pequenas que podiam matar um homem e nunca aparecer em radiografias. Hemingway certa vez descreveu o relance da sua alma que ele teve quando foi ferido, parecia um fino lenço branco se erguendo do seu corpo, flutuando no espaço e depois retornando. O que flutuava de mim era mais como um pára-quedas enorme e cinzento, fiquei pendurado ali muito tempo esperando que ele abrisse. Ou não. Minha vida e minha morte se misturavam com as vidas e mortes deles, fazendo a Dança do Sobrevivente entre as duas, testando quem tinha mais força e na verdade não querendo realmente nenhuma das duas. Certa vez eu estava tão mal que pensei que os mortos tinham apenas sido poupados de muito sofrimento.

Interrogado por sonhos, amigos vindo do outro lado para ver se eu ainda estava vivo. Às vezes eles pareciam ter quinhentos anos de idade e às vezes eles estavam exatamente como eu os tinha conhecido, mas envoltos numa luz estranha; a luz contava a história, e não terminava como nenhuma outra história de guerra que já imaginara. Se você não consegue achar sua coragem numa guerra, tem que continuar procurando de todo jeito, e não em uma outra guerra; lá dentro onde é velho e abarrotado até que as pedras comecem a se mexer, um pouco de luz e ar, até que enfim. Outra freqüência, outra informação, e a morte não impede que ela seja recebida. A guerra terminou e então ela terminou de verdade, as cidades "caíram", vi os helicópteros que amava tanto caindo no mar do sul da China enquanto seus pilotos vietnamitas pulavam fora, um último helicóptero acelerou os rotores, decolou e voou para fora do meu peito.

Vi uma foto de um soldado norte-vietnamita sentado no mesmo local no rio Danang onde ficava o Centro de Imprensa, onde ficávamos sentados fumando e contando piada e falando "Demais!", "Desbundante!" e "Ah, meu Deus, aqui é muito pirado!". Ele parecia tão inacreditavelmente sereno, eu sabia que em algum lugar naquela noite e em todas as noites haveria gente sentada falando sobre aqueles antigos dias ruins e uma delas ia se lembrar e dizer Sim, não importa, alguns foram bons também. E absolutamente nenhum gesto me resta a não ser escrever algumas palavras finais e dispersar, Vietnã Vietnã Vietnã, todos nós estivemos lá.

IMPRESSÃO E ACABAMENTO:
YANGRAF Fone/Fax: 6195.77.22
e-mail:yangraf.comercial@terra.com.br